HES REICH
Irkutsk
MONGOLEI
OST-
TURKESTAN
Peking
CHINESISCHES REICH
TIBET
BHUTAN
NEPAL
Wladiwostok
Japanisches
Meer
JAPAN
Tokio
Seoul
KOREA
Schanghai
Beringmeer
Ochotskisches
Meer
Pazifischer
Ozean
Formosa
Hongkong (Brit.)
Macao (Port.)
Britisch-Indien
Tsch (Franz.)
Kalkutta
BURMA
Hanoi
LAOS
SIAM
VIETNAM
Diu
Bombay
Yanaon
(Franz.)
Golf von
Bengalen
Goa
(Port.)
Madras
(Brit.)
Andamanen
Pondichéry (Franz.)
Trankebar
(Franz.) Mahé
Kotschin
Colombo
Ceylon
Nikobaren
(Brit.)
KAM-
BODSCHA
Saigon
Philippinen
Marianen
(Span.)
Karolinen
(Span.)
ACEH
MALAIISCHE SULTANATE
Singapur
(Brit.)
Sumatra
Borneo
Celebes
Malediven
(Brit.)
Niederländisch-Indien
Java
Timor
Neuguinea
Salomon-
Inseln
Indischer
Ozean
Perth
Russisches Reich
Osmanisches Reich
Chinesisches Reich
(unter der Mandschu-Dynastie)
Vasallenstaaten Chinas

Inhalt

1 Fremde Räume? Ehemalige Imperien zwischen Vergangenheit und Zukunft

2 Russland – ein Imperium im Wandel

3 China – ein Imperium im Wandel

4 Vom Osmanischen Reich zur modernen Türkei

5 Ehemalige Imperien und die Europäische Integration im Vergleich

Service Anhang

Lexikon zur Geschichte

Register

So findet ihr euch im Buch zurecht

Der „Einstieg" – damit ihr wisst, worum es geht

Jedes Hauptkapitel beginnt mit einem großen Bild sowie einem Text mit kurzen Erklärungen und Hinweisen, der die *Leitgedanken* zu den folgenden Themen nennt und auf das Thema einstimmen soll. Unten rechts findet ihr einen Vorschlag, wie ihr das Bild selbst befragen könnt. Mithilfe dieser Seite könnt ihr euch fragen: „Was ist an diesem Thema interessant und bedenkenswert?"
Übrigens: Alle Aufgaben im Buch verwenden sogenannte *Operatoren*. Das sind Verben, die euch darauf hinweisen, was ihr jeweils tun sollt. Die alphabetisch geordnete Liste im Anhang (S. 142/143) gibt euch dazu Hilfestellungen.

„Fragen an ..." – euer Informationszentrum

Diese Doppelseite ist euer *Informationszentrum* für das folgende Kapitel. Die *Karte* zeigt, wo die Ereignisse stattfanden, die ihr kennenlernen werdet. Die *Zeitleiste* hilft dabei, euch den Zeitraum vorzustellen und mit der Zeit der vorigen Kapitel zu vergleichen.
In jedem Kapitel haben wir das Thema übersichtlich in fünf wichtige Bereiche (*Kategorien*) gegliedert und mit einem Zeichen (*Symbol*) gekennzeichnet. Dazu könnt ihr wiederum Fragen stellen. Wichtig sind eure *Leitfragen*: Sie sollen euch durch das Kapitel begleiten und am Ende beantwortet werden.

Teilkapitel – das Wichtige, übersichtlich geordnet

Auf der *linken Seite* haben Geschichtslehrerinnen und -lehrer aufgeschrieben, was sie zum Thema für wichtig halten. Die *Symbole* oben zeigen, welche *Kategorien* vor allem behandelt werden. *Schlüsselbegriffe* sind fett gedruckt und unten wiederholt. Dort sind die Begriffe schwarz gedruckt, die der Bildungsplan besonders hervorhebt. Erklärungen zu den Begriffen findet ihr im „Lexikon zur Geschichte".
Auf der *rechten Seite* enthält das Buch *Materialien*, also Texte, Bilder und Zeichnungen zum eigenständigen Arbeiten. Sie sind mit Ⓜ gekennzeichnet.
Die *Zeitleiste* enthält wichtige Daten zur Doppelseite.
Arbeitsvorschläge stehen unter der Linie.

„Fenster nach Westen"

Aus den vergangenen Schuljahren kennt ihr die „Fenster zur Welt". Dieses Schuljahr ist alles umgekehrt: Ihr beschäftigt euch mit (vermeintlich) fremden Kulturen und werft an manchen Stellen den Blick nach Westen. Die *„Fenster nach Westen"* verdeutlichen den Zusammenhang der Entwicklungen mit der westlichen Welt und zeigen, wie es zu Begegnungen zwischen Menschen kam – über tausende Kilometer hinweg.

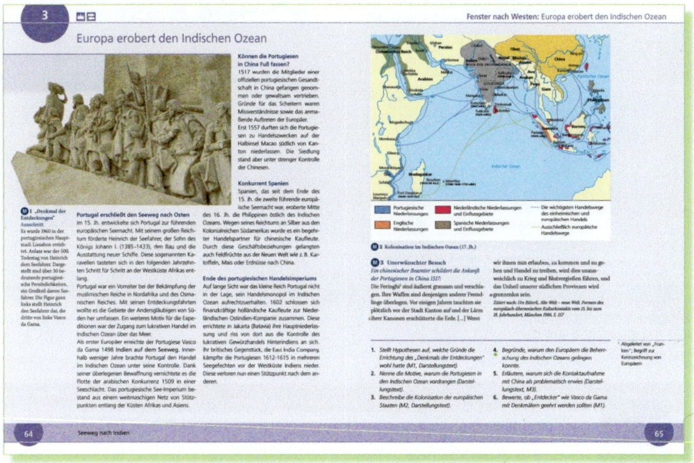

„Jetzt forschen wir selbst!"

Solche Doppelseiten findet ihr in jedem Großkapitel. Die Materialien, die wir zusammengestellt haben, gehören *zu einem Thema* des Kapitels. Wir machen euch *Vorschläge*, welche Fragen ihr an die Bilder und Texte stellen könnt.

Um mehr über das Leben in der Vergangenheit herauszufinden, geht ihr am besten *schrittweise* vor – unsere Aufgaben helfen euch dabei.

So übt ihr nach und nach, Zeugnisse aus der Vergangenheit zu *beschreiben*, zu *untersuchen*, *einzuordnen* und eure Ergebnisse zu *präsentieren*.

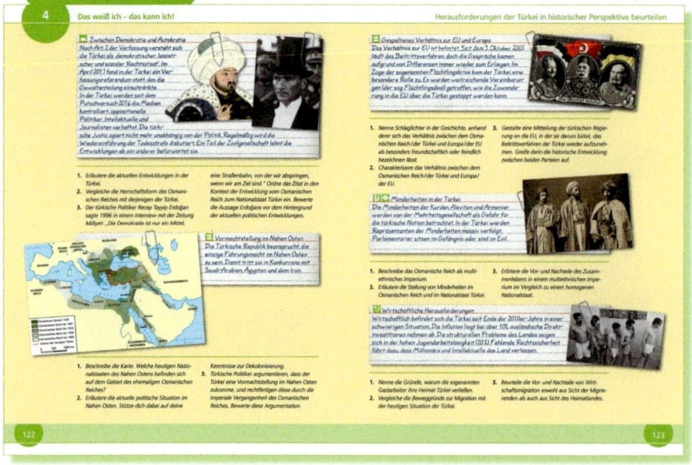

„Das weiß ich, das kann ich!“ – Testet euch selbst

Am Ende des Kapitels seid ihr Experten für das behandelte Thema!
Die Abschlussseite schlägt den Bogen zum Anfang jedes Kapitels.
Auf den Karteikarten fassen wir die Ausgangslage zusammen. Die Bilder geben euch Hinweise zur Verknüpfung zwischen Vergangenheit und Gegenwart. Mithilfe der Aufgaben könnt ihr überprüfen, ob ihr die Kompetenzen erworben habt.

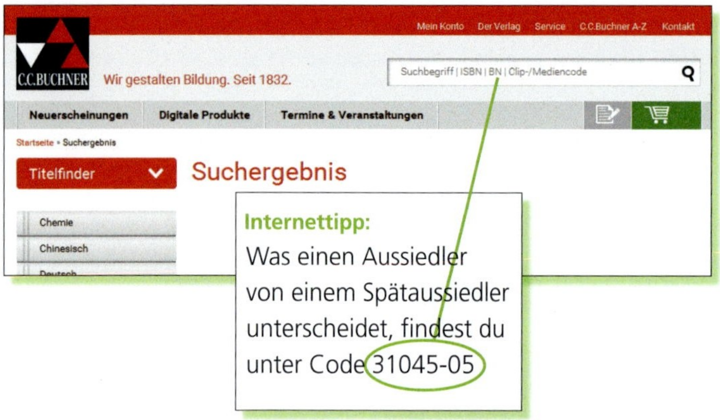

Lust auf mehr? Geht ins Netz!

Vielleicht bekommt ihr ja Lust darauf, zu dem einen oder anderen Thema noch etwas mehr zu erfahren. Dann achtet auf die Internettipps und Mediencodes, die wir auf vielen Seiten dieses Buches abgedruckt haben.
Wenn ihr die Links aufrufen wollt, müsst ihr keine langen Internetadressen abtippen. Geht einfach auf unsere Homepage *www.ccbuchner.de*. In das Suchfeld oben rechts müsst ihr nur den Code eingeben, z. B. „31045-05“.

1. ● *Stelle übersichtlich dar, in welchen ...*
... ...

2. ● *Verfasse einen Zeitungsartikel, der ...*
... ...

Aufgaben-Kennzeichnungen

Zu Aufgaben, die mit dem Symbol ● gekennzeichnet sind, geben wir euch im Anhang eine *Hilfestellung*. Aufgaben mit dem Symbol ● sind etwas *kniffliger* oder brauchen etwas *längere Zeit*.

Ereignisse, die die Welt verändern

Liebe Schülerinnen und Schüler,

„Schon wieder Geschichte? Wir sind doch im letzten Jahr in der Gegenwart angekommen. Geht das jetzt wieder von vorn los mit der Steinzeit?" – Vielleicht sind euch solche oder ähnliche Gedanken durch den Kopf gegangen, als ihr euren Stundenplan für dieses Jahr erhalten habt. Aber keine Angst, wir fangen nicht einfach wieder von vorne an. Wir haben allerdings noch lange nicht alle wichtigen Aspekte der Geschichte kennengelernt. Es gibt noch viele Themen und Regionen, mit denen wir uns bisher nur am Rande oder sogar überhaupt noch nicht beschäftigt haben. Und darüber hinaus können wir auf der Grundlage dessen, was ihr schon wisst und könnt, jetzt tiefer in die Geschichte einsteigen.
Beides tun wir in diesem Schuljahr am Beispiel der drei Herrschaftsbereiche Russland, China und Osmanisches Reich. Sie haben in der Geschichte als mächtige Imperien eine wichtige Rolle gespielt. Und die Staaten Russland, China sowie die Türkei sind auch heute noch bedeutend als einflussreiche „Player" in ihrer Region oder sogar weltweit.
Repräsentiert werden sie durch die drei Herrscherporträts auf dem Cover eures Geschichtsbuches. Sie zeigen die russische Zarin Katharina II. (1729-1796), den chinesischen Kaiser Qianlong (1711-1799) sowie den osmanischen Sultan Mehmed II. (1432-1481).

Am Beispiel ihrer Reiche lernt ihr zum einen die charakteristischen Kennzeichen eines Imperiums kennen und einzuschätzen, was es bedeutet, wenn in einem solchen Imperium viele verschiedene Ethnien und Kulturen zusammenleben.

Zum anderen verschafft ihr euch anhand ausgewählter Stationen und Aspekte in Längsschnitten einen Überblick über die Geschichte der drei Imperien. Auf diese Weise könnt ihr sie miteinander vergleichen und einige wichtige Gemeinsamkeiten und Unterschiede herausarbeiten.

Die Kenntnis der Geschichte dieser Imperien ermöglicht es euch aber auch, besser zu verstehen, vor welchen aktuellen Herausforderungen die aus ihnen hervorgegangenen Staaten heute stehen, welche Rolle sie in der aktuellen globalisierten Welt spielen oder spielen wollen und welche Bedeutung ihr politisches Handeln für eure eigene Lebenswelt hat.

In die Vergleiche miteinbezogen wird auch die Europäische Integration, aus der die EU hervorgegangen ist. Dieser besondere Prozess setzte in West- und Mitteleuropa ein, nachdem sich dort Nationalstaaten herausgebildet hatten. Warum ist das so? Und welche Chancen und Probleme bringen die Herrschaftsformen Nationalstaat, Imperium und supranationale Organisation im 21. Jh. mit sich? Darüber werdet ihr Vermutungen aufstellen und eure Hypothesen erörtern.

D. h., bei alledem werdet ihr viel Neues erfahren, ihr werdet aber auch an der einen oder anderen Stelle eigene Fragestellungen entwickeln, Vermutungen aufstellen und diese schließlich auf ihre Wahrscheinlichkeit oder Richtigkeit hin überprüfen.

Alles in allem lernt ihr also eine andere Herangehensweise an die Geschichte kennen, die euch neue Einblicke in das Verhältnis von Geschichte und Gegenwart vermittelt. Ich wünsche euch dabei viele interessante Erkenntnisse und viel Freude.

Dieter Brückner

1

Fremde Räume?

Ehemalige Imperien zwischen Vergangenheit und Zukunft

„Auskundschaften, ausbreiten, ausbeuten, auslöschen" – im Englischen explore, expand, exploit, exterminate – so lautet in Kurzform die Spielanleitung für sogenannte „4x"-Strategiespiele. Abgesehen von unterschiedlichen Funktionsweisen und Epochen – das Grundprinzip dieser Globalstrategiespiele ist dabei sehr ähnlich: Auf einer Weltkarte wählt der Spieler ein beliebiges Land, um es durch Politik, Handel, Kolonialisierung und Krieg über Jahrhunderte hindurch zu Größe, Ruhm und Reichtum zu führen. Geschichte wird dabei als das gewalttätige Ringen aufsteigender und untergehender Weltreiche verstanden und ist durch die Spieler gestaltbar: „History is yours for the making" – so heißt es etwa im Trailer von „Europa Universalis IV".

M Darstellungen genreprägender Globalstrategiespiele

Charakterisiert die Imperien in Globalstrategiespielen.

Beurteilt die Aussage „History is yours for making".

Russland – Comeback als Supermacht?

M 1 **„Kann ich auch mal damit spielen?"** Karikatur von Kostas Koufogiorgos, 2008

Russland und die Welt

Seit Beginn des Krieges in der Ukraine im Jahr 2014 und der völkerrechtswidrigen Besetzung der Halbinsel Krim durch Russland haben sich die diplomatischen Beziehungen zum Westen dramatisch verschlechtert. Die EU und die USA belegten Russland mit Sanktionen, die der russischen Wirtschaft erheblichen Schaden zufügten. Wirtschaftlich verfolgt Russland das Ziel, in Zukunft zu den fünf größten Volkswirtschaften nach den USA, China, Japan und Deutschland zu gehören und damit Indien vom 5. Platz zu verdrängen (Stand 2019).

Das größte Land der Erde

Russland ist mit über 140 Millionen Einwohnern, ca. 17 Millionen Quadratkilometern und 9 Zeitzonen das größte Land der Erde. Experten schätzen, dass Russland mit 20-30 % den größten Anteil der weltweiten Rohstoffreserven besitzt. Als Nachfolgestaat der Sowjetunion ist die Russische Föderation Teil internationaler Organisationen, etwa ein mit Vetorecht ausgestattetes ständiges Mitglied im UN-Sicherheitsrat. Russland ist Atommacht und besitzt das weltweit größte Arsenal an Massenvernichtungswaffen. Nach dem Zusammenbruch der Sowjetunion wurde in Russland ein parlamentarisch-präsidentielles Mischsystem nach französischem Vorbild eingeführt. Tatsächlich wurde die Macht des Präsidenten Stück für Stück ausgebaut. Gestützt wird dieses System, indem sich die Eliten des Landes loyal zum Präsidenten verhalten und die Opposition systematisch unterdrückt und verfolgt wird. Beispielhaft dafür sind die staatliche Kontrolle der Medien und das Fehlen unabhängiger Gerichte.

Nach außen kämpft das Land um die Durchsetzung des Geltungsanspruches als führende Weltmacht des 21. Jh. Mit der Gründung der Eurasischen Union schuf Russland zusammen mit Armenien, Kasachstan, Kirgisistan und Weißrussland ein Gegengewicht zur EU. Auch die Zusammenarbeit mit China hat sich seit Mitte der 1990er-Jahre stetig intensiviert. In den Konflikten im Nahen Osten bezog Russland häufig die Gegenposition zu den USA.

Einwanderung nach Deutschland

Die Verknüpfungen zwischen russischer und deutscher Kultur sind vielfältig. Produkte mit kyrillischer Schrift findet man so gut wie in jedem Supermarkt in Deutschland. Berühmte Rapper wie Capital Bra verbreiten russische Wörter auch außerhalb der russischen Sprachcommunity. Im Jahr 2016 lebten über eine Million Menschen in Deutschland, die auf dem Gebiet der ehemaligen Sowjetunion geboren wurden und nach Deutschland eingewandert sind. Insgesamt ergriffen 2 382 174 Menschen zwischen 1950 und 2016 diese Möglichkeit der Migration.

M 2 Die dringendsten Probleme der Gesellschaft aus Sicht der russischen Bevölkerung

Welche der folgenden gesellschaftlichen Probleme erachten Sie als die bedrohlichsten? (%)	Jan. 2004	Jan. 2006	Jan. 2008	Feb. 2010	Feb. 2012	Feb. 2014	Feb. 2015	Feb. 2016	Feb. 2017	Jan. 2018
Steigende Preise	73	71	81	71	72	69	82	77	69	63
Armut, Verarmung der Mehrheit der Bevölkerung	57	55	49	51	53	51	43	49	50	47
Steigende Arbeitslosigkeit	35	36	28	47	36	33	38	43	42	40
Korruption, Bestechung	23	23	23	28	37	32	21	24	28	38
Wirtschaftskrise, schlechter Zustand der Industrie und Landwirtschaft	30	31	29	36	33	29	36	38	34	35
Wachsende Schere zwischen Arm und Reich, ungerechte Einkommensverteilung	29	32	35	29	36	27	24	26	27	33
Fehlender, defizitärer Zugang zu medizinischer Versorgung	36	30	31	27	27	25	19	15	20	26
Steigende Bildungskosten	30	28	26	16	18	17	13	14	16	20
Krise der Moral, Kultur, Tugend	22	26	27	28	31	26	18	16	19	18
Steigender Drogenkonsum	28	25	26	26	30	21	14	14	15	18
Zuwanderung	–[1]	11	8	10	15	23	9	12	9	18
Verschlechterung der Umweltsituation	19	20	23	21	20	16	9	13	13	15
Staatliche Willkür	10	10	9	14	15	12	8	9	10	11
Gefahr durch Attentate und andere terroristische Handlungen	13	12	6	6	9	12	4	11	8	10
Schwäche der Staatsmacht	9	14	8	11	11	8	6	9	8	10
Ungerechte Behandlung vor Gericht	8	5	6	6	7	7	4	5	5	9
Steigende Kriminalität	35	29	23	20	17	14	8	8	10	8
Wachsender Nationalismus, Verschlechterung von interethnischen Beziehungen	4	8	5	7	9	10	8	8	6	7
Polizeigewalt, Brutalität von Polizisten	–[1]	8	7	12	9	7	4	5	5	7
Beschränkung von Bürgerrechten und demokratischen Freiheiten (Redefreiheit, Pressefreiheit)	2	2	2	3	5	4	2	3	3	5
Der Krieg in der Ostukraine	–[1]	–[1]	–[1]	–[1]	–[1]	–[1]	28	14	19	–[1]
Westliche Sanktionen gegen Russland	–[1]	–[1]	–[1]	–[1]	–[1]	–[1]	15	12	8	–[1]

Repräsentative Umfrage des Levada-Zentrums vom 19. bis 23. Januar 2018
Zit nach: https://www.bpb.de/internationales/europa/russland/analysen/269543/tabelle-zum-text-die-dringendsten-probleme-der-gesellschaft-aus-sichte-der-russischen-bevoelkerung [Zugriff: 09.01.2020] (leicht gekürzt) (übersetzt von der Redaktion der Russland Analysen bpb)

1. *Beschreibe die Karikatur (M1). Stelle Hypothesen auf, wer gegenwärtig um die Weltmacht konkurriert.*
2. *Nenne die dringendsten Probleme aus Sicht der russischen Bevölkerung, die aus der Tabelle in M2 hervorgehen. Beschreibe die Entwicklung von 2004 bis 2018.*
3. *Charakterisiere die Bedeutung Russlands in einer globalisierten Welt (Darstellungstext, M1).*
4. *Die Russlandberichterstattung deutscher Medien wird oft als überwiegend negativ und einseitig kritisiert. Analysiere eine Woche lang, welches Bild von Russland in den Medien vermittelt wird.*
5. *Erörtere, ob und ggf. inwiefern Russland in deiner Lebenswelt eine Rolle spielt.*

[1] Diese Antwortmöglichkeiten waren zur Zeit der Befragung nicht als Option aufgelistet.

China – Aufstieg zur neuen Supermacht?

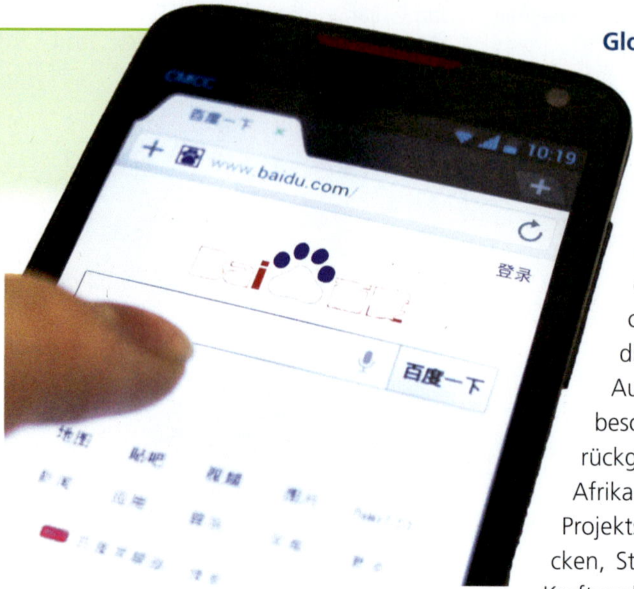

M 1 Startseite der chinesischen Suchmaschine Baidu
Google, YouTube und WhatsApp sind in China nicht zugelassen. Dafür stellen chinesische Firmen vergleichbare Angebote wie Baidu, Youcou und WeChat zur Verfügung. Die „Great Firewall of China" blockiert ausländische Webseiten und verlangsamt den Zugang zu unliebsamen Webseiten, bis der Standort des jeweiligen Nutzers identifiziert ist.

„Wenn in China ein Sack Reis umfällt …"

„Wen interessiert es, wenn in China ein Sack Reis umfällt?" – diese abschätzige Redewendung war in den 1990er-Jahren in Deutschland beliebt, um die Bedeutungslosigkeit eines Ereignisses zum Ausdruck zu bringen. In wenigen Jahren hat sich die Wahrnehmung Chinas geradezu ins Gegenteil verkehrt.

Herausforderungen im Innern

Innenpolitisch verfolgt die Staatsführung ein Ordnungsmodell, das aus westlicher Sicht schwer verständlich erscheint. Es stellt individuelle Rechte unter die Interessen des Kollektivs. Der autoritäre chinesische Staat schreckt auch vor repressiven Maßnahmen nicht zurück. Als kritisch geltende Journalisten werden nicht nur verhaftet, wenn ihnen etwas vorgeworfen wird, sondern auch, wenn vermutet wird, dass sie sich kritisch äußern könnten. Dies führt zu Konflikten mit westlichen Forderungen einer offenen Zivilgesellschaft, der Wahrung der Grundfreiheiten und dem Schutz der Menschenrechte. Die Kontrolle der Presse und des Internets stellt für die chinesische Staatsführung ebenso eine Herausforderung dar, wie die Bekämpfung der Korruption oder der Unzufriedenheit der Bevölkerung, die durch soziale Ungleichheit entsteht.

Globales China

Der sozialistische Staat bestimmt zunehmend die internationalen Spielregeln mit. Die Volksrepublik sitzt als Vetomacht im UN-Sicherheitsrat. Von Beginn des Syrien-Konflikts an hat China zusammen mit Russland bis 2019 alle diesbezüglichen Maßnahmen der UN blockiert. China lehnt offizielle Eingriffe in die Angelegenheiten anderer Staaten ab. Auf allen Kontinenten investiert China insbesondere dort, wo sich andere Akteure zurückgezogen haben, wie in Lateinamerika und Afrika. Im Rahmen des 1 000-Milliarden-Dollar-Projekts „Neue Seidenstraße" sollen Zugstrecken, Straßen und Häfen entstehen, aber auch Kraftwerke und Pipelines. Das Projekt fokussiert u. a. den arabischen Raum. Damit sichert China seinen Zugang zum arabischen Öl. Das bevölkerungsreichste Land der Erde arbeitet daran, seinen Weltmachtanspruch wirtschaftlich durchzusetzen.

Wo berührt China unsere Lebenswelt?

Ohne chinesische Technologie ist unser tägliches Leben nicht mehr vorstellbar. Ein Beispiel ist der chinesische Telekommunikationsausrüster Huawei. Die Firma hat weltweit 1 500 Mobilfunknetze ausgebaut. Ein Drittel der Weltbevölkerung ist durch Huawei-Technologie verbunden. Allein im Jahr 2018 hat der Anbieter 200 Mio. Smartphones verkauft. Mittlerweile ist Huawei hinter Samsung zum weltweit zweitgrößten Smartphone-Hersteller aufgestiegen. In der Chefetage von Huawei sitzen Parteisekretäre der Kommunistischen Partei. Besonders in der Geheimdienstarbeit schreiben Gesetze chinesischen Firmen vor, mit der Regierung zu kooperieren. Chinesische Juristen betonen, dass die Gesetze nicht im Ausland gelten. Doch die Angst vor back doors, mit denen der chinesische Staat Zugriff auf Hard- und Software der weltweiten Telekommunikation haben könnte, ist groß.

M2 Zum Projekt „Neue Seidenstraße“

Der ungarische Ministerpräsident Viktor Orban äußert sich im Mai 2017 in Beijing folgendermaßen:

Das alte Modell der Globalisierung geht seinem Ende entgegen, der Osten hat mit dem Westen gleichgezogen, und ein beträchtlicher Teil der Welt hat es satt, von den westlichen Industrienationen über Menschenrechte und Marktwirtschaft belehrt zu werden.

In Budapest erklärt er:

[Das Seidenstraßenprojekt ist die] neue Form der Globalisierung, die [anders als Brüssel] nicht die Welt in Schulmeister und Schüler einteilt, sondern auf gemeinsamen Respekt und gemeinsamen Vorteil gründet.

In Berlin sagt er:

Mitteleuropa braucht Kapital, um neue Straßen und Pipelines zu bauen. Wenn die EU nicht in der Lage ist, genug Kapital bereitzustellen, dann sammeln wir es eben in China ein.

Zit. nach: Theo Sommer, China First. Die Welt auf dem Weg ins chinesische Jahrhundert, München 2019, S. 142

M3 Die „Neue Seidenstraße“

M4 Wirtschaftliche Verflechtungen

Der Stuttgarter Konzern Daimler veröffentlichte Anfang 2018 eine Werbung auf Instagram mit einem Zitat des Dalai Lama: „Look at situations from all angles, and you will become more open.“ Sie rief heftige Kritik vonseiten chinesischer Behörden und Kunden hervor. Der Dalai Lama gilt (nur) in China als Staatsfeind. Die kommunistische Parteizeitung warf dem Konzern vor, sich „zum Feind des chinesischen Volkes gemacht zu haben“. Der Instagram-Post wurde daraufhin von Daimler gelöscht. Der Konzern reagierte mit einer Entschuldigung über den Kurznachrichtenkanal Sina Weibo, dem chinesischen Gegenstück zu Twitter. Zusätzlich hat sich der Autobauer in einem Brief an Chinas Botschafter in Berlin entschuldigt. Laut der chinesischen staatlichen Nachrichtenagentur Xinhua heißt es darin, dass Daimler „zutiefst das Leid, das der fahrlässige und taktlose Fehler dem chinesischen Volk zugefügt habe“, bedauere.

Darstellungstext

Internettipp:
Einen Screenshot des genannten Instagram-Posts findet ihr unter Code 31045-01

1. *Baidu (vgl. M1) wird der Vorwurf gemacht, sich an der staatlichen Internetkontrolle in China zu beteiligen und kritische Inhalte zu filtern. Nenne mögliche Baidu-Suchanfragen, die der Zensur unterworfen sein könnten.*
2. *Nenne die gegenwärtigen Herausforderungen der chinesischen Gesellschaft (Darstellungstext).*
3. *Erkläre die Illustration M3. Charakterisiere die Bedeutung Chinas in einer globalisierten Welt (Darstellungstext, M3).*
4. *Erörtere, ob der Aufstieg Chinas eine Verschiebung der globalen Machtverhältnisse mit sich bringen kann (M2).*
5. *Erkläre und bewerte den in M4 dargestellten Vorgang.*

Türkei – Führungsmacht zwischen Ost und West?

M1 Nebeneinander verschiedener Kulturen in Istanbul
Foto von Bulent Kilic, 2019
Vor einem US-amerikanischen Schnellrestaurant in Istanbul treffen junge Menschen unterschiedlicher kultureller und religiöser Prägungen aufeinander.

Naht- und Bruchstelle

„Am Bosporus ist alles möglich: Kopftuch- und Minirockträgerinnen [...], die Rufe des Muezzin und der Technobeat der westlich orientierten Jugend" – so beschreibt die Journalistin Inga Rogg die Spannungsfelder in der heutigen Türkei und spielt auf die besondere Rolle der Türkei an der Naht- und Bruchstelle zwischen Ost und West an.[1]

Zwischen Demokratie und Autokratie

Nach Art. 2 der Verfassung versteht sich die Türkei als „demokratischer, laizistischer[2] und sozialer Rechtsstaat". Im April 2017 fand in der Türkei ein Verfassungsreferendum statt, das die Gewaltenteilung einschränkte. Viele Beobachter sehen die Türkei auf dem Weg zu einem autoritären islamischen Staat. In der Türkei werden seit dem Putschversuch 2016 die Medien kontrolliert, oppositionelle Politiker, Intellektuelle und Journalisten verhaftet. Die türkische Justiz agiert nicht mehr unabhängig von der Politik. Regelmäßig wird die Wiedereinführung der Todesstrafe diskutiert.

Innertürkische Verhältnisse

Die Minderheiten der Kurden, Aleviten und Armenier werden von der Mehrheitsgesellschaft als Gefahr für die türkische Nation betrachtet. Sie werden im Alltag benachteiligt oder gar verfolgt; Vertreter der Minderheiten sitzen im Gefängnis oder sind im Exil. Mit Einsätzen des türkischen Militärs in kurdischen Siedlungsgebieten in Nordsyrien hat sich die Situation der Kurden auch innerhalb der Türkei verschärft.

Wirtschaftlich befindet sich die Türkei seit Ende der 2010er-Jahre in einer schwierigen Situation. Die Inflation liegt bei über 10%, ausländische Direktinvestitionen nehmen ab. Die strukturellen Probleme des Landes zeigen sich in der hohen Jugendarbeitslosigkeit (20%). Fehlende Rechtssicherheit führt dazu, dass Millionäre und Intellektuelle das Land verlassen.

Außenpolitische Positionen

Die Türkische Republik beansprucht, die einzige Führungsmacht im Nahen Osten zu sein. Damit tritt sie in Konkurrenz mit Saudi-Arabien, Ägypten und dem Iran. Das Verhältnis zur EU ist belastet. Seit dem 3. Oktober 2005 läuft das Beitrittsverfahren, doch die Gespräche kamen aufgrund von Differenzen immer wieder zum Erliegen. Im Zuge der sogenannten Flüchtlingskrise kam der Türkei eine besondere Rolle zu. Es wurden weitreichende Vereinbarungen (der sog. Flüchtlingsdeal) getroffen, wie die Zuwanderung in die EU über die Türkei gestoppt werden kann. Seit 1952 ist die Türkei Mitglied der NATO.

Deutschland und die Türkei

Im Jahr 2018 lebten ca. drei Millionen Menschen in Deutschland, deren familiäre Wurzeln auf die Türkei verweisen. Sie sind damit die größte Einwanderergruppe in Deutschland. Viele Elemente der türkischen Kultur sind in Deutschland so präsent, beispielsweise die türkische Küche, dass sie von großen Teilen der Bevölkerung nicht als fremd wahrgenommen werden.

[1] Inga Rogg, Türkei, die unfertige Nation. Erdoğans Traum vom Osmanischen Reich, Bonn 2018, S. 10

[2] Laizistisch, vom griechischen laïkós „der Ungeweihte" bzw. Laie (im Gegensatz zum Priester) kommend, meint die Trennung von Religion und Staat.

M 2 Die Zukunft der Türkei

Die Journalistin Inga Rogg skizziert 2018 die Weichenstellungen für die Zukunft der Türkei:

Nach seinem Wahlsieg Ende 2011 schlägt Erdoğan [der damalige Ministerpräsident] jedoch neue Töne an. [...] „Wir wollen eine religiöse Jugend heranziehen", sagt er. [...] Die nächste Generation soll fromm sein, so wie er selbst. [...] „2053 ist euer Jahr", verkündet Erdoğan vor Tausenden von Schülern, die im März 2017 aus ganz Istanbul zu einer Großveranstaltung herangekarrt werden.

In das Jahr 2053 fällt der 600. Jahrestag der Eroberung Konstantinopels. Islamisten träumen schon heute davon, die Hagia Sophia wieder in eine Moschee zu verwandeln. Spätestens die „Generation 2053" soll ihnen diesen Wunsch erfüllen.

Schritt um Schritt treibt Erdoğan seit 2011 die Islamisierung des Bildungswesens voran. Im Februar 2012 führt die AKP [Partei Erdoğans] das sogenannte 4+4+4-System ein, das für alle Schüler den jeweils vierjährigen Besuch der Grund-, Mittel- und Oberschule zur Pflicht macht. Theoretisch steigt die Schulpflicht damit auf zwölf Jahre. In der Praxis führt es jedoch dazu, dass sie auf vier Jahre sinkt. Eltern steht es nämlich frei, ihre Kinder nach der Grundschule zu Hause zu unterrichten oder sie auf Fachschulen zu schicken, unter ihnen die Imam-Hatip-Schulen[1]. Die Absolventen dieser Schulen, an denen Mädchen und Jungen getrennt unterrichtet werden, erhalten zudem als Einzige das Privileg, studieren zu können, ohne die an den Hochschulen und Universitäten obligatorische Zulassungsprüfung ablegen zu müssen. [...]

Aber Erdoğan ist noch lange nicht am Ende. [...] Die Evolutionstheorie [soll] aus dem Lehrplan gestrichen werden. [Sie] sei „archaisch" und „verrottet". [...] Das Vorhaben löste einen Sturm der Entrüstung aus. [...] Tausende fordern zudem die Wiedereinführung des Themas Menschenrechte, das die AKP aus dem Curriculum [Lehrplan] entfernt hat. [...]

An Schulen und Universitäten herrscht mittlerweile ein Klima der Angst. [...] Wer kann, verlässt das Land, der Rest schweigt und/oder versucht, nicht aufzufallen. Damit erstickt Erdoğan die Kreativität und den Forscherdrang, den die Türkei bräuchte, um die vor allem für die Wirtschaft dringend erforderlichen Innovationen voranzubringen. [...]

Von derzeit Platz 17 der führenden Industrienationen will er [Erdoğan] die Türkei bis 2023, dem 100. Jahrestag der Republikgründung, unter die Top Ten der Wirtschaftsnationen führen. Zu den Prestigeobjekten gehört dabei die heimische Rüstungsindustrie.

Inga Rogg, Türkei, die unfertige Nation. Erdoğans Traum vom Osmanischen Reich, Bonn 2018, S. 200f., 204 und 214

M 3 Meinungs- und Pressefreiheit in der Türkei

Foto einer Demonstrationsveranstaltung in Istanbul im Juni 2013

Auf dem Plakat symbolisieren die japanischen „drei Affen von Nikko" drei große türkische Medien.

[1] Staatliche Berufsfachgymnasien für die Ausbildung zum Imam (Vorbeter)

1. *Beschreibe die Fotografie in M1. Welche Herausforderungen der gegenwärtigen Türkei lassen sich daraus ableiten?*
2. *Erarbeitet im Tandem die gegenwärtigen Herausforderungen der türkischen Gesellschaft (Darstellungstext, M2). Ordnet eure Ergebnisse den Vermutungen aus 1. zu.*
3. *Charakterisiere die Bedeutung der Türkei in einer globalisierten Welt (Darstellungstext).*
4. *Analysiere das Bild in M3 und recherchiere einen tagesaktuellen Fall zum Thema Meinungs- und Pressefreiheit in der Türkei. Erörtere mögliche Auswirkungen der Entwicklungen auf die globale Bedeutung der Türkei.*
5. *Erläutere, inwiefern dir türkische Kultur in deinem Alltag begegnet. Erörtere, welche Bedeutung die Türkei in deiner Lebenswelt hat.*

Faszination Imperium

M 1 Das Galaktische Imperium
Filmausschnitt aus STAR WARS, Episode VI, Die Rückkehr der Jedi-Ritter (1983)

„Um zu gewährleisten, dass wir immer mit einer Stimme sprechen und mit einer Hand handeln, muss sich die Republik ändern. Wir müssen uns weiter entwickeln. Wir müssen wachsen. Wir sind ein Reich geworden. Und das sollten wir auch dem Namen nach sein: ein Reich, ein Imperium. Wir sind das erste Galaktische Imperium!"

Matthew Stover, STAR WARS, Episode III, Die Rache der Sith, München 2015, S. 391 (übersetzt von Andreas Brandhorst)

Der Reiz des Imperialen

Mit den obigen Worten begründet Imperator Palpatine in der STAR WARS-Saga die Ablösung der Galaktischen Republik und die Errichtung des Galaktischen Imperiums. Das Imperium wird von einer galaxisweiten Zentralregierung dominiert und steht unter der diktatorischen Herrschaft des Imperators. Kennzeichen des STAR WARS-Imperiums sind die verschärfte Kontrolle regionaler Territorien und der Ausbau militärischer Präsenz. Im Zuge stetiger Expansion werden die Bewohner der eroberten Gebiete unterdrückt, versklavt und Rohstoffe ausgebeutet. Um sich vor Aufständen zu schützen, schreckt das Imperium auch vor Völkermord nicht zurück. Das Gewalt- und Aggressionspotenzial des Imperiums gipfelt in der Konstruktion der Superwaffe „Todesstern", welcher aufsässige Welten gefügig machen sollte.

Was ist ein Imperium?

Imperien sind von Historikern und Politikwissenschaftlern immer wieder anhand von Merkmalen definiert worden.[1] Diese lassen sich in geografische Merkmale, ideologische Merkmale und herrschaftssichernde Merkmale unterteilen.

- Imperien sind großräumige Herrschaftsverbände.
- Einem dominierenden Zentrum stehen abhängige Randzonen (Peripherien) gegenüber.
- Die Grenzen eines Imperiums sind unscharf und gleichen Pufferstreifen („Wildnis").
- Imperien haben keine besondere Beziehung zu dem Boden, den sie erobert haben. Entscheidend ist, dass er erobert wurde.

- Der Herrschaft liegt eine Ideologie zugrunde, die davon ausgeht, dass das Imperium Nachbarn und Konkurrenten zivilisatorisch überlegen ist.
- Ziel des Imperiums ist, sich vor Bedrohung von außen zu schützen und Bürgerkriege oder Aufstände im Innern zu verhindern sowie ein beständiges Wachstum der Wirtschaft zu ermöglichen.
- Die Gesellschaft setzt sich aus vielen verschiedenen Gruppen zusammen (multiethnisch). Nur die Führungselite hat ein Zusammengehörigkeitsbewusstsein und Anteil an der Macht.

[1] Nach: Jürgen Osterhammel, Die Verwandlung der Welt. Eine Geschichte des 19. Jahrhunderts, München 2016, S. 607-609

- Das Imperium wird autoritär regiert und unterhält einen Zwangsapparat, um die Herrschaft durchzusetzen.
- Da es keine gemeinsame Kultur und Sprache gibt, wird das Imperium durch von der Führungselite ausgewählte Symbole, wie z. B. einen Gründungsmythos, gerechtfertigt.
- Das Imperium ist ein Untertanenverband mit abgestuften Berechtigungen. Sonderrechte und -pflichten erzeugen Spannungen zwischen den Untertanen.

Vier Machtsorten

Der Politikwissenschaftler Herfried Münkler hat versucht, das Auf und Ab in der Geschichte von Herrschaftsverbänden zu beschreiben, indem er das Zusammenspiel von vier Machtsorten untersucht: militärische, politische, wirtschaftliche und ideologische Macht. Verfügt ein Imperium über einen Großteil dieser Machtsorten, ist sein Fortbestand nicht gefährdet. Kann es eine fehlende Machtsorte durch eine andere ausgleichen, ist das Imperium ebenfalls noch sicher. Verliert es zusehends in mehr als zwei Machtsorten, kann dies laut Münkler zu tiefen Erschütterungen führen.

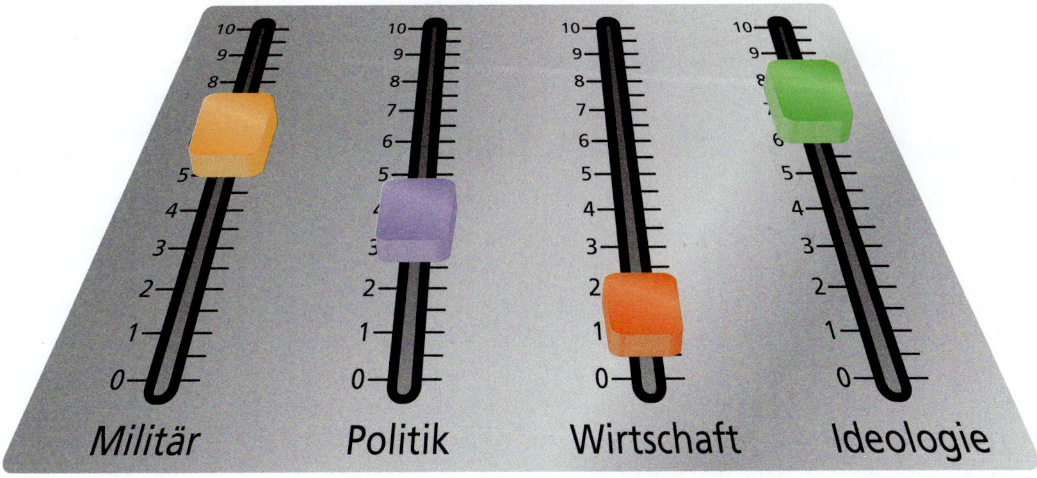

M2 Machtsorten anschaulich gemacht mithilfe eines Mischpultes

1. *Nenne Imperien, denen du (im Geschichtsunterricht) bisher begegnet bist.*
2. *Lege eine Tabelle an und ordne den Merkmalen eines Imperiums Beispiele von dir bekannten Imperien zu. Die Beispiele können auch von unterschiedlichen Imperien stammen.*
3. *Erläutere möglichst knapp den Begriff „Imperium“. Nutze dabei die in 2. erstellte Tabelle.*
4. *Beurteile die herrschaftssichernden Maßnahmen eines Imperiums aus heutiger Sicht.*
5. *Erkläre das Schaubild M2. Gestalte eine Nachrichtenmeldung über die Erschütterung eines (fiktiven) Imperiums durch den Verlust von Machtsorten. Beschreibe den Vorgang möglichst konkret anhand von Beispielen.*
6. *Diskutiert das Geschichtsbild, das dieses Schaubild (M2) vermittelt. Was überzeugt euch, was würdet ihr anders darstellen?*

Der Nationalstaat – ein Gegenentwurf zum Imperium?

M 1 Reichstag Berlin
Foto, 2003

Was ist ein Nationalstaat?

Wir leben in der Bundesrepublik Deutschland, einem Nationalstaat. Alle unsere Nachbarländer sind ebenfalls Nationalstaaten. Wir haben Nationalmannschaften und eine Nationalhymne. Aber was ist ein Nationalstaat?

Der Historiker Otto Dann definierte den **Nationalstaat** folgendermaßen: „Der moderne Nationalstaat ist ein Staat, in dem die Nation als die Gesamtheit der Staatsbürger der Souverän ist, [der] die politische Teilhabe festlegt und kontrolliert. Die gleichberechtigte Teilhabe aller Bürger an den Institutionen, Leistungen und Projekten des Staates ist sein leitendes Prinzip."[1] Wer zur Nation gehört, ist entweder von der Staatsangehörigkeit der Eltern abhängig oder davon, ob man auf dem Boden der Nation geboren wurde.

Die Idee Nationalstaat: vom Wir-Gefühl zum Nationalismus

Die Idee des Nationalstaates entstand in Westeuropa im späten 18. Jh. Nationen als Gemeinschaften von Menschen beruhten auf einem Wir-Gefühl, das diejengen verband, die eine gemeinsame Sprache benutzten, auf eine gemeinsame Geschichte zurückblickten, ein gemeinsames Schicksal teilten oder eine gemeinsame Kultur hatten. Vor allem das gebildete Bürgertum ging davon aus, dass man die Völker und Individuen der Welt in Nationen als natürliche Grundeinheiten einteilen kann. Die Nation ist ein Konstrukt, das allmählich für die Mehrheit der Bürger zum Hauptbezugspunkt wurde. Man definierte sich mehr über die Nation als über die Region, aus der man stammte, oder über die Religion, der man angehörte. Diese Denkweise nennt man Nationalismus. Dieser Begriff ist heute oft im Sinne eines übersteigerten Patriotismus negativ besetzt.

Im 19. Jh. knüpften die Führungseliten so gut wie aller Nationen an dieses vorhandene Nationalgefühl an, formten einheitliche Wirtschaftsräume, vereinheitlichten die Kultur und stärkten ihren Staat. Nationen, die in keinem gemeinsamen Nationalstaat lebten, wie die Italiener und die Deutschen, gründeten einen Nationalstaat. Nationale Symbole wurden eingeführt, ein Nationalstolz entwickelt, und man grenzte sich von anderen Nationen ab und trat in Konkurrenz zu ihnen. Der Nationalstaat als internationaler Akteur entstand.

Nationalismus innerhalb der Imperien

Die Denkweise des Nationalismus konnte sich aber auch gegen ein Imperium richten. Innerhalb vieler Imperien regte sich im 19. Jh. Widerstand im Namen nationaler Vorstellungen. Minderheiten forderten Schutz vor Übergriffen und Diskriminierung, größere Spielräume für ihre eigene Kultur oder gar die Unabhängigkeit vom Imperium.

[1] Otto Dann, Zur Theorie des Nationalstaates, in: Deutsch-Norwegisches Stipendienprogramm für Geschichtswissenschaften, Bericht über das 8. deutsch-norwegische Historikertreffen in München, Mai 1995, Oslo 1996, S. 69

M2 Merkmale eines Nationalstaates

Der Historiker Jürgen Osterhammel stellt in seinem Werk „Die Verwandlung der Welt. Eine Geschichte des 19. Jahrhunderts" die Merkmale eines Nationalstaates zusammen:

- fixierte Grenzen
- besondere Beziehung zu einem Territorium, sichtbar durch Erinnerungsorte
- Unteilbarkeit des Staates
- umgeben von ähnlich strukturierten Nationalstaaten
- Angehörige der Nation sind Staatsbürger, keine Untertanen
- kulturelle Gemeinsamkeiten der Bevölkerung: Sprache, Kultur, alltagsweltliche Praktiken
- nationale Gesamtaufgaben: allgemeine Schulversorgung, funktionierende polizeiliche Ordnung, staatliche Daseinsfürsorge
- Herrschaftsausübung ist dann gerecht, wenn sie den Interessen der Nation oder des Volkes dient
- Legitimierung der Herrschaft „von unten" durch Wahlen, Volksabstimmungen oder stillschweigende Zustimmung
- Rechtsgleichheit aller Bürger, aber nicht jeder Einwohner ist automatisch Bürger
- Ursprünge in einer (möglicherweise vorgetäuschten, aber geglaubten) gemeinsamen biologischen Abstammung

Nach: Jürgen Osterhammel, Die Verwandlung der Welt. Eine Geschichte des 19. Jahrhunderts, München 2009, S. 607ff.

M3 Charakteristika von Herrschaftsformen

Geografische Merkmale
- räumliche Ausdehnung
- Gestaltung des Raumes
- Grenzen
- Beziehung zum Territorium

Ideologische Merkmale
- Verhältnis zu Nachbarstaaten/Konkurrenten
- Staatsziel(e)
- Gesellschaft

Herrschaftssichernde Merkmale
- Durchsetzung der Herrschaft
- Sprache, Kultur, Zusammengehörigkeit
- Status der Bevölkerung

1. *Benenne die Merkmale eines Nationalstaates, die du aus deinem Alltag kennst, mithilfe der vorgegebenen Begriffe in M3.*
2. *Ordne die Merkmale eines Nationalstaates (M2) den Begriffen in M3 zu.*
3. *In M2 ist von nationalen Erinnerungsorten die Rede. Nenne Beispiele für Erinnerungsorte aus dir bekannten Nationalstaaten (z. B. Denkmäler, berühmte Gebäude oder Orte).*
4. *Vergleiche die Prinzipien von Imperien mit den Prinzipien von Nationalstaaten.*
5. *Imperium versus Nationalstaat: Beurteile, welche Herrschaftsform die tragfähigere ist.*

M1 Herrschaftsraum

Von Moskau nach Wladiwostok, 9000 km in 7 Tagen. Die Idee, den europäischen Teil Russlands mit dem asiatischen Teil zu verbinden, entstand schon in den 1850er-Jahren, nachdem sich das Zarenreich bis an den Pazifik ausgedehnt hatte. Russische Strategen sahen die fernöstlichen Gebiete durch China und England bedroht. Bei einer militärischen Auseinandersetzung wäre Russland schlecht aufgestellt gewesen. Von Moskau an den Baikalsee brauchte man ohne Eisenbahn allein 33 Tage. Zar Alexander III. ordnete 1891 den Bau der Transsibirischen Eisenbahn an.

Das Prestigeprojekt sollte industriellen Schwung in das agrarisch geprägt Imperium bringen. Sibirien, „das größte Gefängnis der Welt", wurde bis zum Ausbruch des Ersten Weltkrieges mit insgesamt vier Millionen Bauern besiedelt. An Kreuzungspunkten der Bahnlinie mit sibirischen Wasserwegen schossen Städte wie Pilze aus dem Boden. Die heute drittgrößte Stadt Russlands, Nowosibirsk, ist ein Beispiel dafür.

M2 Herrschaftsideologie

„Erhabenes Gewölbe"
Foto, 2017
Das ehemalige „Opfergelände der Erde", zu dem auch dieses Monument gehört, ist heute als Park für die Öffentlichkeit zugänglich.

Für das Wohlergehen des „Reiches der Mitte" und seiner Bewohner war der Staatskult unverzichtbar. Zum einen verdeutlichte er die Einzigartigkeit des chinesischen Kaisers gemäß dem Satz des Konfuzius (551–479 v. Chr.), dessen Lehre die chinesische Kultur maßgeblich prägte: „So wie es am Himmel nur eine Sonne gibt, so kann es auf Erden nur einen König geben." So vollzog der als „Sohn des Himmels" bezeichnete Herrscher alljährlich „Opfer", um für reiche Ernten und den Schutz des Reiches zu sorgen.

Für Opferzeremonien zur Sommersonnenwende ließ der erste Kaiser der Ming-Dynastie im Jahr 1530 nach unserer Zeitrechnung das „Opfergelände der Erde" (Ditan) gestalten. Die Anlage, deren Konstruktion auf geraden Zahlen und rechteckigen Formen beruht, sollte die Harmonie zwischen Himmel und Erde widerspiegeln. Im sogenannten „Erhabenen Gewölbe" wurde nach damaliger Vorstellung ein besonderer Schatz aufbewahrt: der Seelensitz des Himmelsgottes.

M3 Herrschaftssicherung

Das osmanische Wort „Tanzimat" bedeutet Neuordnung und bezeichnet eine Epoche des tief greifenden Wandels des Osmanischen Reiches im 19. Jh. Nach verlorenen Kriegen gegen Russland, der Abspaltung Griechenlands und dem Verlust der Kontrolle über abgelegene Provinzen, startete die Regierung in Konstantinopel ein umfangreiches Reformprogramm. Neue Steuerquellen wurden erschlossen, um die Infrastruktur des Landes, die Armee und die Wirtschaft zu modernisieren.

Vorher waren Elitepositionen Muslimen vorbehalten, jetzt durften alle Bürger des Reiches Beamte werden. Staatsdiener und Militärangehörige mussten Steuern bezahlen. Das Schulwesen wurde der islamischen Geistlichkeit entzogen und unter staatliche Aufsicht gestellt. Ein Parlament wurde eingeführt. Alle Untertanen hießen ohne Ausnahmen Osmanen und waren vor dem Gesetz gleich. Dadurch sollte ein größerer Zusammenhalt geschaffen werden.

Integrationsinstrument Fes
Foto aufgenommen um 1890/1900 in Istanbul
Sultan Mahmud II. hat den Fes 1829 als Symbol der Gleichheit und Zusammengehörigkeit der Untertanen aller Religionen und Nationalitäten im Osmanischen Reich zur vorgeschriebenen Kopfbedeckung für Männer gemacht.

Die imperiale Vergangenheit Russlands, Chinas und der Türkei charakterisieren

Schritt 1: *Bildet Gruppen zu folgenden Themen: Russland, China und Türkei.*

Schritt 2: *Sammelt in eurer Gruppe, was ihr über die imperiale Vergangenheit eures ausgewählten Landes wisst.*

Schritt 3: *Informiert euch mithilfe von M1-M3 über Aspekte der imperialen Vergangenheit des jeweiligen Landes.*

Schritt 4: *Auf Seite 18f. habt ihr die Merkmale eines Imperiums kennengelernt. Ordne die in M1-M3 dargestellten Aspekte einem Bereich zu: Handelt es sich um einen räumlichen, ideologischen oder herrschaftssichernden Aspekt?*

Schritt 5: *Übertragt euer Vorwissen aus Schritt 2 auf die drei Bereiche. Entscheidet, welchen Bereichen sich diese Aspekte zuordnen lassen.*

Fragen und Hypothesen entwickeln

Schritt 1: *Entwickelt Fragen zu den einzelnen Bereichen, in denen eure Überlegungen Leerstellen aufweisen. Was möchtet ihr über die imperiale Vergangenheit Russlands, Chinas und der Türkei erfahren und erklären können?*

Schritt 2: *Präsentiert eure Fragen den anderen Gruppen.*

Schritt 3: *Einigt euch auf die drei interessantesten Fragestellungen. Formuliert mögliche Antworten auf eure Fragen (Hypothesen).*

Schritt 4: *Plant in Kleingruppen, in welchen Schritten ihr diese Fragen beantworten könntet.*

Schritt 5: *Entwerft Untersuchungsschritte zur Beantwortung historischer Fragen. Diese helfen euch bei der Beantwortung der Fragen auf den „Das weiß ich, das kann ich!"-Seiten.*

2

Russland – ein Imperium im Wandel

Magnitogorsk, wörtlich übersetzt „Die Stadt am magnetischen Berg", wurde 1929 gegründet. Sie entstand damals aus Europas größtem Zusammenschluss (Kombinat) metallverarbeitender Betriebe und war damit der Stolz des ersten Fünfjahresplans. Die sowjetische Industrialisierung markiert einen Meilenstein im Wandel des Imperiums.

M Magnitogorsk
Foto von 2007
Im Hintergrund erkennt man die Plattenbausiedlungen der 1970er- bis 90er-Jahre.

Beschreibe die Wirkung, die das Foto erzeugt.

Entwickelt Hypothesen, wie der Alltag in Magnitogorsk aussah bzw. aussieht.

Fragen an ... Russland und die Sowjetunion

Internettipp:
Russland entschlüsseln mit Beiträgen russischer Journalisten und deutscher Wissenschaftler siehe Code 31045-02

Wie kann man die Strukturen und aktuellen Herausforderungen der russischen Gesellschaft aus ihrer Geschichte und den Beziehungen zum westlichen Europa erklären? Darum geht es in diesem Kapitel.

1547 ließ sich der Moskauer Großfürst Iwan IV., genannt der Schreckliche, als Erster zum Zaren krönen. Sein Reich sollte die gesamte Ethnie der Rus vereinigen. Gleichzeitig begann er, es durch Eroberungen zu erweitern.

Knapp zweihundert Jahre später, 1721, nahm Peter I. (der Große) den lateinischen Titel des Imperators an und benannte sein Land in Russisches Kaiserreich um. Damit beginnt der Aufstieg Russlands zur europäischen Großmacht.

Das Reich dehnte sich seit Peter dem Großen massiv aus und erlebte vor allem im 20. Jh. tief greifende Umwälzungen in Politik, Wirtschaft und Gesellschaft. Ausgangspunkt war 1917 eine kommunistische Revolution nach den Ideen von Karl Marx. Die russischen Marxisten, darunter Lenin, wollten aus dem rückständigen Agrarland ein Industrieland machen, in dem die Arbeiter die Macht haben und nicht mehr Adel und Bürgertum.

Die gewaltsame Machtübernahme gelang den Kommunisten. Wenige Jahre später herrschte Josef Stalin als allmächtiger Diktator. Sein Terror prägte das Land, in dem Millionen Menschen ausgebeutet, gequält und ermordet wurden. Der letzte Generalsekretär des Zentralkomitees der Kommunistischen Partei der Sowjetunion, Michail Gorbatschow, leitete eine umfassende Reformpolitik ein, die den Zusammenbruch der Sowjetunion nicht verhinderte. Heute sieht sich Russland Herausforderungen gegenüber, die aus einem sich wandelnden Imperium resultieren.

Leitfrage

Wie lassen sich die gegenwärtigen Herausforderungen Russlands aus der Geschichte und seinen Beziehungen zum westlichen Europa erklären?

Das russische Imperium und die spätere Sowjetunion beherrschten große Teile des eurasischen Kontinents. Die Bezeichnung der russischen Herrscher als Zaren leitet sich von lat. Caesar (Kaiser) ab.

Herrschaft

Russland war um 1900 im Vergleich zu anderen europäischen Staaten industriell nur schwach entwickelt. Dies änderte sich unter der Modernisierungsoffensive der Sowjetunion rasant.

Wirtschaft / Umwelt

Ihr habt euch bereits Fragen an Russland und die Sowjetunion überlegt. Greift auf diese Fragen zurück, entwickelt weitere Fragen und ordnet sie den fünf Bereichen zu. ▸

Zarenreich Russland

1500 | 1600 | 1700

1547: Iwan IV. Zar Russlands

1721: Peter I. Kaiser Russlands

Seit den Eroberungen Iwans IV. gehörten auch nicht-russische Ethnien zum Zarenreich. Fortan lebten turksprachige, finno-ugrische, sibirische, kasachische, polnische und viele weitere Minderheiten im russischen Großreich.

Gesellschaft

Neben orthodoxen Christen lebten im russischen Großreich auch Protestanten, Muslime, Buddhisten und Angehörige sibirischer Religionen. Die Kommunisten strebten danach, ihre Weltdeutung an die Stelle der Religionen zu setzen.

Weltdeutung / Religion

Die Anwerbung ausländischer Siedler und die Theorie des Marxismus sind Beispiele für Kulturtransfers. Begegnungen friedlicher wie kriegerischer Art fanden mit europäischen Staaten, dem Osmanischen Reich und China statt.

Vernetzung

Kaiserreich Russland | Russische Sowjetrepublik | Sowjetunion | Russische Föderation

1800 | 1900 | 2000

1762: Anwerbung ausländischer Siedler

1905: Revolution, parlamentarische Verfassung

1917: Oktoberrevolution

Lenin | Stalin | Chruschtschow | Breschnew | Gorbatschow

Der Zar und sein Reich – ein Imperium erwacht?

M 1 **Zar Iwan IV. schenkt seinem Gegner Khan Jediger Machmet das Leben**
Aquarell von Alexej Danilowitsch Kiwschenko, 1880
Khan Jediger Machmet war Khan von Kasan, einem Staatsgebilde nördlich des Kaspischen Meeres.

Der Zar – ein unumschränkter Herrscher

Iwan IV., genannt Iwan der Schreckliche, war der erste russische Herrscher, der sich 1547 zum Zaren krönen ließ. Im Rahmen der Herrschaftsform des **Zarismus** war der Zar weitgehend unabhängig von Adel, Ständen und Gerichten. Diese Form von Alleinherrschaft nennt man **Autokratie**. Unter Iwan IV. löste sich die russisch-orthodoxe Kirche vom Einfluss des Patriarchen von Konstantinopel. Die **orthodoxe Kirche** legitimierte den umfassenden Machtanspruch des Zaren und dessen Gottesgnadentum. Eine enge Verbindung zwischen Zar und Kirche entstand.

Eroberungen Iwans

Iwan der Schreckliche war der erste Zar, der Gebiete eroberte, die von Menschen bewohnt wurden, die nicht der russischen Ethnie angehörten. Er führte einen Vorstoß gegen die Mongolen an und eroberte die muslimischen Khanate[1] Kasan und Astrachan nördlich des Kaspischen Meeres. Ebenso schickte er Expeditionen in das Land jenseits des Ural, das „Schlafendes Land" (Sibirien) genannt wurde. Das Land verfügte über kostbare Schätze wie Gold, Kristalle und Zobelpelze. Er eroberte das Khanat Sibir und nannte sich fortan auch Zar von Sibirien.

Ein Imperium entsteht

Die Reformen Zar Peters des Großen (1682-1725) sorgten für einen Modernisierungsschub und vergrößerten Russlands Macht weiter. Er öffnete Russland nach Westen und führte das Reich zu einem neuen Selbstverständnis, was seit 1721 auch die Bezeichnung Rossiiskaja Imperija (Russisches Imperium) zum Ausdruck brachte. Ein **multiethnisches Imperium** war entstanden. Seine größte Ausdehnung erreichte das Reich zwischen 1742 und 1867. Es erstreckte sich von Gebieten des heutigen Polens bis nach Alaska.

Die Russlanddeutschen

Vor allem Kaiserin Katharina die Große (1762-1796) setzte das Reformwerk fort. Mit Beginn ihrer Herrschaft wurden Ausländer zur Besiedlung menschenleerer Gebiete nach Russland geholt.
Griechen, Serben und Bulgaren aus dem Osmanischen Reich, aber auch viele Deutsche machten von dem Angebot Gebrauch. Im Zuge des Siebenjährigen Krieges (1756-1763), unter dem zahlreiche Bewohner der Rheinprovinz, Bayerns, Badens und Hessens zu leiden hatten, wanderten Deutsche nach Russland aus. Katharina versprach ihnen Religionsfreiheit, Befreiung vom Militärdienst, den Erhalt ihrer Sprache, lokale Selbstverwaltung und eine 30-jährige Steuerbefreiung als Anreize. So emigrierten zwischen 1764 und 1767 rund 30 000 Deutsche nach Russland.

[1] Ein Khanat ist die Bezeichnung für ein Staatsgebilde, das mit einem Fürstentum oder Königreich verglichen werden kann.

Zarismus   Autokratie   orthodoxe Kirche   multiethnisches Imperium

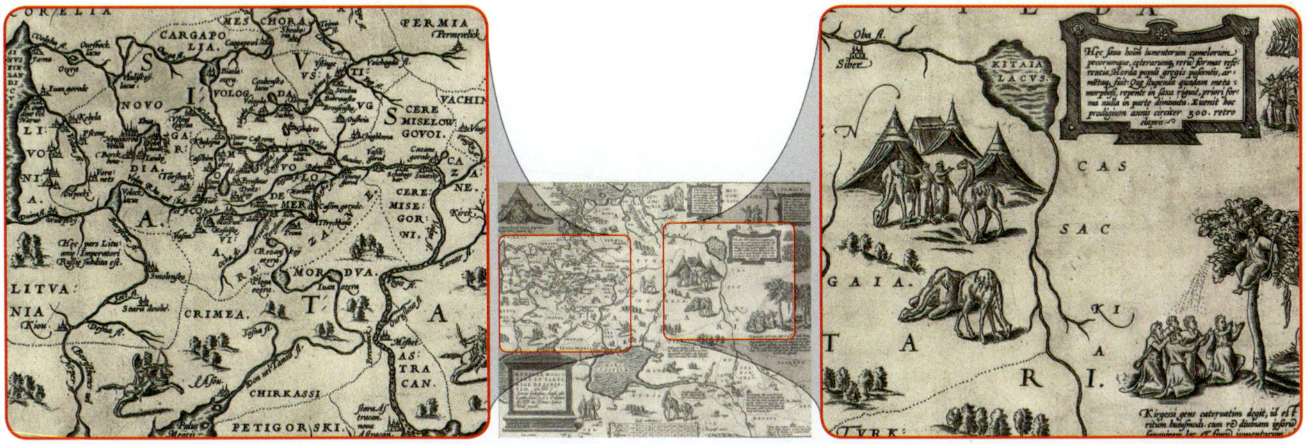

M 2 Zentrum und Peripherie
Der Engländer Anthony Jenkinson verhandelte für England über ein Handelsabkommen mit Russland und erkundete eine Handelsroute über Russland in den Osten. 1562 fertigte er eine illustrierte Karte an.

M 3 Bittschrift sibirischer Untertanen

Pelzjäger ziehen als erste nach Sibirien und machen die sibirischen Stämme fügsam. Die Einheimischen verschaffen sich mit Bittschriften Gehör:

An den Zaren richten sich mit einer untertänigen Bitte Deine Waisen aus dem fernen sibirischen Land […]. In den vergangenen Jahren, als wir begannen, Dir, Großer Herrscher, für uns und die Menschen in unserem Stammesgebiet Jassák [Pelzsteuer] zu zahlen, konnten wir Deinen Jassák mit Leichtigkeit aufbringen […]. Wer aber keine Zobel und anderes Pelzwerk hat, wird erbarmungslos mit Stöcken geschlagen und eingesperrt. Wenn die Jukagiren [sibirische Ethnie] dann in ihre Jurten [nomadische Zelte] entlassen werden, sendet man ihnen die gnadenlosesten und grausamsten Männer dorthin. […] Unsere Töchter nehmen sie uns gewaltsam weg. Als der Kleinbojar [niedriger Adliger] Iwan Welikoi Verwalter des Winterlagers war, nahmen sie […] eine Tochter weg und verkauften sie unter sich weiter.

Zit. nach: Eberhard Schmitt (Hrsg.), Dokumente zur Geschichte der europäischen Expansion. Wirtschaft und Handel der Kolonialreiche (Band 4), München 1988, S. 348f.

M 4 Expansion und Zivilisation

Ein Gymnasiallehrer wird 1862 wegen der Verbreitung sozialistischer Schriften zu 20 Jahren Zwangsarbeit in Sibirien verurteilt. Im selben Jahr schreibt er über die russische Expansion:

Bis vor Kurzem war die Politik Russlands hauptsächlich auf Expansion gerichtet, und diese Aufgabe, die mit sehr großem Erfolg ausgeführt wurde, hat die wirkliche Kraft unseres eigenen Volkes geschmälert. Es ist uns niemals gelungen, wirklich zivilisiert zu werden noch auch nur gesunde wirtschaftliche Verhältnisse zu schaffen, weil wir niemals die Zeit und die Kraft aufgebracht haben, uns um unsere inneren Angelegenheiten zu kümmern. […] Bei uns sind die Rohstoffe, die man für den Pflug und die Sichel benötigt, immer gebraucht worden, um Schwerter und Speere zu schmieden, und das ist der Grund, warum wir nicht imstande gewesen sind, unser Land ordentlich zu kultivieren.

Zit. nach: Adam B. Ulam, Russlands gescheiterte Revolutionen. Von den Dekabristen bis zu den Dissidenten, München 1985, S. 140 (übersetzt von Karl-Heinz Siber)

---

1. *Beschreibe M1. Formuliere Fragen an die Geschichte dieses Ereignisses.*
2. *Charakterisiere Russland als Imperium (Darstellungstext, M2).*
3. *Ordne den Merkmalen eines Imperiums konkrete Beispiele aus der Bittschrift zu (M3).*
4. *Erläutere den Zusammenhang zwischen Expansion und Zivilisation, den der Autor schildert (M4).*
5. *Sibirien bedeutet „Schlafendes Land". Überprüfe, ob man davon sprechen kann, dass Russland als Imperium erwachte.*

1547: Iwan IV. lässt sich zum Zaren krönen
1721: Peter I. nimmt den Titel des Imperators an
1762: Katharina II. wirbt ausländische Siedler an

1500 | 1600 | 1700 | 1800

Russland um 1900 – Modernisierung mit Hindernissen?

M 1 „Die Wolgatreidler"
Ölgemälde von Ilja J. Repin, 1870
Treideln wird das Ziehen von Schiffen genannt.

Eine Gesellschaft der Beharrung

In der zweiten Hälfte des 19. Jh. verdoppelte sich die Bevölkerung auf 120 Millionen. Russland war um 1900 etwa doppelt so bevölkerungsreich wie die USA. Es gab in Russland bis zur Mitte des Jahrhunderts keinen dritten Stand aus freien Bauern und städtischem Bürgertum. 1897 waren 87 Prozent der Russen auf dem Land tätig. All dies zusammen führte dazu, dass die **Modernisierung** nicht mit den USA und Westeuropa Schritt halten konnte.

Veränderungen von oben

Die landwirtschaftlichen Erträge der leibeigenen Bauern blieben ohne die Unterstützung von Maschinen gering. Zar Alexander II. schaffte daher 1861 per Gesetz einige Adelsprivilegien und die Leibeigenschaft ab. Doch die Lage der Bauern besserte sich dadurch nicht. Die meisten Bauern konnten nur ein kleines Stück Land bewirtschaften, das kaum zur Versorgung der eigenen Familie reichte. In einer zweiten **Agrarreform** 1906 wurde das Recht auf privaten Landbesitz von Bauern durchgesetzt, Ausbildungsprogramme geschaffen und Genossenschaften initiiert, in denen die Bauern gemeinsam Maschinen kaufen konnten.
Die Industrialisierung erfolgte – anders als in England oder Deutschland – mithilfe ausländischer Geldgeber, da ein kapitalkräftiges Bürgertum fehlte.

Die Erschließung neuer Räume

Der russische Imperialismus drückte sich Mitte des 19. Jh. in der Idee des Panslawismus aus. Dieser sah den Zusammenschluss aller slawischen Völker unter russischer Führung vor. In Ostasien dehnte sich das russische Reich bis zur Hafenstadt Wladiwostok (wörtlich „Beherrsche den Osten!") aus. Diese neuen Räume und Märkte wurden durch den Bau der Transsibirischen Eisenbahn (seit 1891) und der Mandschurischen Bahn (seit 1896) erschlossen.

Kriege und Krisen

Auf dem Balkan war Russland nach der Niederlage gegen das Osmanische Reich, Frankreich und Großbritannien im Krimkrieg (1853-1856) geschwächt worden. Der Traum Russlands von einem „Großrussischen Reich" erfüllte sich nicht.
1904/05 führten Russland und Japan Krieg um Einfluss in Ostasien. Als 1905 der von Russland provozierte Krieg in einer bitteren Niederlage endete, war die Autorität des Zaren auf einem Tiefpunkt angelangt. Teile der Ober- und Unterschichten erhoben sich gemeinsam gegen ihn. Der Monarch ließ die Streiks und Unruhen blutig niederschlagen. Als Zugeständnis erlaubte er jedoch eine Volksvertretung, die Duma. Die Reformen beseitigten die sozialen Probleme und die Unzufriedenheit der Bevölkerung nicht.

Modernisierung Agrarreform

M 2 Russland als schwarzer Polyp
Japanische Karikatur, März 1904

M 3 Pläne gegen die Wirtschaftskrise

In einem geheimen Vortrag erklärt der russische Finanzminister Sergej J. Witte 1899 dem Zaren unter anderem:

Russland ist auch heutzutage ein im Wesentlichen agrarisches Land geblieben. Für alle seine Verpflichtungen gegenüber Ausländern zahlt es mit der Ausfuhr von Rohstoffen, landwirtschaftlichen Produkten, vornehmlich von Getreide. Seinen Bedarf an Fabrikerzeugnissen [...] deckt es in hohem Maße durch die Einfuhr vom Ausland. [...] In Russland ist das Wachstum ziemlich langsam, weil es in ihm immer noch zu wenig Industrie, Kapital und Unternehmungsgeist gibt. [...] Aber selbst die stärkste Regierung verfügt nicht über die Kraft, Kapital zu schaffen [...].
Der Zufluss ausländischen Kapitals ist [...] die einzige Möglichkeit, um unsere Industrie in eine Lage zu bringen, bei der sie unser Land mit ausreichenden und billigen Produkten versorgen kann.

Zit. nach: Quellen zur Geschichte Russlands, hrsg. von Hans-Heinrich Nolte, Bernhard Schalhorn und Bernd Bonwetsch, Stuttgart 2014, S. 244-247

M 4 Industrialisierung pro Kopf im Vergleich

Die Indexzahlen beziehen sich auf Großbritannien um 1900 (= 100). Der Grad der Industrialisierung wurde relativ zur Bevölkerungszahl (pro Kopf) bemessen.

	1860	1880	1900	1913
Großbritannien	64	87	[100]	115
Vereinigte Staaten von Amerika	21	38	69	126
Deutsche Staaten/Deutsches Reich	15	25	52	85
Österreich-Ungarn	11	15	23	32
Russisches Reich	8	10	15	20

Paul Kennedy, Aufstieg und Fall der großen Mächte. Ökonomischer Wandel und militärischer Konflikt von 1500 bis 2000, Frankfurt am Main [5]2005, S. 237 und 309

1. *Beschreibe die dargestellte Szene. Erkläre, mit welchen Mitteln der Maler das Elend der Wolgatreidler darstellt (M1).*
2. *Nenne die Probleme Russlands um 1900 (Darstellungstext, M1).*
3. *Analysiere die Statistik. Vergleiche die Entwicklung der russischen Industrialisierung mit den anderen dargestellten Imperien (M4).*
4. *Analysiere M2.*
5. *Modernisierung mit Hindernissen? Erläutere die wirtschaftliche Situation Russlands. Entwickle als Berater des Zaren ein Konzept zur Förderung der Wirtschaft, das jenem von Witte widerspricht (Darstellungstext, M3).*

1853-56: Krimkrieg
1861: erste Agrarreform
1891: Bau der Transsibirischen Eisenbahn
1896: Bau der Mandschurischen Bahn
1904/05: Krieg gegen Japan
1906: zweite Agrarreform
1850 1900 1950

Eine Welt gewonnen durch den Marxismus?

M1 Das Marx-Engels-Denkmal (Berlin)
Foto, 1991

Köln – Manchester – Paris – Brüssel – London

An verschiedenen Orten in Westeuropa lassen sich Etappen der Philosophenfreunde Karl Marx und Friedrich Engels verorten. Gemeinsam legten sie die theoretischen Grundlagen des Marxismus.

Köln im November 1842: Der 22-jährige Unternehmersohn Friedrich Engels trifft den zwei Jahre älteren Karl Marx in den Redaktionsräumen der linksorientierten Rheinischen Zeitung. Engels möchte den Mann persönlich kennenlernen, von dem er schon viel gehört hatte.

Kurz darauf zieht Friedrich Engels nach Manchester, um dort seine Ausbildung als kaufmännischer Angestellter in der Baumwoll-Spinnerei seines Vaters abzuschließen. Der Kontakt zu Marx bleibt erhalten: Engels berichtet aus erster Hand vom Fabrikalltag und den Lebensbedingungen der Arbeiter im Zentrum der Industrialisierung.

Auf seiner Heimreise von Manchester 1844 macht Engels einen Stopp in Paris und besucht dort seinen Freund Karl Marx und dessen Frau Jenny. Die beiden waren ein Jahr zuvor nach Paris gezogen, als die Rheinische Zeitung verboten wurde. Die preußische Regierung verlangt Marx' Ausweisung aus Frankreich; er geht nach Brüssel und Engels folgt ihm. Dort gründen sie gemeinsam den „Deutschen Arbeiterverein". Als Marx davon erfährt, dass der preußische Staat auch seine Ausweisung aus Belgien erwirken will, gibt er seine Staatsbürgerschaft ab und wird staatenlos. Über Köln und Paris flieht Marx 1849 nach London. Engels folgt ihm ebenfalls und unterstützt ihn finanziell. Marx stirbt 1883 in London, Engels 1895.

Theoretische Grundlagen

Bevölkerungsexplosion und Massenarmut führten mit Beginn der Industrialisierung in Europa zu großen sozialen Problemen. Gelehrte und Politiker hatten unterschiedliche Ideen, um die elende Lage der Arbeiterinnen und Arbeiter zu verbessern. Eine besonders radikale Antwort auf die Soziale Frage gaben in der Mitte des 19. Jh. die Ökonomen und Philosophen Marx und Engels.

Historischer Materialismus · Bourgeoisie · Proletariat · Klassenkampf · Revolution · „Diktatur des Proletariats" · Sozialismus · Kommunismus · Marxismus

Im Zentrum ihres Weltbildes stand der Gedanke, dass die Wirtschaft das zentrale Element jeder Gesellschaft sei (Materialismus). Die Veränderungen in einer Gesellschaft können demnach nur durch die Änderung der materiellen Verhältnisse erreicht werden. Theorien, die auf dieser Annahme fußen, um gesellschaftliche Vorgänge und deren Geschichte zu erklären, nennt man **Historischen Materialismus**.

Marx nannte die Wirtschaftsordnung seiner Zeit Kapitalismus, weil die Besitzer von Kapital (Geld) seiner Ansicht nach die größte Macht hatten. Insbesondere besaßen die Kapitalisten, die Marx auch **Bourgeoisie** nannte, alle wichtigen Produktionsmittel: Fabriken, Banken, Rohstoffe, (Groß-) Grundbesitz.

Nach Marx beutet die Bourgeoisie das **Proletariat**, also die besitzlose Masse der Arbeiter, aus. Denn die Löhne der Arbeiter seien viel zu gering im Vergleich zum Wert der geleisteten Arbeit. Die Reichen und Mächtigen seien aber nie bereit, Macht und Besitz zu teilen, so Engels und Marx. Deshalb sei ein **Klassenkampf** zwischen den Klassen der Bourgeoisie und der Arbeiter unvermeidbar. Die Proletarier sollten sich zusammenschließen und der Bourgeoisie in einer **Revolution** alle Produktionsmittel mit Gewalt wegnehmen. Die **„Diktatur des Proletariats“**, also die politische Herrschaft der Arbeiterklasse, setze ein und markiere den Übergang von einer bürgerlichen zu einer klassenlosen Gesellschaft.

Auf dem Weg zur klassenlosen Gesellschaft

Nach der Revolution sollte es kein Privateigentum von Produktionsmitteln mehr geben. Sie waren nach den Vorstellungen von Marx und Engels nun gemeinsamer Besitz der Menschen. Diese Besitzverhältnisse nennt Marx **Sozialismus**. Zunächst sollte der Staat die Produktionsmittel verwalten.

M2 Marx' Idee
Karikatur, erschienen in der Westausgabe des Satiremagazins Eulenspiegel, 1990

Wenn sich die Menschen an die neuen Eigentumsverhältnisse gewöhnt hätten, bräuchten sie nach Marx den Staat nicht mehr, weil alle friedlich und frei zusammenleben. Diesen Zustand, in dem die Klassengesellschaft überwunden ist, nennt Marx **Kommunismus** (lat. communis: gemeinsam).

Diese Wirtschafts- und Gesellschaftstheorie wird **Marxismus** genannt. Später haben andere Philosophen und Politiker die Ideen von Marx und Engels vielfach umgeschrieben und weiterentwickelt.

1. *Auf das Marx-Engels-Denkmal in Berlin hat jemand „Wir sind ~~un~~schuldig“ gesprayt. Stelle Hypothesen auf, woran diese beiden Denker schuldig sein könnten (M1).*
2. *Erläutere die Grundlagen des Marxismus. Verwende dabei die Begriffe Klassenkampf, Bourgeoisie, Proletariat, Revolution und „Diktatur des Proletariats“ (Darstellungstext).*
3. *Stelle die Begriffe Sozialismus und Kommunismus grafisch dar (Darstellungstext).*
4. *Analysiere die Karikatur (M2). Bewerte die Ideen von Marx und Engels.*

1842: Marx und Engels treffen sich in Köln
1848: Das Manifest der Kommunistischen Partei erscheint
1849: Marx flieht nach London
1883: Marx stirbt in London
1895: Engels stirbt in London

1800 | 1850 | 1900

M 3 Karl Marx als Mose

Französische Illustration, 1850

Unter der Illustration steht geschrieben: „Die Proletarier haben nichts zu verlieren als ihre Ketten. Sie haben eine Welt zu gewinnen. Schafft die Ausbeutung des Menschen durch den Menschen ab und ihr werdet die gegenseitige Ausbeutung der Nationen ebenfalls abschaffen."

M 4 „Ein Gespenst geht um …"

Aus dem „Manifest der Kommunistischen Partei" von 1848. Es wird erst in den 1870er-Jahren einer größeren Leserschaft bekannt:

Ein Gespenst geht um in Europa – das Gespenst des Kommunismus. Alle Mächte des alten Europa haben sich zu einer heiligen Hetzjagd gegen dies Gespenst verbündet, der Papst und der Zar, […] französische Radikale und deutsche Polizisten. […]

Die ganze Gesellschaft spaltet sich mehr und mehr in zwei große feindliche Lager, in zwei große, einander direkt gegenüberstehende Klassen: Bourgeoisie und Proletariat. […]

Die Arbeiter beginnen damit, Koalitionen gegen die Bourgeois zu bilden; sie treten zusammen zur Behauptung ihres Arbeitslohns. […]

Wir sahen schon oben, dass der erste Schritt in der Arbeiterrevolution die Erhebung des Proletariats zur herrschenden Klasse, die Erkämpfung der Demokratie ist. Das Proletariat wird seine politische Herrschaft dazu benutzen, der Bourgeoisie nach und nach alles Kapital zu entreißen, alle Produktionsinstrumente in den Händen des Staates, d. h. des als herrschende Klasse organisierten Proletariats, zu zentralisieren. […]

Die Kommunisten verschmähen es, ihre Ansichten und Absichten zu verheimlichen. Sie erklären es offen, dass ihre Zwecke nur erreicht werden können durch den gewaltsamen Umsturz aller bisherigen Gesellschaftsordnung. Mögen die herrschenden Klassen vor einer kommunistischen Revolution zittern. Die Proletarier haben nichts in ihr zu verlieren als ihre Ketten. Sie haben eine Welt zu gewinnen. Proletarier aller Länder, vereinigt euch!

Karl Marx, Die Frühschriften, hrsg. von Siegfried Landshut, Stuttgart [7]2004, S. 594 ff.

M5 Der Marxismus zwischen Ideologie und Wissenschaft

Der Politikwissenschaftler Armin Pfahl-Traughber (geb. 1963) schreibt in einer Stellungnahme für die Bundeszentrale für politische Bildung:

Marx beanspruchte […], es ginge ihm um die wahre Emanzipation des Menschen, müsse er doch wieder seinem „wahren Wesen“ zugeführt werden. […]. Er beansprucht eine Art exklusives Deutungsmonopol auf dieses Wissen, das sich aber einer genauen Begründung und kritischen Prüfung verweigert. Daraus lässt sich die Auffassung ableiten, nur die eigenen politischen Auffassungen und Ziele würden den Werten des „wahren Menschen“ entsprechen. Mangels Einsicht in dieses höhere Wissen können dann Andersdenkende als Anhänger falscher Ideologien ausgegrenzt, diskriminiert oder verfolgt werden. […]. Marx und Engels hielten sich mit dem offenen Bekenntnis zur Forderung nach einem diktatorischen und repressiven Staat nicht zurück. So heißt es etwa: „Die Arbeiter müssen ... nicht nur auf die eine und unteilbare deutsche Republik, sondern auch in ihr auf die entschiedenste Zentralisation der Gewalt in der Hand der Staatsmacht hinwirken. Sie dürfen sich durch das demokratische Gerede von Freiheit der Gemeinden, von Selbstregierung und so weiter nicht irremachen lassen“ (MEW, Bd. 7, S. 252). […]. Nicht wenige Kritiker des Marxismus wiesen [zudem] auf dessen religiösen Charakter hin […]. Hierzu gehört vor allem die Erwartung, nach der Einführung des Sozialismus werde der Weg zum Heil für die Menschen beschritten.

http://www.bpb.de/politik/extremismus/linksextremismus/33600/marxismus [Zugriff: 30.07.2020]

M6 Materialistische Geschichtsauffassung

Friedrich Engels erläutert die materialistische Geschichtsauffassung in seinem 1882 auf Deutsch erschienenen Werk „Die Entwicklung des Sozialismus von der Utopie zur Wissenschaft“:

Die materialistische Anschauung der Geschichte geht von dem Satz aus, dass die Produktion, und nächst der Produktion der Austausch ihrer Produkte, die Grundlage aller Gesellschaftsordnung ist; dass in jeder geschichtlich auftretenden Gesellschaft, die Verteilung der Produkte, und mit ihr die soziale Gliederung in Klassen oder Stände, sich danach richtet, was und wie produziert und wie das Produzierte ausgetauscht wird. Hiernach sind die letzten Ursachen aller gesellschaftlicher Veränderungen und politischen Umwälzungen zu suchen nicht in den Köpfen der Menschen, in ihrer zunehmenden Einsicht in die ewige Wahrheit und Gerechtigkeit, sondern in Veränderungen der Produktions- und Austauschweise, sind sie zu suchen nicht in der *Philosophie*, sondern in der *Ökonomie* der betreffenden Epoche. Die erwachende Einsicht, dass die bestehenden gesellschaftlichen Einrichtungen unvernünftig und ungerecht sind, dass Vernunft Unsinn, Wohltat Plage geworden, ist nur ein Anzeichen davon, dass in den Produktionsmethoden und Austauschformen in aller Stille Veränderungen vor sich gegangen sind, zu denen die auf frühere ökonomische Bedingungen zugeschnittene gesellschaftliche Ordnung nicht mehr stimmt.

Friedrich Engels, Die Entwicklung des Sozialismus von der Utopie zur Wissenschaft, Berlin 1973, S. 79

---

5. *Analysiere die Illustration in M3.*

6. *„Die Proletarier haben nichts zu verlieren als ihre Ketten. Sie haben eine Welt zu gewinnen.“ Erkläre diese Aussage. Verwende dabei möglichst viele Begriffe der Theorie des Marxismus (M4).*

7. *Gestalte ein Manifest, wie es Marx und Engels im „Manifest der Kommunistischen Partei“ getan haben. Analysiere dafür mögliche Probleme der heutigen Gesellschaft.*

8. *Arbeite aus M5 die Kritik am Marxismus heraus. Beurteile, ob die Kritik gerechtfertigt ist (M4, M5, Darstellungstext).*

9. *Analysiere die Geschichtsauffassung in M6. Überprüfe, inwieweit diese Geschichtsauffassung tragfähig ist.*

10. *Bewerte, inwieweit die Theorien von Marx und Engels heute noch aktuell sind.*

Lenin – Held oder Gefahr?

M1 **„Hero, Leader, God“**
Skulpturengruppe von Alexander S. Kosolapov, 2013

Die Zugfahrt

Am 3. April 1917 kommt ein Sonderzug in Petrograd (St. Petersburg) an. Die deutsche Reichsregierung hatte Wladimir I. Lenin die Rückkehr aus dem Exil in der Schweiz nach Russland ermöglicht. Sie wollte dadurch die russische Regierung schwächen. Die Zugfahrt dauerte acht Tage und führte von Zürich über Stuttgart, Frankfurt und Berlin nach Schweden und Finnland. Der Zug war verplombt und hatte als exterritorial zu gelten. „Man hat Lenin wie einen Pestbazillus in einem plombierten Waggon von der Schweiz nach Russland befördert“, kommentierte der britische Staatsmann Winston Churchill das Ereignis. Wer war dieser Lenin und warum ging Gefahr von ihm aus?

Lenin, Ideologe und Revolutionär

Wladimir Iljitsch Uljanow (1870-1924) war schon während seines Jura-Studiums revolutionär aktiv. Er verbrachte als junger Mann zwei Jahre im Gefängnis und drei Jahre in sibirischer Verbannung, bevor er im Exil in Westeuropa das Konzept einer revolutionären Kaderpartei entwickelte. Dort gab er sich den Decknamen Lenin.

Lenin ging davon aus – in Abgrenzung zu Marx – dass das politische Klassenbewusstsein der Arbeiter nicht ausreiche, um die Revolution durchzuführen. In der **„Partei neuen Typs“** übernehmen Berufsrevolutionäre diese Aufgabe. Eine strenge Parteidisziplin prägt diese Art von Partei. Sie ist sehr bürokratisch und hierarchisch aufgebaut.

Endstadium Imperialismus

Lenin entwickelte die Theorie des Marxismus an einigen Stellen weiter. Diese Theorie wird **Leninismus** genannt. Im Exil in der Schweiz arbeitete Lenin an seinem Hauptwerk „Der Imperialismus als höchstes Stadium des Kapitalismus“, das er 1916 fertigstellte und 1917 veröffentlichte. Darin legt er seine Theorie zur Weltwirtschaft und den Wechselbeziehungen der Imperien in der Zeit vor dem Ersten Weltkrieg dar. Für Lenin stellt der Imperialismus, die Aufteilung der gesamten Erde unter wenigen Staatswesen, das Endstadium des Kapitalismus dar. In den Händen weniger befänden sich alle Rohstoffquellen, so Lenin: Internationale Kapitalistenverbände würden den Weltmarkt unter sich aufteilen.

Dieser Entwicklung versuchte Lenin durch die proletarische Revolution entgegenzutreten. Marx und Engels dachten, diese Revolution müsse von einem fortgeschrittenen Land aus erfolgen. Lenin war überzeugt, dass es auch in einem wenig entwickelten Land wie Russland möglich sei.

Lenin selbst verstand sich nicht als Begründer einer neuen Theorie, sondern als Anwender des Marxismus unter konkreten Gegebenheiten.

„Partei neuen Typs“ Leninismus

M2 Lenins Parteilehre

Erstmals unter dem Decknamen Lenin veröffentlicht Uljanow 1902 die programmatische Schrift „Was tun?" in München. Darin schreibt er:

Wir haben gesagt, dass die Arbeiter ein sozialdemokratisches Bewusstsein gar nicht haben konnten. Dieses konnte ihnen nur von außen gebracht werden. Die Geschichte aller Länder zeugt davon, dass die Arbeiterklasse ausschließlich aus eigener Kraft nur ein [...] Bewusstsein hervorzubringen vermag, [...] sich in Verbänden zusammenzuschließen [...]. Die Lehre des Sozialismus ist hingegen von den gebildeten Vertretern der besitzenden Klassen [...] ausgearbeitet worden. Auch [...] Marx und Engels gehörten ihrer sozialen Stellung nach der bürgerlichen Intelligenz an. [...] Der politische Kampf der Sozialdemokratie[1] ist viel umfassender und komplizierter als der ökonomische Kampf der Arbeiter gegen die Unternehmer und die Regierung. Genauso [...] muss die Organisation der revolutionären sozialdemokratischen Partei unvermeidlich *anderer* Art sein als die Organisation der Arbeiter für diesen Kampf. Die Organisation der Arbeiter muss erstens eine gewerkschaftliche sein; zweitens muss sie möglichst umfassend sein; drittens muss sie möglichst wenig konspirativ sein [...]. Die Organisation der Revolutionäre dagegen muss vor allem und hauptsächlich Leute erfassen, deren Beruf die revolutionäre Tätigkeit ist [...].

Zit. nach: Wladimir I. Lenin, Was tun?, in: Institut für Marxismus-Leninismus bei ZK der KPdSU (Hrsg.), W. I. Lenin, Werke, Bd. 5, Berlin 1973, S. 385f. und 468

[1] Gemeint ist die Kommunistische Arbeiterbewegung.

M3 Urteile über Lenin

Am 25. Oktober 1917 beginnt in Petrograd die Oktoberrevolution. Die Regierung Lenins beschließt die Enteignung der Großgrundbesitzer, den Acht-Stunden-Tag, die Gleichberechtigung der Frauen und beendet den Krieg. Die Mehrheit der Bevölkerung lehnt die Ziele der Regierung ab. Die Folge ist ein Bürgerkrieg, der Millionen Tote fordert und in dem Lenin anordnet, mit äußerster Gewalt und Massenterror gegen jeden Widerstand vorzugehen.

Der Publizist und Historiker Sebastian Haffner (1907-1999) schreibt 1970:

Lenin war kein geborener Terrorist, er fand [...] [keine] sadistische Befriedigung im Köpfeeinschlagen. Er war ein hochzivilisierter, empfindsamer Mann; aber er nahm auf seine Empfindungen keine Rücksicht, sowenig wie er seinen Zielen erlaubte, seine Methoden zu beeinflussen. Er tat das Notwendige. Immer das Ziel einer besseren Welt vor Augen, war er bereit, die schlechte Welt, in der er zu wirken hatte, zu nehmen, wie sie war. Er wollte das Gute, und um es zu erreichen, war er bereit, das Böse zu tun.

Sebastian Haffner, Im Schatten der Geschichte. Historisch-politische Variationen aus zwanzig Jahren, München 1988, S. 208f.

Der Physiker Albert Einstein (1879-1955) schreibt (o. J.):

Ich verehre Lenin als einen Mann, der sich vollständig opferte und all seine Kraft für das Ziel der sozialen Gerechtigkeit hingab. Ich betrachte seine Methoden nicht als sonderlich geeignet, aber eine Sache bleibt gewiss: Männer seiner Art sind die Beschützer und Wiederhersteller der Menschlichkeit.

Zit. nach: Lewis S. Feuer, Einstein and the Generations of Science, New Brunswick/Oxford 1982, S. 25, in: Praxis Geschichte (3) 2017, S. 37 (übersetzt von Stefan Kirstätter)

Der deutsche Historiker Jörg Baberowski (geb. 1961) schreibt 2003:

Lenin war ein bösartiger Schreibtischtäter, dem menschliche Tragödien, Leid und Elend nichts bedeuteten. Aber er war kein Zyniker, der sich nur für den Machterhalt interessierte, denn was er für richtig hielt, wollte er auch um jeden Preis verwirklicht sehen. Im Verständnis Lenins befanden sich die Bolschewiki [radikale Anhänger Lenins] auf einem Kreuzzug, sie waren Glaubenskrieger, die eine heilige Mission zu erfüllen hatten.

Jörg Baberowski, Der rote Terror. Die Geschichte des Stalinismus, München 2003, S. 42

1. *Beschreibe die Skulptur. Ordne die Begriffe des Titels den dargestellten Elementen zu (M1).*
2. *Arbeite heraus, in welchen Aspekten Lenin den Marxismus weiterentwickelt hat. Erkläre dabei seine Idee der „Partei neuen Typs" (M2).*
3. *Arbeite die Bewertungen von Person und Handlungsweise Lenins heraus und erkläre, wie die Gegensätze zustande kommen (M3).*
4. *Bewerte Lenins Weiterentwicklung des Marxismus.*

Stalinismus – Diktatur der Modernisierung?

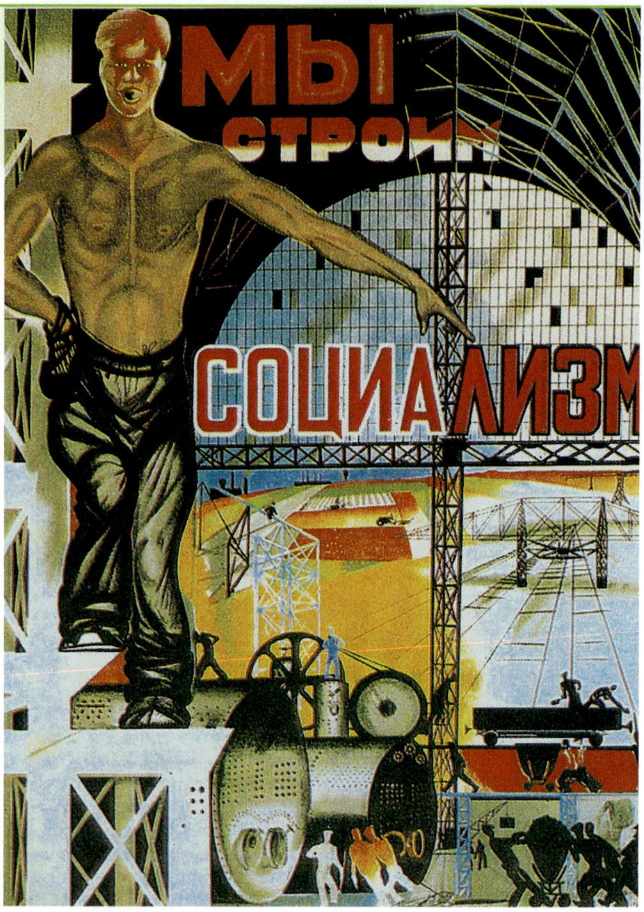

M1 „Wir erbauen den Sozialismus“
Plakat von Jurij I. Pimenow, 1928

Kritiker werden verfolgt

Ende 1922 entstand die **Sowjetunion**, offiziell Union der Sozialistischen Sowjetrepubliken (UdSSR). Nach Lenins Tod 1924 setzte sich Josef Stalin beim Kampf um die Nachfolge durch. Die Industrialisierung kam nur schleppend voran, Arbeiter und Bauern hatten immer noch unterschiedliche Interessen. Um seine Stellung zu sichern, erklärte Stalin alle Gegner zu „Abweichlern“. Er schloss sie aus der Partei aus, ließ sie einsperren und sogar hinrichten. Ein Regime des **Terrors** entstand. Alle wichtigen Ämter in Partei und Staat besetzte Stalin mit seinen Anhängern. So errichtete er eine persönliche Diktatur. Die theoretische und praktische Ausprägung der Herrschaft durch Stalin wird **Stalinismus** genannt. Stalin hatte die alleinige Macht, die er menschenverachtend und bedenkenlos ausnutzte, um alle vermeintlichen oder wirklichen Gegner durch anhaltende „Säuberungen“ zu vernichten.

Industrialisierung nach Plan

Seine Rücksichtslosigkeit bewies Stalin auch bei seinem neuen Konzept „Aufbau des Sozialismus in einem Land“. Den Rückstand gegenüber den westeuropäischen Staaten wollte er mit einer „Planwirtschaft“ aufholen, indem er für fünf Jahre im Voraus vom Staat festlegen ließ, was hergestellt und an das Volk verteilt werden sollte. Stalin ließ unter gewaltigen Anstrengungen Kraft- und Stahlwerke sowie große Maschinenbaubetriebe errichten. Eine **Modernisierungsdiktatur** entstand. Die Kehrseite der erzwungenen Industrialisierung waren katastrophale Arbeits- und Lebensbedingungen. Streiks waren verboten. Gearbeitet wurde im Akkord, das heißt, die Arbeiter mussten unter einem enormen Zeitdruck hohe Stückzahlen erreichen. Sie verdienten trotzdem wenig und konnten sich nicht viel leisten.

Terror und Deportationen

Wer seine Planziele verfehlte, kam in den Verdacht, dem Staat schaden zu wollen, und wurde hart bestraft. Die Geheimpolizei zwang die angeblichen „Volksfeinde“, Spione, Saboteure und Oppositionellen zu Geständnissen. Sie wurden zum Tode oder zu Zwangsarbeit in Lagern verurteilt. Eine „Staatliche Lagerverwaltung“ (russ. GULag) ließ Millionen Menschen schuften, erniedrigen, quälen, hungern und ermorden. Wer zu schwach war für die harte Arbeit, musste sterben. Das ausgedehnte Lagersystem war untrennbarer Teil des Stalinismus. Von 1928 bis zu Stalins Tod 1953 kamen bis zu 20 Millionen Menschen in Lager, die die meisten nicht überlebten. Fünf Millionen wurden erschossen oder starben bei **Deportationen** (Zwangsumsiedlungen).

Sowjetunion Terror Stalinismus Modernisierungsdiktatur Deportation

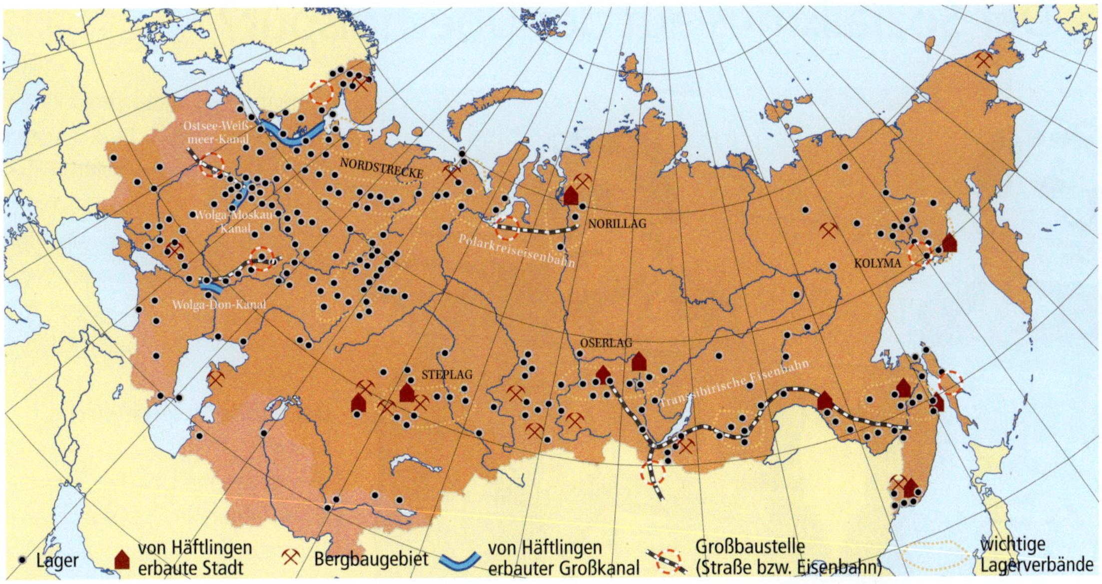

M 2 Das Zwangsarbeitssystem in der Sowjetunion
Die verzeichneten Lager bestanden nicht alle zur gleichen Zeit. Nach der Abkürzung für die russische Bezeichnung der „Hauptverwaltung der Besserungsarbeitslager und -kolonien" heißt der Komplex auch „GULag-System".

M 3 Magnitogorsk – Pyramiden des 20. Jh.

*Magnitogorsk, ein 1929 gegründetes Metallkombinat, wird als größtes Projekt der sowjetischen Industrialisierung 1200 km von Moskau entfernt errichtet. Der Historiker Karl Schlögel (*1948) schildert seine Eindrücke von der Anlage:*

Das Kombinat erstreckt sich über 20 Kilometer in der Länge und 10 Kilometer in der Breite. Das Magnitogorsker Kombinat ist so viel wie die Verdichtung einer Region von Manchester bis Sheffield auf einen einzigen Punkt. [...] 10 gewaltig[e] Hochöfen, 34 Siemens-Martin-Öfen, Walzstraßen und Fertigwalzwerk[e], die jährlich mehr Stahl produzierten als Kanada oder die Tschechoslowakei [...]. An Magnitogorsk hingen in der alten Union mehr als 10000 Betriebe – von der Panzer- bis zur Autoindustrie. [...] Der Erzberg, der längst abgetragen ist und eine kratergroße Baugrube hinterlassen hat, erscheint nun aufgetürmt zu Kathedralen aus Eisen und Stahl. Zum Komplex gehören 130 Fabriken. Er ist unübersehbar und zerklüftet [...] und zugleich ein großes Ganzes, in dem die Logik des Arbeitsprozesses insgeheim Regie führt. [...]

Die Baustelle ist ein Ort der Zeitenwende: Pferdegespanne und Schaufeln neben amerikanischen caterpillars [= Bagger], Betonmischen per Hand neben automatisiertem Stahl- und Walzwerk. Niemand zählt die Menschen, die von den Gerüsten stürzen, bei den Ausschachtungsarbeiten erfrieren, von zusammenbrechenden Konstruktionen erschlagen oder bei Explosionen getötet werden.

Karl Schlögel, Das sowjetische Jahrhundert. Archäologie einer untergegangenen Welt, München 2017, S. 118-120 und 125f.

1. *Beschreibe M1. Stelle Hypothesen auf, wie in der Sowjetunion der Sozialismus konkret umgesetzt wurde (M1).*
2. *Charakterisiere die Sowjetunion unter Stalin. Welche Elemente lassen sich als sozialistisch bezeichnen? Welche sind mit der Idee der „Solidarität der Arbeiterklasse" unvereinbar (Darstellungstext)?*
3. *Analysiere M2. Erläutere den Zusammenhang zwischen der räumlichen Verteilung der Lager und der Modernisierung der Sowjetunion.*
4. *Erörtere die Vor- und Nachteile einer Anlage wie Magnitogorsk (M3).*
5. *„Wir sind hinter den fortgeschrittenen Ländern um 50 bis 100 Jahre zurückgeblieben. Wir müssen diese Distanz in zehn Jahren durchlaufen. Entweder wir bringen das zustande oder wir werden zermalmt", sagte Stalin 1931. Bewerte seine Maßnahmen, dieses Ziel zu erreichen.*

1922: Gründung der Sowjetunion
1924: Tod Lenins, Machtübernahme Stalins
1929: Magnitogorsk entsteht
1953: Tod Stalins
1900 1950 2000

Der Sozialismus auf der Überholspur?

M 1 „CCCP – USA“
Roman Cieslewicz, 1968 (Ausschnitt)
Die kyrillische Buchstabenfolge „CCCP“ ist die russische Abkürzung für „UdSSR“ („Union der Sozialistischen Sowjetrepubliken“).

▸ *Geschichte In Clips:* Ein Video, das die Bedeutung Europas im Kalten Krieg erklärt, findest du unter Code 31045-03

Konkurrenz der Systeme

Nach dem Ersten Weltkrieg konkurrierten totalitäre Herrschaftsformen wie Kommunismus und Faschismus mit liberalen Demokratien und Monarchien. Kennzeichen der totalitären Systeme war die Gegnerschaft zum Individualismus: Der einzelne Mensch sollte sich dem System unterordnen, um die Verwirklichung einer neuen Gesellschaftsordnung im Sinne der klassenlosen Gesellschaft (Kommunismus) oder der „Volksgemeinschaft“ (Nationalsozialismus) zu erreichen. So sollte der „neue Mensch“ geformt werden, was eine umfassende Kontrolle und Steuerung aller Lebens- und Arbeitsbereiche bedeutete. Damit trat die UdSSR zunehmend in Konkurrenz zur Weltmacht USA.

Außenpolitik im Angesicht Hitlers

Die internationale Lage hatte sich in den 1930er-Jahren zugespitzt: Die Westmächte waren nicht willens, der Expansionspolitik Hitlers wirksam entgegenzutreten. Und auch die UdSSR suchte Ende August 1939 im Hitler-Stalin-Pakt eine Verständigung mit dem Deutschen Reich, freilich mit dem geheimen Zusatzprotokoll zur Aufteilung Polens. In der ersten Phase des Zweiten Weltkrieges wurden Teile Polens, die baltischen Staaten und ein Teil Rumäniens in die Sowjetunion einverleibt und ein Krieg mit Finnland vom Zaun gebrochen.

Der Große Vaterländische Krieg

Der deutsche Überfall auf die Sowjetunion im Sommer 1941 überraschte Stalin. Deutsche Truppen marschierten bis Moskau und Leningrad, das ehemalige St. Petersburg, vor. Unter hohem Blutzoll aufseiten der Roten Armee und der Zivilbevölkerung – insgesamt ca. 27 Mio. Todesopfer – konnte die Wehrmacht erst nach dem Kriegseintritt der USA innerhalb von vier Jahren besiegt werden. Im russischen Sprachgebrauch bezeichnet man diesen Krieg zwischen dem Deutschen Reich und der Sowjetunion als **Großen Vaterländischen Krieg**.

Supermacht im Kalten Krieg

Der Wettstreit der Systeme verlieh der UdSSR unter Nikita S. Chruschtschow (1953-1964) neue Dynamik. 1957 schoss die Sowjetunion erstmals einen Satelliten mit einer Interkontinentalrakete ins Weltall, 1961 beförderte sie den ersten Menschen ins All. Die Sowjetunion war zur **Supermacht** geworden. Doch obwohl sie bei den Atomwaffen auf Augenhöhe mit den USA kam, war der Preis des Rüstungswettlaufs hoch: Das Wirtschaftswachstum stagnierte, die Staatsverschuldung wuchs. Aufstands- und Reformbewegungen im Einflussbereich der Sowjetunion wurden militärisch niedergeschlagen (1953 in der DDR, 1956 in Ungarn und 1968 in Prag[1]). Stellvertreterkriege, wie z. B. nach dem Einmarsch russischer Truppen in Afghanistan 1979, schwächten die UdSSR.

[1] auch als „Prager Frühling“ bezeichnet

M2 „Keinen Schritt zurück“

Im Sommer 1942 erlässt Stalin den folgenden Befehl, der im vollen Wortlaut erst 1988 der sowjetischen Öffentlichkeit bekannt wird:

Keinen Schritt zurück!

Das muss jetzt unsere Hauptlosung sein. Jede Stellung, jeder Meter sowjetischen Territoriums muss hartnäckig, bis zum letzten Blutstropfen verteidigt werden. […] Wir müssen in unserer Armee strengste Ordnung und eiserne Disziplin schaffen, wenn wir die Lage meistern und unsere Heimat verteidigen wollen. […]

Panikmacher und Feiglinge müssen auf der Stelle vernichtet werden. […] Kommandeure […], Kommissare und Politarbeiter, die ohne Befehl von oben aus ihren Kampfpositionen zurückweichen, sind Vaterlandsverräter. […]

Das Oberkommando […] befiehlt: […]

- Rückzugsstimmungen bedingungslos zu liquidieren und mit eiserner Hand Propaganda zu unterbinden, dass wir angeblich weiter nach Osten zurückweichen können und müssen. […]
- Strafbataillone […] zu bilden, wohin Kommandeure der mittleren und unteren Ebene und entsprechende Politarbeiter […] geschickt werden, die Disziplinverstöße aus Feigheit oder mangelnder Beharrlichkeit verschuldeten, diese an die schwierigsten Frontabschnitte zu stellen und ihnen damit die Möglichkeit geben, ihre Vergehen an der Heimat mit Blut zu sühnen. […]
- bewaffnete Auffangabteilungen […] zu bilden, sie hinter nicht standhaften Divisionen aufzustellen und sie zu verpflichten, bei Panik und ungeordnetem Rückzug Panikmacher und Feiglinge an Ort und Stelle zu erschießen […].

Zit nach: Reinhold Sommer, Der große vaterländische Krieg der Sowjetunion 1941-1945, Berlin 1953, S. 435

M3 Zwei-Lager-Theorie

Der sowjetische Delegierte Andrej A. Schdanow (1896-1948) hält auf der Gründungskonferenz des Kommunistischen Informationsbüros in Polen am 30. September 1947 eine Rede zur Theorie Stalins nach Ende des Zweiten Weltkrieges:

Je größer der Zeitraum wird, der uns von der Beendigung des Krieges trennt, desto schärfer heben sich zwei Grundtendenzen in der internationalen Nachkriegspolitik hervor, die der Teilung der politischen Kräfte in zwei Lager entsprechen: in das imperialistische und antidemokratische Lager einerseits und das antiimperialistische und demokratische Lager andererseits. Die führende Hauptkraft des imperialistischen Lagers sind die USA. […] Das Hauptziel des imperialistischen Lagers ist die Festigung des Imperialismus, die Vorbereitung eines neuen imperialistischen Krieges, der Kampf gegen den Sozialismus und die Demokratie und allerorts die Unterstützung der reaktionären und antidemokratischen profaschistischen Regimes und Bewegungen. Die antiimperialistischen und antifaschistischen Kräfte bilden das andere Lager. Die Grundlage dieses Lagers sind die UdSSR und die Länder der neuen Demokratie. […] Das Ziel dieses Lagers ist der Kampf gegen die Gefahr neuer Kriege und imperialistischer Expansion, die Befestigung der Demokratie und die Ausrottung der Überreste des Faschismus.

Zit. nach: Keesing's Archiv der Gegenwart, 16./17. Jg., Königswinter 1947, S. 1210f.

1. *Beschreibe die Karikatur. Nenne Begriffe und Assoziationen, die dir einfallen (M1).*
2. *Stelle die Entwicklung der Sowjetunion von ihrer Gründung bis zum Status als Supermacht dar (Darstellungstext).*
3. *Erläutere den Begriff Großer Vaterländischer Krieg mithilfe des Stalin-Befehls (Darstellungstext, M2).*
4. *Stelle die Zwei-Lager-Theorie nach Stalin dar. Vergleiche sie mit dem Ergebnis aus 1. Erläutere Gemeinsamkeiten und Unterschiede (M3).*
5. *Entwickle einen Gegenentwurf zur Zwei-Lager-Theorie aus westlicher Perspektive (M3).*
6. *Der Sozialismus auf der Überholspur. Beurteile, inwiefern das Konzept des Sozialismus zur internationalen Geltung der Sowjetunion beigetragen hat.*

1941-1945: Großer Vaterländischer Krieg
1957: erster Satellit im All
1961: erster Mann im All
1900 1950 2000

Zwischen Identifikation und Schönfärberei – der Kult um Stalin

Zwar trat Stalin fast nie öffentlich auf, präsent war er aber durch die allgegenwärtige Propaganda. Denn er hatte seit den 1930er-Jahren eine Verherrlichung seiner Person gefördert, die durch den gewonnenen Krieg noch gesteigert wurde. Entgegen der kommunistischen Tradition knüpfte er damit an den mythischen Personenkult um die Zaren an. Dieser hatte seine Ursprünge in der Tradition der russisch-orthodoxen Heiligenverehrung. Kein Künstler hätte es gewagt, Stalins angebliche körperliche Schwächen darzustellen: Er war 1,65 Meter groß, pockennarbig und hatte einen verkümmerten Arm.

Vorschläge für Forschungsthemen:

Thema 1: *Wie funktionierte der Personenkult um Stalin?*

Thema 2: *Welche Rolle spielt ein Personenkult in einer Gesellschaft?*

Beschreiben

Thema 1: *Beschreibt die Abbildungen. Beachtet die Mimik, Gestik, Haltung, Größe und Kleidung Stalins (M1, M2, M3).*

Thema 2: *Beschreibt die Abbildungen. In welcher Umgebung wird Stalin porträtiert? Welche Eigenschaften werden damit ausgedrückt (M1, M2, M3)?*

Untersuchen

Thema 1: *Analysiert, mit welchen Mitteln die Propaganda bei der Inszenierung eines Personenkultes arbeitet.*

Thema 2: *Erläutert, welche Auswirkungen ein Personenkult auf eine Gesellschaft hat.*

Einordnen

Thema 1: *Bewertet die Folgen des Personenkultes um Stalin (M4).*

Thema 2: *Überprüft, welche Merkmale des Personenkultes auf die Sowjetunion zutreffen (M5).*

Präsentieren

Thema 1 und 2: *Gestaltet eine Präsentation zu eurem Thema.*

M 1 Stalingeist
Plakat von Nikolai Dolgorukow, 1939
Auf dem Banner steht geschrieben: „Unsere Armee und unser Land sind vom Stalingeist stark!"

M 2 Veranstaltung zu Stalins Ehren im Bolschoi-Theater Moskau
Foto, 1951
Die Trachten der Chorsänger symbolisieren die Sowjetrepubliken.

M 3 Stalin inmitten von Kindern
Gemälde von Wassili Semjonowitsch Swarog, 1939

M 4 Abrechnung mit Stalin

Am 25. Februar 1956 spricht Stalins Nachfolger Nikita Chruschtschow zum Abschluss des XX. Parteitages der KPdSU:

Nach dem Tode Stalins begann das ZK [Zentralkomitee] der Partei, exakt und konsequent eine Politik durchzuführen, die darin bestand nachzuweisen, dass es unzulässig und dem Geist des Marxismus-Leninismus fremd ist, eine einzelne Person herauszuheben und sie in eine Art Übermensch mit übernatürlichen, gottähnlichen Eigenschaften zu verwandeln. Dieser Mensch weiß angeblich alles, sieht alles, denkt für alle, vermag alles zu tun, ist unfehlbar in seinem Handeln. [...]
Genossen! Der Personenkult trug dazu bei, im Parteiaufbau und in der wirtschaftlichen Tätigkeit fehlerhafte Methoden zu verbreiten, er bewirkte die brutale Verletzung der innerparteilichen und Sowjetdemokratie, nacktes Administrieren, verschiedenartige Verzerrungen, das Vertuschen von Fehlern, das Schönfärben der Realität. Es wimmelte bei uns von Speichelleckern, Lobhudlern und Betrügern. [...]
Einige Genossen können fragen: Wo waren denn die Mitglieder des Politbüros des ZK [Zentralkomitees], weshalb sind sie nicht rechtzeitig gegen den Personenkult aufgetreten und tun das erst in letzter Zeit? [...]
Versuche, gegen unbegründete Verdächtigungen und Anklagen aufzutreten, führten dazu, dass der Protestierende der Repression zum Opfer fiel. [...]

Nikita Chruschtschow, Rechenschaftsbericht des Zentralkomitees der KPdSU am XX. Parteitag, Berlin 1956, S. 8 - 79

M 5 Historische Kultforschung

Die Historikerin Heidi Hein-Kircher erklärt in einem Aufsatz von 2005 politische Kulte:

Politische Kulte finden sich vor allem in politischen Systemen, die ein Legitimations- oder Identifikationsdefizit haben. Um dieses auszugleichen, bieten sich politische Kulte wegen ihrer sinnlichen Erlebbarkeit besonders an. Sie werden zu Mitteln der Kommunikation der Regierenden mit den Volksmassen und zu ihrer Mobilisierung. Dies weist darauf hin, dass sie ein Phänomen moderner Massengesellschaften sind. [...]
Kult bezeichnet eine stark ritualisierte Form der Verehrung eines Gegenstandes oder einer Person. [...] Politische Kulte bezeichnen die politisch motivierte, säkulare, aber stark ritualisierte Verehrung weniger von Ereignissen, Institutionen oder Gegenständen als vielmehr von lebenden oder toten Persönlichkeiten, wobei die konkreten Vermittlungs- und Ausdrucksformen [...] religiösen Kulten entsprechen. Die spezifische Wirkungsweise von politischen Kulten befriedigt daher emotionale und soziale Grundbedürfnisse einer Gesellschaft, gibt ihr Orientierung und Identität, sodass dabei ein (pseudo)religiöses Vokabular verwendet wird.

Heidi Hein, Historische Kultforschung, in: Virtuelle Fachbibliothek Osteuropa, Digitales Handbuch zur Geschichte und Kultur Russlands und Osteuropas, Bd. 13, S. 1 - 3 [Zugriff: 24. 01. 2020]

Zwischen Stalin und Gorbatschow – eine ruhige Zeit?

M1 Die Sowjetunion und ihr Einflussbereich

Schrittweise Entstalinisierung

Mit dem Tod Stalins 1953 beginnt die zweite Hälfte der Geschichte der Sowjetunion. Die Herrschaft Stalins war von Gewalt geprägt. Das änderte sich schrittweise. Mehrere Phasen der Entstalinisierung sind unter seinen Nachfolgern Chruschtschow (1954-1964), Breschnew (1964-1982) und Gorbatschow (1985-1991) zu beobachten.

Die Phase des sogenannten „Tauwetters" begann mit der Kritik Chruschtschows am Personenkult und den Gewaltverbrechen Stalins. Für die Herrschaft Breschnews ist der Ausbau eines Sozialstaates charakteristisch, der die Loyalität der Bevölkerung zur Sowjetunion sichern sollte.

Vielvölkerstaat Sowjetunion

Zwischen der Gründung der Sowjetunion 1922 und 1940 schlossen sich 15 Republiken zur Sowjetunion (UdSSR) zusammen. Bei einer Volkszählung 1926 musste sich jeder der Bürger bei einer Sprache eintragen. 194 standen dabei zur Auswahl. Als Nachfolger des multiethnischen Zarenreiches war ein weiterer **Vielvölkerstaat** entstanden.

Ein zweites Imperium entsteht

Zusätzlich zum Imperium der Sowjetunion entstand nach dem Zweiten Weltkrieg ein zweiter Ring des Imperiums, der aus sogenannten Satellitenstaaten bestand. Das Verhältnis eines Satellitenstaates zu Moskau, wie beispielsweise Bulgarien, unterschied sich nicht wesentlich vom Verhältnis einer Teilrepublik wie Usbekistan.

Der Preis, den die Sowjetunion zur Aufrechterhaltung dieses zweiten Imperiums trug, war hoch. Industrieaufbau und Infrastrukturleistungen belasteten die Sowjetunion finanziell. Auch militärisch engagierte sich die Sowjetunion: In der DDR (1953), Polen und Ungarn (1956) beteiligte sie sich an der Niederschlagung von Aufstands- und Reformbewegungen; später auch in der Tschechoslowakei (1968)[1] und in Afghanistan (1979).

Innenpolitik unter Breschnew

Innenpolitisch war die Sowjetunion unter Leonid I. Breschnew in einer schwierigen Situation. Der neue Sozialstaat belastete den Staatshaushalt. Die Not der Bevölkerung stieg dennoch. Es fehlten Konsumgüter aller Art. Steigende Rüstungsausgaben verschärften die Lage zusehends.

[1] auch als „Prager Frühling" bezeichnet

M 2 Lebensgefühl der 1970er-Jahre

Der ungarische Historiker György Dalos beschreibt das Leben in der Sowjetunion:

Der idealtypische Homo sowjeticus der Siebzigerjahre ging seiner Arbeit nach, widmete sich in seiner Freizeit der Familie, verfügte über eine Anderthalb- oder Zweizimmerwohnung in einer Neubausiedlung mit Zentralheizung und Bad, kaufte sich nach und nach einen Plattenspieler, einen Fernseher, einen Kühlschrank, eine Waschmaschine und einen Staubsauger. Er stand geduldig Schlange beim täglichen Einkauf, wartete ewig auf einen Telefonanschluss oder gar auf einen Lada. Die beiden dreitägigen Staatsfeiern zum 1. Mai und 7. November feierte er im Freundeskreis mit Lachs, Torte und reichlich Wodka. Außerdem feierte er, je nach Profession, den „Tag des Fischers", den „Tag des Eisenbahners" oder den „Tag des Lehrers". Für Leute aus der Provinz war ein Aufenthalt in Moskau, möglichst mit einer Aufführung des Balletts „Schwanensee" [...] ein besonderes Erlebnis.

Die Siebzigerjahre waren die ruhigste, besser gesagt die einzig relativ ruhige Zeitspanne in der Geschichte der Sowjetunion. Die Menschen erhielten mehr Freiräume und Konsummöglichkeiten als früher, während die ideologische Mobilisierung immer lascher wurde. Gleichzeitig kostete es das System enorme Summen und Anstrengungen, diese heute nostalgisch betrachtete Stabilität aufrechtzuerhalten.

György Dalos, Lebt wohl Genossen! Der Untergang des sowjetischen Imperiums, München 2011, S. 10f.

M 3 Soziale Differenzierung der Völker der UdSSR (1970/72)

in Prozent	Anteil an der Bevölkerung der UdSSR (1970)	Anteil an den Mitgliedern des ZK der KPdSU (1972)	Anteil an den Wissenschaftlern der UdSSR (1972)	Grad der Verstädterung innerhalb der Ethnie (1970)
Großrussen	53,5	57,2	66,4	68
Ukrainer	16,9	18,6	10,7	49
Usbeken	3,8	1,8	1,3	25
Weißrussen	3,7	5,6	2,1	44
Tataren	2,4	0,5	1,3	55
Kasachen	2,2	2,3	0,9	29
Aserbaidschaner	1,8	1,3	1,4	40
Armenier	1,5	2,4	2,2	65
Georgier	1,2	1,3	1,9	44
Moldawier	1,1	0,8	0,3	20
Litauer	1,1	0,9	0,9	47
Tadschiken	0,6	0,8	0,3	26
Turkmenen	0,6	0,6	0,2	31
Kirgisen	0,6	0,5	0,2	15
Letten	0,6	1,9	0,6	53
Esten	0,4	0,9	0,5	55

Der Grad der Verstädterung der UdSSR beträgt 56 % der Gesamtbevölkerung. Zit. nach: Hans-Heinrich Nolte, Kleine Geschichte Russlands, Bonn 2005, S. 339 (leicht gekürzt)

M 4 Wachstum der sowjetischen Industrie 1966-1985[1]

in Prozent	offizielle sowjetische Quellen	CIA	Seljunin/ Chanin	Steinberg
1966-1970	7,8	5,0	4,1	4,8
1971-1975	5,7	3,1	3,2	2,1
1976-1980	4,3	2,2	1,0	1,6
1981-1985	3,6	1,8	0,6	1,0

Zit. nach: Hans-Heinrich Nolte, Kleine Geschichte Russlands, a. a. O., S. 330

1. *Beschreibe die Karte (M1). Stelle Hypothesen zur außenpolitischen Stellung der Sowjetunion zwischen 1953 und 1985 auf.*
2. *Charakterisiere die Entwicklung der Sowjetunion 1953-1985 (Darstellungstext).*
3. *Erläutere, inwiefern man von einer „relativ ruhigen Zeit" sprechen kann (M2, Darstellungstext).*
4. *Analysiere die Statistik M3. Arbeite heraus, welche Gruppen in Politik und Wissenschaft überproportional repräsentiert sind und welche Gruppen überdurchschnittlich verstädtert sind. Stelle Hypothesen zur Erklärung der Befunde auf.*
5. *Charakterisiere das Vielvölkerreich Sowjetunion mithilfe der Statistik (M3).*
6. *Gorbatschow bezeichnete die Zeit unter seinem Vorgänger Breschnew als „Jahre der Stagnation" (1988). Überprüfe seine Einschätzung anhand von M4.*

[1] Vergleich verschiedener Quellen. Seljunin, Chanin und Steinberg sind Ökonomen, die zur sowjetischen Wirtschaft geforscht haben.

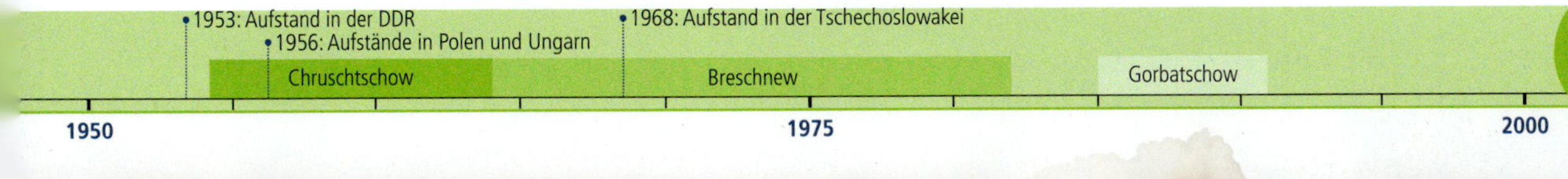

Gorbatschow – die Rettung?

M1 „Mann des Jahrhunderts“
Karikatur von Fritz Berendt, 2000

Umbau und Transparenz

In Anlehnung an den Wechsel vom Zarenreich zum sowjetischen Staat von 1917 bezeichnete Gorbatschow sein Reformvorhaben als zweite Revolution. Unter den Schlagwörtern **Perestroika** (Umbau) und **Glasnost** (Transparenz) versuchte er ab 1985, Staat und Gesellschaft zu reformieren. Gorbatschow strebte an, die Missstände innerhalb des sozialistischen Systems öffentlich zu machen und zu diskutieren. Kritik und Selbstkritik sollten das sozialistische System reformieren und verbessern. Die politische Liberalisierung entwickelte jedoch eine Eigendynamik. Das Zulassen öffentlicher Kritik stellte schnell das gesamte System infrage.

Die neue Transparenz sollte Vertrauen schaffen. Das Gegenteil war der Fall. Die nun zugänglichen Informationen schockierten und empörten die Bevölkerung. Beispielhaft ist der Umgang mit der Reaktorkatastrophe 1986 in Tschernobyl. Glasnost machte die Gleichgültigkeit der Behörden und den menschenunwürdigen Umgang mit den Opfern öffentlich.

Wirtschaftliche Veränderungen und Prohibition

Auch wirtschaftlich strebte Michail S. Gorbatschow einen Kurswechsel an. Orientiert an marktwirtschaftlichen Grundlagen sollten Wirtschaftsreformen durch eine Steigerung der Produktivität den Lebensstandard der Bevölkerung erhöhen. 1987 wurde eine staatliche Kommission zur Qualitätskontrolle eingesetzt und Unternehmenskooperationen mit westlichen Firmen gefördert. Die Betriebe erhielten neue Freiheiten, indem sie über die Leitung selbst entscheiden durften. Das führte zu Lohnerhöhungen. Damit standen Kaufkraft und das Warenangebot in einem ungleichen Verhältnis. Es kam zu Lebensmittelengpässen. Im Mai 1985 wurde der Verkauf von Alkohol stark eingeschränkt, um dem Alkoholismus in der Bevölkerung entgegenzuwirken. Dies rief zusätzlichen Unmut in der Bevölkerung hervor.

Friedliches und freiwilliges Zusammenleben

Glasnost legte offen, dass das Zusammenleben der verschiedenen Ethnien innerhalb der Sowjetunion nicht so friedlich und freiwillig war, wie es der sowjetische Mythos verbreitete. Gorbatschow löste Unruhen in Kasachstan aus, indem er einen Kasachen als Ersten Sekretär durch einen Russen ersetzte. Das Schlagwort Perestroika wurde von vielen auch als Möglichkeit gedeutet, Konflikte um Territorien und Grenzverläufe neu zu verhandeln. Es kam zu Unruhen in Bergkarabach und Georgien.

Wachstum des realen Sozialprodukts (in Prozent)	1981	1982	1983	1984	1985	1986	1987	1988	1989
UdSSR	1,0	2,7	3,3	1,5	0,8	4,0	1,3	1,5	−1,0
Welt	1,8	0,5	2,7	4,4	3,3	3,0	3,4	4,1	3,0

Außenhandel mit den OECD-Ländern (in Mrd. Dollar)	1975	1976	1984	1985	1986	1987	1988	1989
Exporte	8,2	9,9	24,0	21,3	18,9	21,3	21,9	24,0
Importe	12,6	13,7	21,9	20,9	20,6	20,7	24,8	28,0
Handelsbilanz	−4,4	−3,8	2,1	0,4	−1,7	0,6	−2,9	−4,0

Auslandschulden (in Mrd. Dollar)	1984	1985	1986	1987	1988	1989	1990	(Schätzung)
Summe	16,6	22,7	29,1	33,3	36,8	44,4	41,2	(Juni)
Schuldendienst	5,0	5,2	6,0	7,4	8,4	12,0	13,5	

Bruttoinlandsprodukt (in Mrd. Dollar)	1984	1985	1986	1987	1988	1989	1990
	1363,0	1424,0	1456,0	1498,0	1549,0	1650,0	1570,0

M 2 Wirtschaft der UdSSR 1990
Zeitgenössische westliche Daten

Hans-Heinrich Nolte, Kleine Geschichte Russlands, Bonn 2005, S. 362

M 3 „Luft zum Atmen“

Michail Gorbatschow hält am 27. Januar 1987 eine Rede auf dem Plenum des Zentralkomitees der KPdSU:

Worin liegen die Ursachen für diese komplizierte und widersprüchliche Situation?
Die Hauptursache – und das Politbüro hält es für notwendig, darüber in aller Offenheit auf dem Plenum zu sprechen – bestand darin, dass das Zentralkomitee der KPdSU, die Führung des Landes, vor allem aus subjektiven Gründen nicht rechtzeitig und in vollem Umfang die Notwendigkeit von Veränderungen und die Gefahr des Anwachsens von Krisenerscheinungen in der Gesellschaft erkennen sowie eine klare Linie zu ihrer Überwindung, zu einer umfassenderen Nutzung der Möglichkeiten, die im sozialistischen System liegen, erarbeiten konnte.

[…] Wir sprechen von der Umgestaltung und den mit ihr verbundenen Prozessen einer tief greifenden Demokratisierung der Gesellschaft und fassen dabei wirklich revolutionäre so wie allseitige Veränderungen in der Gesellschaft ins Auge. Ein solcher grundlegender Umschwung ist notwendig, denn einen anderen Weg gibt es für uns einfach nicht. Zurückgehen dürfen wir nicht – wohin auch? […] In einer weiteren Frage muss Klarheit bestehen. Wir sprechen davon, dass in der sowjetischen Gesellschaft keine Zonen bestehen dürfen, die der Kritik verschlossen sind. Das trifft in vollem Umfang auch auf die Massenmedien zu. Genossen! Eine echte Demokratie existiert nicht außerhalb des Gesetzes und über ihm. […]

Zit. nach: Michail Gorbatschow, Die Umgestaltung und die Kaderpolitik der Partei. Rede auf dem Plenum des Zentralkomitees der KPdSU, 27. Januar 1987, in: Bundeszentrale für politische Bildung (Hrsg.), Sowjetunion II: 1953 - 1991, Bonn 2014, S. 43

1. *Beschreibe die Karikatur. Stelle Hypothesen auf, was mit den Begriffen Glasnost und Perestroika gemeint sein könnte (M1).*
2. *Analysiere M3. Erläutere die Begriffe Glasnost und Perestroika mithilfe der Missstände und Lösungsvorschläge, die Gorbatschow benennt.*
3. *Beurteile die Maßnahmen von Glasnost und Perestroika vor dem Hintergrund der wirtschaftlichen Entwicklung der UdSSR (M2).*
4. *Gestalte eine Karikatur zu Glasnost und Perestroika, die für Gorbatschows Reformpolitik wirbt, oder eine Karikatur, die sie kritisiert.*

Das Ende der Sowjetunion – unvermeidlich?

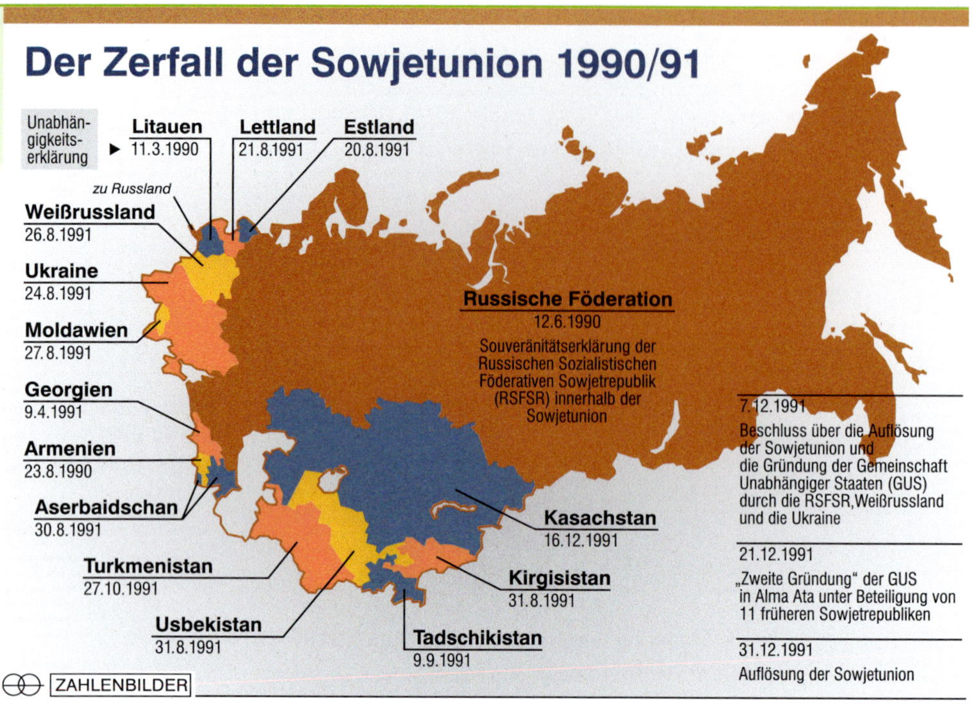

M1 Nachfolgestaaten der Sowjetunion

Gesellschaft in Bewegung

Glasnost und Perestroika hatten die sowjetische Gesellschaft in Bewegung versetzt. Die baltischen Staaten verlangten mehr Autonomie und ein Ende des Zuzugs von russischen Bürgern. Als erste Republik erklärte Estland 1988 die Souveränität. Im Februar 1990 demonstrierten 800 000 Menschen in Moskau für eine weitere Demokratisierung und den Erhalt der Sowjetunion. Gorbatschow wurde am 15. März mit 1329 Ja-Stimmen und 495 Nein-Stimmen wiedergewählt. Ab April 1988 verhandelte Gorbatschow über einen neuen Unionsvertrag, der die Wünsche nach Selbstständigkeit erfüllen sollte.

Der Augustputsch

Als Gorbatschow im August 1991 in den Urlaub fuhr, kam es zum Putsch. Seinen politischen Gegnern ging der ausgehandelte Vertrag zu weit. Der Vizepräsident verkündete im Radio, dass Gorbatschow aufgrund seiner Gesundheit die Amtspflichten als Präsident nicht mehr erfüllen könne. Gorbatschow kehrte zwar aus dem Urlaub zurück und die Verschwörer wurden verhaftet, aber der Ruf der Union war beschädigt. Gorbatschow wurde dafür verantwortlich gemacht, die Putschisten in hohe Positionen berufen zu haben. Die Union galt als Vereinigung von Verschwörern und Verbrechern.

Das Ende der Sowjetunion

Am 8. Dezember 1991 gründeten elf Sowjetrepubliken die **GUS**, die Gemeinschaft Unabhängiger Staaten. Gorbatschow war zu einem Präsidenten ohne Staat geworden und trat zurück. Das Ende der Sowjetunion löste eine tiefe politische und wirtschaftliche Krise aus und brachte viele gewaltsame Konflikte hervor. Das sowjetische System der staatlichen Sicherung brach zusammen. Der Anteil der Haushalte unter der Armutsgrenze stieg 1992 auf 33,5 % (1991: 4,1 %). Bürgerkriege brachen in Tadschikistan, Georgien und Moldawien aus.

Migration in die Bundesrepublik Deutschland

Als die Sowjetunion ihre Ausreisebestimmungen lockerte und ab Ende 1991 nicht mehr existierte, immigrierten ca. 2,3 Millionen **Russlanddeutsche** und ihre Angehörigen in die Bundesrepublik Deutschland. Voraussetzung dafür war die deutsche Volkszugehörigkeit und durch Flucht und Vertreibung erlittenes Unrecht. Als **Aussiedler** galt, wer beide Voraussetzungen erfüllte. Ca. eine Million Russlanddeutsche waren 1941 von ihren Siedlungsgebieten an der Wolga nach Sibirien und Kasachstan deportiert worden und mussten dort Zwangsarbeit leisten, ebenso diejenigen, die 1943/44 nach Polen umgesiedelt und nach dem Zweiten Weltkrieg in die Sowjetunion „repatriiert" wurden. Diesem Unrecht stellte die Bundesrepublik eine „Wiedergutmachung durch Migration" entgegen.

▸ ***Geschichte In Clips:*** Ein Video, das den Zerfall der Sowjetunion erklärt, findest du unter Code 31045-04

M2 Episoden der Wirtschaftskrise

Der ungarische Historiker György Dalos schreibt über die Wirtschaftskrise der Sowjetunion:

Aus der 70 000 Einwohner zählenden Stadt Apatiti auf der Halbinsel Kola beschwert sich eine junge Mutter: „Ich habe nichts, womit ich den fünf Monate alten Jegorka ernähren könnte. Es gibt in der Stadt weder Kindersäfte noch Fruchtmus oder irgendwelche Breie für Kleinkinder." […] Die Arbeitsniederlegung der 500 000 Bergarbeiter, die einst zur bestbezahlten sowjetischen Arbeiteraristokratie gehörten, hatte kaum etwas mit dem Inhalt der Lohntüten zu tun. Ausschlaggebend war vielmehr das menschenunwürdige Angebot an Konsumgütern, wobei Konsum hier als ein elementarer Prozess verstanden werden muss, der Arbeitskräften überhaupt die Chance gibt, sich physisch und psychisch zu reproduzieren. […] Das politische Element dieser Bewegung kam darin zum Ausdruck, dass die Kumpel[1] […] eine direkte Begegnung mit Gorbatschow anstrebten […]. Später entsandten sie eine Abordnung in die Hauptstadt, und als diese mit einer Vereinbarung zurückkehrte, die von Gorbatschow […] unterzeichnet worden war, verwandelte sich der Protest in eine euphorische stadtweite Feier. Dabei ging es nicht um die zugesagten Lebensmittellieferungen – die Vereinbarungen wurden niemals vollständig erfüllt –, sondern vor allem darum, was der Leiter des Streikkomitees […] zum Ausdruck brachte: „Zum ersten Mal fühlten wir uns nicht als graue Masse, sondern als Menschen. Nicht als Sklaven, sondern als Persönlichkeiten, die fähig sind, in Einigkeit, Disziplin und Solidarität zu siegen."

György Dalos, Lebt wohl, Genossen! Der Untergang des sowjetischen Imperiums, München 2011, S. 128 ff.

M3 Souveränitätserklärung Estlands

Estland erklärt als erste ehemalige Sowjetrepublik am 16. November 1988 seine Souveränität. Am 30. März 1990 folgt die Unabhängigkeitserklärung, die – nach dem Augustputsch – am 20. August 1991 in Kraft tritt und am 6. September 1991 vom neu gebildeten Staatsrat in Moskau anerkannt wird.

Das estnische Volk an den Ufern der Ostsee bearbeitet sein Land und entwickelt seine Kultur bereits mehr als 5 000 Jahre. Im Jahre 1940 wurde der in nationaler Hinsicht homogene, souveräne estnische Staat Bestandteil der Sowjetunion; dabei war die Aufrechterhaltung der Garantie der Souveränität und das Aufblühen der Nation vorgesehen. Die innere Politik des Stalinismus und die Zeit der Stagnation haben jedoch diese Garantien und Grundsätze ignoriert. Als Ergebnis davon entstand auf estländischer Erde für die Esten als alteingesessene Nationalität eine ungünstige demografische Situation, die natürliche Umwelt geriet in vielen Regionen der Republik in eine katastrophale Lage, die andauernde Destabilisierung der Wirtschaft wirkte sich negativ auf den Lebensstandard der gesamten Bevölkerung der Republik aus. Der Oberste Sowjet der estnischen SSR [Sozialistischen Sowjetrepublik] sieht nur einen Ausweg aus der schwierigen Lage: Die weitere Entwicklung Estlands muss unter den Bedingungen der Souveränität vor sich gehen.

Zit. nach: Erklärung des Obersten Sowjets Estlands über die Souveränität des Landes, in: Osteuropa-Archiv, 39. Jg. (1989) 8, S. A430

1. *Beschreibe die Karte. Stelle Hypothesen auf, wie es zum Zerfall der Sowjetunion kam (M1).*
2. *Erläutere die politische und gesellschaftliche Situation der UdSSR Ende der 1980er-Jahre (Darstellungstext, M2).*
3. *Arbeite heraus, welche Argumente Estland für seine Souveränität anführt (M3).*
4. *Erörtere, ob das Ende der Sowjetunion unvermeidlich war (Darstellungstext, M2).*
5. *Beurteile die Folgen der Reformpolitik Gorbatschows für das politische und gesellschaftliche System der UdSSR (Darstellungstext, M1-M3).*
6. *Stelle dar, was du über die Entwicklung der Nachfolgestaaten der letzten Jahre weißt.*

[1] umgangssprachlich für Bergarbeiter

1988: Estland erklärt seine Souveränität
August 1991: Augustputsch
Dezember 1991: Gründung der GUS

1985 1990 1995

„Dort die Deutschen, hier die Russen" – die Geschichte der Russlanddeutschen

1914 lebten in Russland rund 2,4 Millionen deutschstämmige Menschen. Sie bildeten eine der ethnischen Minderheiten im russischen Vielvölkerstaat. 1924 gründeten sie sogar eine autonome Republik. Die sogenannten Russlanddeutschen wurden zunächst als Siedler angeworben, später aber als Fremde misstrauisch beäugt, als Spione und „innere Feinde" verfolgt, enteignet und deportiert. Als Aussiedler und Spätaussiedler bilden sie und ihre Nachkommen heute eine große Gruppe der Bevölkerung der Bundesrepublik. Ihre Geschichte ist eng mit der Geschichte Russlands bzw. der UdSSR und mit weltpolitischen Ereignissen verbunden.

Vorschläge für Forschungsthemen:

Thema 1: *Russlanddeutsche im 20. Jahrhundert*

Thema 2: *Aussiedler aus der Sowjetunion und Russland*

Beschreiben

Thema 1: *Stellt die wichtigsten Stationen in der Geschichte der Russlanddeutschen im 20. Jh. in eigenen Worten dar (M1).*

Thema 2: *Stellt die Entwicklung der Zahlen der Aussiedler und Spätaussiedler grafisch dar (M2).*

Untersuchen

Thema 1: *Erläutert anhand der Karte, wo die meisten Russlanddeutschen vor der Deportation in der UdSSR lebten, wohin sie deportiert wurden und wie viele Menschen von der Deportation betroffen waren (M4).*

Thema 2: *Arbeitet die Argumente heraus, die die Schrift für eine Emigration aus der Sowjetunion anführt (M5).*

Einordnen

Thema 1: *Erläutert, wie die sowjetische Führung die Deportation der Deutschen rechtfertigte (M3). Ordne den Erlass in die Geschichte der Russlanddeutschen ein.*

Thema 2: *Erläutert den Begriff Aussiedler (und Spätaussiedler) (Lexikon und M6). Analysiert und ordnet M5 zeitlich ein (M2).*

Präsentieren

Thema 1 und 2: #kurzerklärt

Stellt in Form einer kurzen Präsentation, wie ihr sie von Internetportalen und Nachrichtenagenturen kennt, einige Bilder und Informationen zu euren Themen zusammen. Recherchiert dafür Bildmaterial, mit dem ihr eure Präsentation vertiefen könnt. Achtet darauf, dass die Erklärtexte kurz, präzise und informativ sind.

M1 Aus der Geschichte der Russlanddeutschen

1763	Deutsche werden als Siedler angeworben, um unbewohnte Gebiete Russlands zu besiedeln und wirtschaftlich nutzbar zu machen.
1920er-Jahre	Russlanddeutsche erhalten Selbstverwaltungsrechte in Gebieten mit deutscher Bevölkerungsmehrheit.
1941	Nach dem Überfall Deutschlands auf die UdSSR werden alle Russlanddeutschen zu „inneren Feinden" erklärt; mehrere Hunderttausend werden umgesiedelt und als Zwangsarbeiter eingesetzt.
um 1990	Die Regierungen der UdSSR und der Bundesrepublik vereinbaren die Möglichkeit für Russlanddeutsche, in die Bundesrepublik auszuwandern.

M2 Aussiedler und Spätaussiedler aus der (ehemaligen) UdSSR

1950-1969	22151
1970-1989	233157
1990-1991	296273
1992-1999	1334824
2000-2009	469906
2010-2018	40993

Bundesverwaltungsamt: https://www.bva.bund.de/DE/Services/Buerger/Migration-Integration/Spaetaussiedler/Statistik/Sonderstatistiken_Zeitreihen/Sonderstatistiken_Zeitreihen_text.html [Zugriff: 20.01.2020]

M3 Übersiedlung

Erlass des Obersten Sowjets vom 28.08.1941:

Laut genauen Angaben, die die Militärbehörden erhalten haben, befinden sich unter der [...] deutschen Bevölkerung Tausende Spione, die nach dem aus Deutschland gegebenen Signal Explosionen in den von den Wolgadeutschen besiedelten Gebieten hervorrufen sollen. [...] Zwecks Vorbeugung dieser unerwünschten Erscheinungen [...] hat das Präsidium des Obersten Sowjets der UdSSR es für notwendig gefunden, die gesamte [...] deutsche Bevölkerung zu übersiedeln [...].

Zit. nach: https://www.bpb.de/gesellschaft/migration/dossier-migration-ALT/56417/russlanddeutsche?p=2 [Zugriff: 10.02.2020]

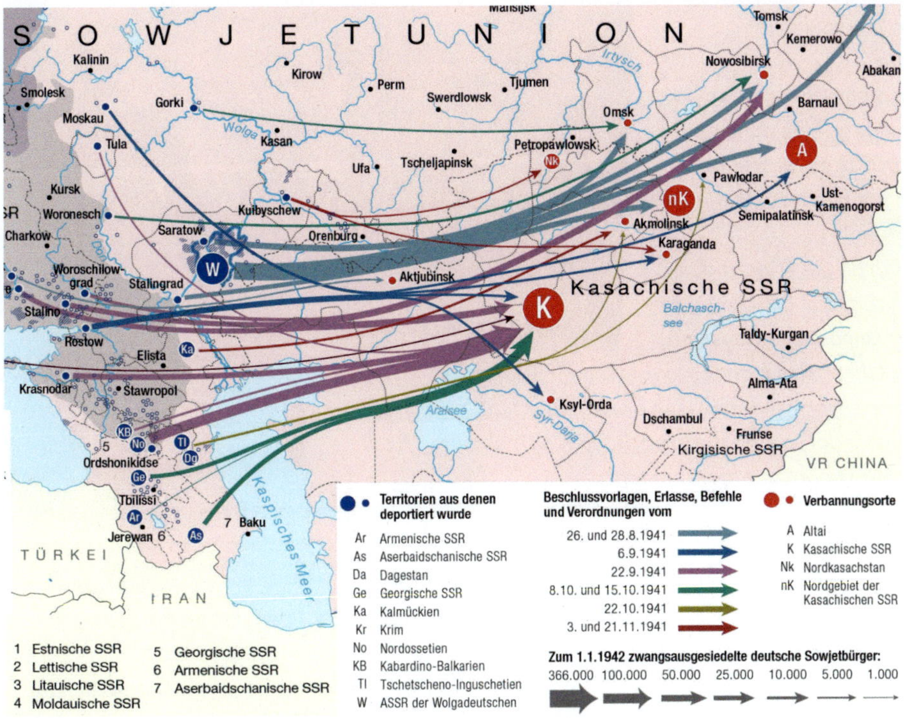

M 4 Zwangsaussiedlung deutscher Sowjetbürger 1941

M 5 Von der Autonomie zur Emigration

Für viele Russlanddeutsche ist die Emigration aus der Sowjetunion kein Thema. Sie machen sich stattdessen für die Wiederherstellung einer autonomen Wolgarepublik stark. Die Absage der Kremlführung führt zu einem Umdenken. Dies drückt eine Schrift mit dem Titel: „Von dem Gedanken über die Autonomie zum Gedanken über die Emigration“ aus dem Jahr 1973 aus:

Der Gedanke über die Emigration ist keine Einzel- oder Zufallserscheinung, sondern eine logische Folge erniedrigender Bedingungen, in denen die Deutschen in der UdSSR im Verlauf von mehr als 30 Jahren durch die Sowjetregierung gestellt worden sind. Zuerst war der Glaube an das sowjetische Gesetz. Dann folgten Beleidigungen und Unterdrückungen im Namen des sowjetischen Gesetzes. Danach verschwand endgültig der Glaube an die Gerechtigkeit des sowjetischen Gesetzes. Dieser Gedanke geht auf die erlebte Vergangenheit und eine ungewisse Zukunft unseres Volkes zurück. […] SEIN [hervorgehoben im Original – V.K.] bedeutet EMIGRATION, fern all den Schrecken, die uns beherrschen.

Zit. nach: Viktor Krieger, Vom Kolonisten in Russland zum Bundesbürger, in: Bundeszentrale für politische Bildung (Hrsg.), Dossier Russlanddeutsche, Bonn 2017, S. 28

M 6 Bundesvertriebenengesetz

Auszug aus dem Bundesvertriebenengesetz 1953:

(2) Als Vertriebener gilt, wer als deutscher Staatsangehöriger oder deutscher Volkszugehöriger […] nach Abschluss der allgemeinen Vertreibungsmaßnahmen die zur Zeit unter fremder Verwaltung stehenden deutschen Ostgebiete, Danzig, Estland, Lettland, Litauen, die Sowjetunion, Polen, die Tschechoslowakei, Ungarn, Rumänien, Bulgarien, Jugoslawien oder Albanien verlassen hat oder verlässt, es sei denn, dass er nach dem 8. Mai 1945 einen Wohnsitz in diesen Gebieten begründet hat (Aussiedler). […]

§ 6 Volkszugehörigkeit

Deutscher Volkszugehöriger im Sinne dieses Gesetzes ist, wer sich in seiner Heimat zum deutschen Volkstum bekannt hat, sofern dieses Bekenntnis durch bestimmte Merkmale wie Abstammung, Sprache, Erziehung, Kultur bestätigt wird.

Bundesgesetzblatt: https://www.bgbl.de/xaver/bgbl/start.xav?start=%2F%2F%5B%40attr_id%3D%27bgbl153022.pdf%27%5D#__bgbl__%2F%2F*%5B%40attr_id%3D%27bgbl153022.pdf%27%5D__1579701983743 [Zugriff: 22. 01. 2020]*

Internettipp:
Was einen Aussiedler von einem Spätaussiedler unterscheidet, findest du unter Code 31045-05

Zwischen Demokratie und Autokratie

Nach dem Zusammenbruch der Sowjetunion wurde in Russland ein parlamentarisch-präsidentielles Mischsystem nach französischem Vorbild eingeführt.
Tatsächlich wurde die Macht des Präsidenten Stück für Stück ausgebaut. Gestützt wird dieses System, indem sich die Eliten des Landes loyal zum Präsidenten verhalten und die Opposition systematisch unterdrückt und verfolgt wird. Beispielhaft dafür sind die staatliche Kontrolle der Medien und das Fehlen unabhängiger Gerichte.

1. *Erläutere die Entwicklungen in Russland durch aktuelle Beispiele.*
2. *Vergleiche die Herrschaftsform des Zarismus mit dem Stalinismus.*
3. *Der russische Soziologe Lev Gudkov schrieb 2013: „Der Mangel an gemeinsamen Werten zwingt das Putin-Regime dazu, auf der Suche nach Quellen der Legitimität auf ein Sammelsurium ‚nationaler Werte' zurückzugreifen, die ‚Patriotismus' stimulieren sollen: von der Orthodoxie bis zu den ‚Erbauern des Kommunismus'. […] Das Regime [betreibt] eine konservative Re-Ideologisierung der Gesellschaft.“[1] Gib mit eigenen Worten wieder, was der Autor mit „konservative Re-Ideologisierung der Gesellschaft“ meint. Bewerte die beschriebene gesellschaftliche Entwicklung.*

[1] Zit. nach: Bundeszentrale für politische Bildung (Hrsg.), Informationen zur politischen Bildung, Sowjetunion II: 1953-1991, Bonn 2014, S. 56

Weltmacht des 21. Jh.

Russland kämpft um die Durchsetzung des Geltungsanspruches als führende Weltmacht des 21. Jh. Mit der Gründung der Eurasischen Union schuf Russland zusammen mit Armenien, Kasachstan, Kirgisistan und Weißrussland ein Gegengewicht zur EU. Auch die Zusammenarbeit mit China hat sich seit Mitte der 1990er-Jahre stetig intensiviert. In den Konflikten im Nahen Osten bezog Russland häufig die Gegenposition zu den USA.

1. *Nenne Schlaglichter in der Geschichte der Sowjetunion, die ihren Weg zur Supermacht verdeutlichen.*
2. *Charakterisiere die Sowjetunion als Supermacht.*
3. *In Russland verbindet sich eine gewisse Sowjetnostalgie mit der Erinnerung an die einstige globale Großmachtrolle. Der russische Politiker Wladimir Putin bezeichnete den Zerfall der Sowjetunion als „größte geopolitische Katastrophe des 20. Jh.“[2]. Beurteile diese Aussage vor dem Hintergrund der sowjetischen Geschichte des 20. Jh.*

[2] Zit. nach: Bundeszentrale für politische Bildung (Hrsg.), Informationen zur politischen Bildung, Sowjetunion II: 1953-1991, Bonn 2014, S. 55

Schwieriges Verhältnis zum Westen

Seit Beginn des Krieges in der Ukraine im Jahr 2014 und der völkerrechtswidrigen Besetzung der Halbinsel Krim durch Russland haben sich die diplomatischen Beziehungen zum Westen dramatisch verschlechtert. Die EU und die USA belegten Russland mit Sanktionen, die der russischen Wirtschaft erheblichen Schaden zufügten.

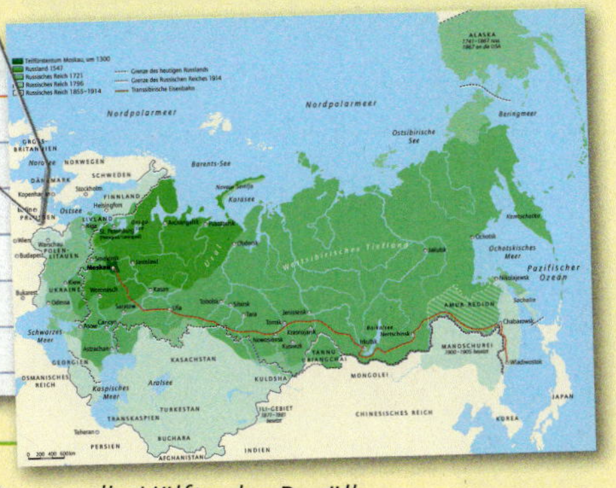

1. *Beschreibe die Karte auf S. 27. Welche heutigen Nationalstaaten befinden sich auf dem Gebiet des ehemaligen Zarenreiches bzw. der Sowjetunion?*
2. *Charakterisiere das Zarenreich und die Sowjetunion als Imperium.*
3. *In Russland stimmte die Hälfte der Bevölkerung der Aussage zu, dass „es für Russland normal sei, ein Imperium zu besitzen"[3]. Erörtere vor diesem Hintergrund das schwierige Verhältnis Russlands zum Westen.*

[3] Zit. nach: Bundeszentrale für politische Bildung (Hrsg.), Informationen zur politischen Bildung, Sowjetunion II: 1953-1991, Bonn 2014, S. 57

Fünftgrößte Volkswirtschaft

Wirtschaftlich verfolgt Russland das Ziel, in Zukunft zu den fünf größten Volkswirtschaften nach den USA, China, Japan und Deutschland zu gehören und damit Indien vom 5. Platz zu verdrängen (Stand: 2019).

1. *Beschreibe die wirtschaftliche Entwicklung Russlands vom Agrarstaat zur Modernisierungsdiktatur.*
2. *Ordne die Entwicklung in den weltpolitischen Kontext ein.*
3. *Der russische Soziologe Lev Gudkov schrieb 2013, dass Stalin in Russland als jemand präsentiert werde, der die Modernisierung eines rückständigen Landes „erfolgreich gemanagt" habe. Seine Methoden seien zwar hart gewesen, so die gesellschaftliche Meinung, aber unter den gegebenen Bedingungen ohne Alternative.[4] Bewerte dieses Stalin-Bild vor dem Hintergrund der wirtschaftlichen Entwicklung Russlands.*

[4] Zit. nach: Bundeszentrale für politische Bildung (Hrsg.), Informationen zur politischen Bildung, Sowjetunion II: 1953-1991, Bonn 2014, S. 56

Angst vor Armut

Aus Sicht der russischen Bevölkerung sind die steigenden Preise, die Verarmung der Bevölkerung, eine steigende Arbeitslosigkeit sowie Korruption und Bestechung die dringendsten Probleme der Gesellschaft. Als nahezu unbedeutend wurde die Beschränkung von Bürgerrechten und demokratischen Freiheiten wie z.B. Rede- und Pressefreiheit bewertet. Das ergab eine Umfrage aus dem Jahr 2018.

1. *Beschreibe die gesellschaftlichen Veränderungen durch Glasnost und Perestroika.*
2. *Erläutere die Ängste der russischen Bevölkerung vor diesem Hintergrund.*
3. *Erkläre die Haltung der Mehrheit der russischen Bevölkerung zu Bürgerrechten und demokratischer Freiheit. Beziehe dazu die Ergebnisse zu anderen Aufgaben auf dieser Doppelseite mit ein.*

3

China – ein Imperium im Wandel

Der 1. Oktober ist der chinesische Nationalfeiertag. An diesem Tag rief 1949 der Staatsgründer Mao Zedong, der Vorsitzende der Kommunistischen Partei, auf dem Platz des Himmlischen Friedens die Volksrepublik China aus. Eingefasst von den zwei Schriftzügen „Lang lebe die Volksrepublik China" und „Lang lebe die Einheit der Völker der Welt" prangt ein Bild Mao Zedongs an der Eingangshalle zur sogenannten „Verbotenen Stadt", dem Palastbezirk des chinesischen Kaiserreiches.

Alljährlich findet am Nationalfeiertag eine Truppenparade statt. Die chinesische Führung demonstriert damit ihre in den letzten Jahren stark gewachsene wirtschaftliche und militärische Stärke.

Bekannt ist der Tiananmen-Platz auch als Ort, an dem die kommunistische Führung 1989 Massenproteste für mehr Bürgerrechte und staatliche Reformen blutig niederschlug. Sie demonstrierte damit, dass sie ihren Machtanspruch im Innern konsequent durchsetzen will.

M Truppenparade am Tiananmen-Platz, Beijing
Foto vom 1. Oktober 2019

Vergleicht die Feierlichkeiten zum chinesischen Nationalfeiertag mit denen in der Bundesrepublik (3. Oktober) und den USA (4. Juli).

Auch andere sozialistische Staaten (z. B. die DDR) bezeichneten sich als Volksdemokratien. Nutzt euer Vorwissen und nennt Kennzeichen dieses politischen Systems.

Fragen an ... China

Noch heute ist die Bezeichnung „Reich der Mitte" geläufig, nicht nur in China selbst. Es sah sich als das Zentrum der (ihm bekannten) Welt. Angefangen beim ersten Kaiser Qin Shi Huangdi entwickelte es sich zur Vormacht in Ostasien. Dabei führten auch Herrscherdynastien aus Völkern, die heute Minderheiten gegenüber den Han-Chinesen sind, das Selbstverständnis der chinesischen Kaiser weitgehend fort.

Lange Zeit waren die Faszination und der Wunsch nach Handelskontakten vonseiten der europäischen Reiche wesentlich größer als umgekehrt. Über die Seidenstraße gab es seit der Antike einen regen Warenverkehr über mehrere Zwischenhändler. Der kam zum Erliegen, als vom 7. bis zum 13. Jh. diese Handelsstraße versperrt oder unsicher war. Bis ins 18. Jh. galt das „Reich der Mitte" wegen seiner fortschrittlichen Technik und Infrastruktur, seiner straffen Bürokratie und den Leistungen in Kultur und Wissenschaft europäischen Gelehrten und Fürsten als vorbildlich. Das änderte sich, als die europäischen Staaten, die USA und später Japan ihren vor allem durch die Industrialisierung gewonnenen wirtschaftlichen und militärischen Vorsprung nutzten, um das „Reich der Mitte" zu beherrschen. Für China begann das „Jahrhundert der Schande". Es sollte erst enden, als der noch heute verehrte Mao Zedong 1949 die Volksrepublik China ausrief.

Nach seinem Aufstieg als „sozialistische Marktwirtschaft" nach den Reformen Deng Xiaopings ist China bestrebt, seinen Einfluss in der Welt weiter auszubauen. Ein Mittel dazu ist die sogenannte „Neue Seidenstraße". Wie sehr sich das Weltgefüge ändern wird, muss die Zukunft zeigen.

Leitfrage

Wie lassen sich die gegenwärtigen Herausforderungen Chinas aus der Geschichte und seinen Beziehungen zum westlichen Europa erklären?

Die chinesischen Kaiser galten als die „Söhne des Himmels", die den Fortbestand der Ordnung garantierten. Seit 1949 reklamiert die Kommunistische Partei das Machtmonopol für sich.

Herrschaft

Produkte aus China waren seit der Antike sehr begehrt. Gleichrangige Beziehungen zu anderen Reichen widersprachen aber dem Selbstverständnis des Reiches.

Wirtschaft / Umwelt

Ihr habt euch bereits Fragen an China am Schuljahresanfang überlegt. Greift auf diese Fragen zurück, entwickelt weitere Fragen und ordnet sie den fünf Bereichen zu. ▸

Expeditionen des Zheng He

Ming-Dynastie; Neubau der „Großen Mauer"

1300 | 1400 | 1500 | 1600

1498: Der Portugiese Vasco da Gama erreicht Indien auf dem Seeweg

Neben der überwiegenden Mehrheit der Han-Chinesen umfasst das heutige Staatsgebiet weitere 55 Völker. Im Vielvölkerreich gab es auch Kaiser aus heutigen Minderheiten wie den Mandschuren und den Mongolen.

Gesellschaft

Der Konfuzianismus war die bedeutendste der „drei Lehren", die Politik und Gesellschaft prägten. Er bestimmt ein System der Über- und Unterordnung und entfaltet auch heute noch seine Wirkung.

Weltdeutung / Religion

Im 19. Jh. brachten die imperialistischen Mächte China unter ihre wirtschaftliche und politische Kontrolle. Die USA setzten die „Open Door Policy" durch und verhinderten damit eine Aufteilung des gesamten Reiches in Kolonien.

Vernetzung

Qing-Dynastie

1700 – 1800 – 1900 – 2000

1839-1842: Erster Opiumkrieg

1856-1860: Zweiter Opiumkrieg

1895: Ein imperialistischer „Wettlauf nach China" beginnt

1912: Die Republik China wird ausgerufen

1931-1945: Japan beherrscht weite Teile Chinas

1949: Ausrufung der „Volksrepublik China"

1975: Beginn der Reformpolitik

Wie entwickelte sich das „Reich der Mitte"?

M 1 „Terracotta-Armee"
Foto, 2006
1974 wurde eine der berühmtesten Quellen des chinesischen Kaiserreiches gefunden. Es wird geschätzt, dass die Legion aus Ton insgesamt etwa 8 000 Soldaten, 130 Streitwagen mit 670 Pferden umfasste. Sie ist Teil des Mausoleums für den ersten chinesischen Kaiser, Qin Shi Huangdi.

Ein Vielvölkerreich

Als erster Kaiser Chinas gilt Qin Shi Huangdi (221-210 v. Chr.). Er vereinte die sieben chinesischen Reiche unter seiner Herrschaft. Von Ostasien aus vergrößerte das Kaiserreich dann seine Macht. Seine größte Ausdehnung erreichte es unter der letzten Kaiserdynastie der Qing (1644-1911).

Im Gegensatz zu modernen Nationalstaaten hatte das Reich keine festgelegten Grenzen, sondern nur Zonen mit abnehmendem Einfluss. Die Han-Chinesen stellten in diesem **multiethnischen Imperium** die größte Bevölkerungsgruppe. Auch andere Völker, die dem **Kaiserreich** nicht direkt unterstanden, galten als zugehörig. Beispiele dafür sind die Tibeter und die Mandschuren:

- Im 13. Jh. eroberten die Mongolen Tibet. Es entstand ein sogenanntes „Gönner-Priester-Verhältnis". Tibet erkannte die Schutzherrschaft Chinas an, konnte dabei aber seine inneren Angelegenheiten weitestgehend selbst regeln. Besonders die mongolischen Kaiser schätzten die Dalai Lamas als Lehrmeister des Buddhismus.
- Die Mandschuren, ein Kriegsvolk im Norden, hatten im 17. Jh. die berühmte „Große Mauer" überwunden und das „Reich der Mitte" erobert. Das letzte Herrscherhaus des Kaiserreiches war mandschurisch.

Zivilisatorischer Fortschritt

Ein Kennzeichen der **Hochkultur**, die sich zwischen 3000 und 1700 v. Chr. an den großen Flüssen Huang He, Yan und Jangtse entwickelt hatte, war die Entstehung von Städten ab der zweiten Hälfte des 3. Jahrtausends v. Chr. Mit bis zu 10 000 Einwohnern gehörten sie damals zu den größten Siedlungen auf der Erde. Beijing, das die Qing-Kaiser zur Hauptstadt des Reiches machten und prachtvoll ausbauen ließen, war als einzige Stadt der Erde bereits im 18. Jh. eine Millionenstadt. Ihre Zivilisation führten die Chinesen auf heldenhafte Gründungspersönlichkeiten, die sogenannten „mythischen Kaiser", zurück. Bis zu ihnen wird in China offiziell die Geschichte des Landes zurückgeführt.

Im 18. Jh. war China nicht nur das größte, sondern auch das fortschrittlichste Reich seiner Zeit. Viele technische Erfindungen, die Europa erst seit dem späten 16. Jh. machte bzw. übernahm, gab es in China bereits Jahrhunderte zuvor.

Sprache(n) und Schriftlichkeit

Von überragender Bedeutung für die chinesische Hochkultur war die Herausbildung einer **Schrift**. Die ältesten überlieferten Schriftträger sind sogenannte Orakelknochen aus dem 13. Jh. v. Chr.: Schulterblätter von Rindern und Schildkrötenpanzer, die für kultische Zwecke verwendet wurden. Chinas erster Kaiser ließ die regional unterschiedlichen Schriftzeichen vereinheitlichen. Dies war für das Zusammenwachsen ganz verschiedenartiger Regionen mit ihren zahlreichen unterschiedlichen Dialekten zu einem Reich enorm wichtig.

Es gibt mehrere zehntausend Schriftzeichen, von denen die meisten heute aber selten verwendet werden. Für Alltagstexte kommt man mit etwa 3 000 Zeichen aus.

Erfindung	in China nachweisbar	Übernahme in Europa
Steinschleudermaschine	5./4. Jahrhundert v. Chr.	14. Jahrhundert
Gusseisen	513	um 1380
Akupunktur	3./2. Jahrhundert v. Chr.	Anfang 19. Jahrhundert
Papier	1./2. Jahrhundert	Ende 13. Jahrhundert
Blockdruck	8. Jahrhundert	1375
Schießpulver	9. Jahrhundert	1285
Schiffskompass	10. Jahrhundert	um 1180
Schleusentore	11./12. Jahrhundert	um 1377
Kummetgeschirr (für Pferde)	6./7. Jahrhundert	um 1000

M2 Chinesische Erfindungen
Zahlreiche bahnbrechende Erfindungen verdankt Europa der chinesischen Hochkultur. Die Tabelle führt einige Beispiele an.

Zusammengestellt nach: Jacques Gernet, Die chinesische Welt, Frankfurt am Main [2]1997, S. 322

M3 Zu Ehren des „Gelben Kaisers"
Foto vom 5. April 2019
Alljährlich wird vor dem Mauseolum des Kaisers Huangdi eine Gedenkzeremonie veranstaltet. Dazu kommen auch zahlreiche Chinesen aus allen Teilen der Welt. Die Regierung in Beijing unterstützt bei der Organisation der Feierlichkeiten und hat das Ereignis zu einem „immateriellen Kulturerbe der chinesischen Nation" erklärt.
Huangdi gilt als Gründungsvater der chinesischen Zivilisation und Nation. Er zählt zu den sogenannten „mythischen Kaisern", mit denen laut offizieller Einschätzung im frühen 3. Jahrtausend die chinesische Geschichte begann.

1. *Charakterisiere die Gestaltung der einzelnen Soldaten der „Terracotta-Armee" (M1).*
2. *Recherchiere, welche Funktion die „Armee" erfüllen sollte und welche Vorstellungen zugrunde lagen (M1).*
3. *Unser Wort „China" leitet sich ab von der Qin-Dynastie (auch Ch'in geschrieben). Erläutere davon ausgehend die Bedeutung des ersten Kaisers, der dieser Dynastie angehörte (Darstellungstext, M1).*
4. *Ordne die Erfindungen unterschiedlichen Bereichen zu, für die sie nützlich sind (M2).*
5. *Erläutere, inwiefern China das fortschrittlichste Reich der Erde war (Darstellungstext, M2).*
6. *Im Gegensatz zu heute war für die chinesischen Kaiser die Frage, ob Tibet ein Teil Chinas war, nicht wichtig. Erläutere dies mithilfe des Darstellungstextes.*
7. *Begründe, warum die Machthaber der Volksrepublik China die Zeremonien zu Ehren des Kaisers Huangdi fördern (M3).*

Wie weit reicht die Macht des Kaisers?

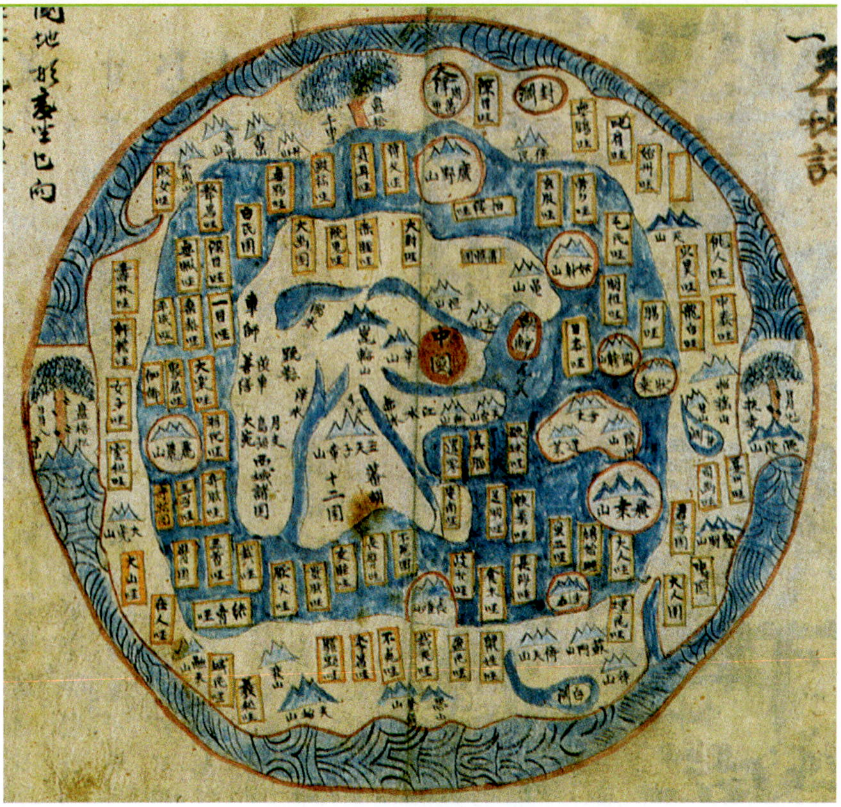

M 1 Weltkarte?
Diese koreanische Karte aus dem 18. Jh. zeigt China im Zentrum der Welt, umgeben von diversen Inseln. Am Rand ein mythischer, ringförmiger Kontinent.

„Alles unter dem Himmel"

Die Chinesen selbst bezeichneten ihr Land mit seiner einzigartigen Zivilisation ausschließlich als „Reich der Mitte". Es stand im Zentrum der Erdfläche. Die Völkerschaften jenseits seines unmittelbaren Herrschaftsbereichs galten ausnahmslos als Barbaren. An der Spitze des Reiches stand der Kaiser (huángdì). Seine Macht strahlte über China hinaus auf die ganze Welt aus – er war Herrscher über „alles unter dem Himmel". Zugleich hatte er als „Sohn des Himmels" (tiānzǐ) die Aufgabe, die Harmonie zwischen Himmel und Menschen aufrechtzuerhalten. In seiner moralischen Autorität kam der Auftrag des Himmels zum Ausdruck, als würdiger Herrscher der kosmischen Ordnung vorzustehen. Jeder Kaiser musste diesem Anspruch genügen und die chinesische Kultur bewahren. Die damals geltende Lehre erlaubte auch die Absetzung eines Kaisers, der diesen Pflichten nicht nachkam. Wer innerhalb einer Dynastie „Sohn des Himmels" werden wollte, musste von der kaiserlichen Familie abstammen. Wer aber ein neues Herrscherhaus begründete, konnte auch aus einfachen Verhältnissen stammen. So waren zwei Kaiser Nachkommen von Bauernfamilien.

Konfuzianismus und staatliche Ordnung

Der Philosoph Konfuzius (551-479 v. Chr.) hatte eine Lehre entwickelt, die für die gesellschaftliche und staatliche Ordnung Chinas maßgeblich wurde. Ihr Kernelement war die naturgegebene, hierarchische Ordnung der Familie. Der Ehemann war der Ehefrau, der Vater dem Sohn, der ältere Bruder dem jüngeren übergeordnet. Der jeweils Erstgenannte konnte Respekt und Gehorsam erwarten, war aber seinerseits zu Schutz und Fürsorge verpflichtet. Loyalität und Verantwortung prägten das gegenseitige Verhältnis. Wenn jeder seine Rolle verinnerlichte und danach handelte, waren alle Beziehungen im Gleichgewicht und es herrschten Harmonie und Ordnung in der Familie. Diese Struktur kennzeichnete auch den Staat. Wie ein Vater sollte der Kaiser über seine Untertanen herrschen und sie durch sein moralisches Vorbild zu gesellschaftsförderlichem Verhalten anleiten.

Der **Konfuzianismus** war die bedeutendste der sogenannten „drei Lehren" Chinas. Zu denen zählten außerdem der Daoismus und der Buddhismus.

Zentralisierung und Verwaltungselite

Auch wenn einzelne Kaiser immer wieder versuchten, eine Alleinherrschaft über das gesamte Reich durchzusetzen, hatten sie meist nur eine rituelle und repräsentative Rolle inne. Faktisch regierten in der Zentrale meist die **Beamten**.

Wer ein Amt bekommen oder zur Elite in den Regionen („Gentry") gehören wollte, musste anspruchsvolle Prüfungsverfahren bestehen. Die relativ wenigen Beamten in den äußeren Regionen des Reiches waren auf die Zusammenarbeit mit der „Gentry" angewiesen.

M2 Der himmlische Herrschaftsauftrag

Der Herzog von Zhou, im Konfuzianismus das Idealbild des tugendhaften Herrschers, erläutert dem neuen König um die Mitte des 11. Jh. v. Chr. den Auftrag des Himmels:

Jetzt, wo der König den Auftrag erhalten hat, kennt die Freude keine Grenzen, aber keine Grenzen kennt auch die Sorge. Oh! Wie kann er anders sein als sorgsam! Der Himmel zog den Auftrag von den großen Shang[1]-Herrschern zurück. Es gibt viele weise frühere Shang-Könige im Himmel. Der letzte König jedoch ließ die Guten im Elend und vergab die Ämter an die Verderbten. Die Armen flohen, ihre Frauen und Kinder wegführend, und riefen Klagen zum Himmel. Oh! Der Himmel hatte Mitleid mit dem Volk und erteilte den Auftrag an die Tugendeifrigen[2]. Möge der König jetzt sorgfältig auf seine Tugend achten! [...] Als König wird seine Stellung die des Führers in der Tugend sein, die kleinen Leute werden ihm dann in aller Welt nacheifern.

James Legge (Hrsg. und Übers.), The Chinese Classics, Bd. 3, Shanghai 1935 (Nachdruck Taipei 1983), S. 12

M3 Die chinesische Sicht auf Europäer

Das Überlegenheitsgefühl der Chinesen gegenüber fremden Kulturen wirkt jahrhundertelang fort. Der britische Dolmetscher Thomas Meadows schildert 1852:

Die Chinesen nennen gewöhnlich die Europäer „Barbaren“ und halten sie für solche; mit dem Ausdruck meinen sie „Völker in einem rohen, unzivilisierten Zustand, moralisch und geistig unkultiviert“. [...] Diejenigen Chinesen, die unmittelbare Gelegenheit hatten, etwas von unseren Sitten und von unserer Kultur zu erfahren – sie mögen, in allen fünf Vertragshäfen[3] zusammen, fünf- oder sechstausend zählen gegenüber 360 Millionen – halten uns meist in Moral und in geistiger Kultur für tiefer stehend als ihr Volk. Was die anlangt, die keine solche Gelegenheit hatten, so kann ich mich nicht auf das Gespräch mit einem Einzigen besinnen – und ich habe mit vielen gesprochen –, dessen Vorstellungen von uns nicht analog zu denen gewesen wären, die wir von Wilden haben. Die Chinesen sind stets überrascht – um nicht zu sagen erstaunt, zu hören, dass wir Familiennamen haben und in der Familie die Unterscheidung von Vater, Bruder, Frau, Schwester usw. verstehen; kurzgesagt, dass wir anders als eine Viehherde leben.

Zitiert nach: Wolfgang Franke, China und das Abendland, Göttingen 1962, S. 85

M4 Kotau
Foto aus Shanghai, um 1870
Der Kotau war ein chinesisches Ritual der Ehrerbietung gegenüber Höherstehenden, bestehend aus einer dreimaligen Verbeugung mit jeweiligem Stirnaufschlag auf den Boden.

1. *Stelle die Selbstsicht der Chinesen dar, die aus der Karte spricht (M1).*
2. *Erläutere die Begriffe „Reich der Mitte“ und „Auftrag des Himmels“ (M1, Darstellungstext).*
3. *Ordne das Foto M4 der konfuzianischen Staatsvorstellung zu (M2, Darstellungstext).*
4. *Begründe, warum auch Menschen aus einfachen Verhältnissen Kaiser werden konnten.*
5. *Vergleiche die politische Ordnung des chinesischen Kaiserreiches mit europäischen Monarchien der Frühen Neuzeit.*
6. *Beschreibe und erläutere die Sicht der Chinesen auf die Europäer (M3).*
7. *Beurteile die Macht des Kaisers zwischen Anspruch und Wirklichkeit (Darstellungstext, M1, M2).*

[1] Königsdynastie vor den Zhou
[2] Gemeint ist die Dynastie der Zhou.
[3] chinesische Häfen, in denen Europäer Handel treiben durften

Zwischen Weltoffenheit und Abschottung (I) – Hat Zheng He eine Ausnahmestellung?

M 1 Zheng He
Chinesischer Briefmarkenblock von 2005
Sie zeigt Zeichnungen der Expeditionsflotte unter Führung des Generals Zheng He.

Die Seidenstraße verbindet Kontinente

Erzeugnisse aus China waren in Europa sehr begehrt, vor allem Seide, Keramik, später Porzellan, Baumwolle und Tee. Schon zur Zeit des Römischen Reiches gab es einen Warenaustausch über die Seidenstraße – einen etwa 8000 Kilometer langen Handelsweg mit Abzweigungen, der das Mittelmeer über Zentralasien bis nach Ostchina verband. Die Seidenstraße war auch ein Transportweg für Ideen und das für die damalige Zeit sehr fortschrittliche Know-how aus China. Umgekehrt begann auf ihr die Verbreitung des Christentums in China.

Seehandel

Der Warenverkehr über die Seidenstraße war lange Zeit nicht nur gefährlich, sondern wegen der zahlreichen Zwischenhändler meist auch teuer. Deshalb wurde der Handel über Seewege immer bedeutender. Auch beim Schiffsbau wurde China führend. Zuvor war die kontinentale Ausrichtung Chinas unter der Tang-Dynastie (617-907) von einer Öffnung zum Meer hin unter den Song (960-1279) abgelöst worden. Schon bald übertrafen die chinesischen Dschunken die arabischen Daus an Hochseetüchtigkeit.

Expeditionen des Zheng He

Glänzender Höhepunkt dieser Epoche waren die sieben **Expeditionen**, die der Admiral **Zheng He** zwischen 1405 und 1433 bis weit in den Indischen Ozean hinein führte. Seine Flaggschiffe trugen neun Masten und waren mehr als doppelt so groß wie die Karavellen, mit denen Spanier und Portugiesen einige Jahrzehnte später weite Teile der Welt eroberten. Zheng Hes „Schatzflotte" brachte den Herrschern ferner Reiche wertvolle Geschenke und machten sie dem Himmelssohn in Beijing tributpflichtig. Das Ende kam abrupt, und es war vollständig. Ein neuer Kaiser ließ die stolze Flotte stilllegen und verrotten. Auf den Bau von Hochseeschiffen stand jetzt die Todesstrafe und selbst privater Seehandel war verboten.

Die Gründe für diesen bemerkenswerten Kurswechsel sind in der Forschung umstritten. War das Unternehmen zu kostspielig geworden? Oder hatte am kaiserlichen Hof eine konservative Partei die Gunst des Herrschers erlangt, die eine Orientierung des „Reiches der Mitte" nach außen für grundfalsch hielt? Jedenfalls machte China den Indischen Ozean „frei". Als die Portugiesen 1498 von Süden her kommend an der ostafrikanischen Küste entlang segelten, lebte dort wohl niemand mehr, der knapp neunzig Jahre zuvor die gewaltige Flotte des Zheng He mit eigenen Augen gesehen hatte.

M 2 Chinesische Schifffahrt

Der arabische Weltreisende Ibn Battuta (1304-1368?) schreibt in seinem Reisebericht:

Das Meer von China wird nur mit chinesischen Schiffen befahren. [...] Auf jedem dieser Schiffe dienen 1000 Mann, von denen 600 Matrosen und 400 Krieger sind. Unter diesen gibt es Bogenschützen, Schildträger und Armbrustschützen [...]. Dem Schiff setzt man vier Verdecke auf; es enthält Zimmer, Kabinen und offene Salons für die Kaufleute. Es gibt Kabinen, die Zimmer und Aborte enthalten. Sie haben einen Schlüssel, mit dem der Inhaber sie absperren kann. Man nimmt seine Sklavinnen und Frauen mit sich. Oft ist ein Passagier in seiner Kabine und niemand sonst auf dem Schiffe weiß von ihm, bis man sich trifft, wenn man in irgendeiner Gegend angekommen ist. [...]

Der Superkargo[1] des Schiffes gleicht einem großen Emir[2]. Steigt er ans Land, so marschieren die Bogenschützen und Abessinier mit Lanzen und Schwertern, Pauken, Hörnern und Trompeten vor ihm einher. Ist er bei dem Quartier angelangt, wo er seinen Aufenthalt nimmt, so pflanzen sie ihre Lanzen zu beiden Seiten seiner Pforte und beobachten diese Zeremonie, solange er auf dem Lande weilt. Es gibt Chinesen, die viele Schiffe haben, auf denen sie ihre Angestellten in die Länder hinausschicken. Es gibt auf der Welt keine reicheren Leute als die Chinesen.

Hans von Mžik (Bearb.), Die Reisen des Arabers Ibn Batuta durch Indien und China (14. Jahrhundert), Hamburg 1911, S. 303-305

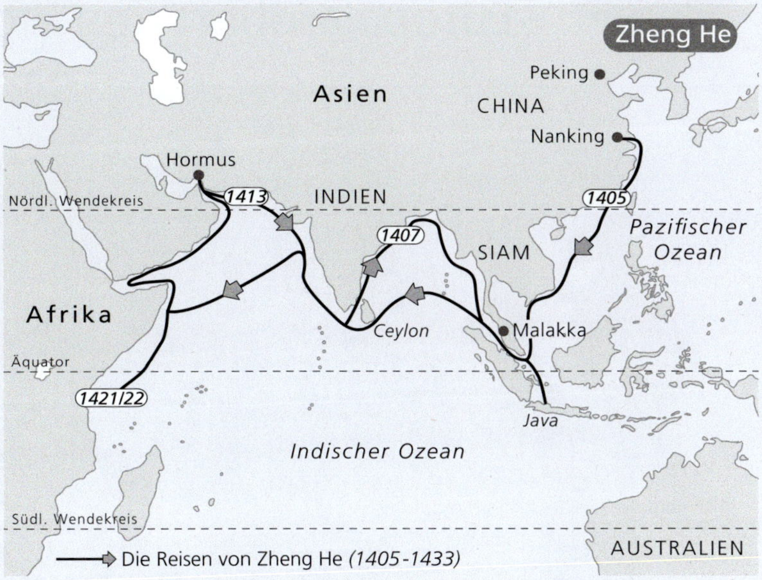

M 3 Die Reiseroute des Zheng He

M 4 China zieht sich vom Ozean zurück

Aus einer 1426 dem neuen Kaiser vorgelegten Denkschrift:

Ihre Diener hoffen, dass Eure Majestät sich nicht zu kriegerischen Plänen und zu Ruhmgewinn durch Expeditionen in ferne Länder herbeilassen wird. Geben Sie die sterilen fremden Länder auf und schenken Sie dem Volk eine Periode der Ruhe, damit es sich dem Ackerbau und den Studien widmen kann. Dann wird es keinen Krieg und keine Leiden an den Grenzen geben und keine Klagen in den Dörfern; die Befehlshaber werden nicht nach Ruhm streben und die Soldaten ihr Leben nicht fern von ihrer Heimat opfern müssen; ferne Völker werden sich freiwillig unterwerfen und entfernte Länder werden unter unseren Einfluss kommen und die Dynastie wird zehntausend Generationen währen.

Zitiert nach: Wolfgang Reinhard, Die Unterwerfung der Welt. Globalgeschichte der europäischen Expansion 1415-2015, Bonn 2017, S. 57 f.

1. *Entwickle Hypothesen, welchen Eindruck der Briefmarkenblock vermitteln und warum er an die Expeditionen erinnern soll (M1).*
2. *Beschreibe die Bedeutung des chinesischen Fernhandels (Darstellungstext, M2).*
3. *Nenne die Zielregionen der Zheng He-Expeditionen (M3).*
4. *Arbeite die Kritik an den Expeditionen heraus (M4).*
5. *Gestalte eine Erwiderung auf diese Kritik aus der Sicht des Zheng He.*
6. *Entwickelt in Gruppenarbeit einen Artikel/eine Präsentation o. Ä., worin ihr die historische Bedeutung des Zheng He einschätzt. Bezieht dabei M1 und M3 ein.*

[1] Superkargo: Lademeister
[2] Emir: Befehlshaber

Europa erobert den Indischen Ozean

M1 „Denkmal der Entdeckungen"
Ausschnitt
Es wurde 1960 in der portugiesischen Hauptstadt Lissabon errichtet. Anlass war der 500. Todestag von Heinrich dem Seefahrer. Dargestellt sind über 30 bedeutende portugiesische Persönlichkeiten, ein Großteil davon Seefahrer. Die Figur ganz links stellt Heinrich den Seefahrer dar, die dritte von links Vasco da Gama.

Portugal erschließt den Seeweg nach Osten

Im 15. Jh. entwickelte sich Portugal zur führenden europäischen Seemacht. Mit seinem großen Reichtum förderte Heinrich der Seefahrer, der Sohn des Königs Johann I. (1385-1433), den Bau und die Ausstattung neuer Schiffe. Diese sogenannten Karavellen tasteten sich in den folgenden Jahrzehnten Schritt für Schritt an der Westküste Afrikas entlang.

Portugal war ein Vorreiter bei der Bekämpfung der muslimischen Reiche in Nordafrika und des Osmanischen Reiches. Mit seinen Entdeckungsfahrten wollte es die Gebiete der Andersgläubigen von Süden her umfassen. Ein weiteres Motiv für die Expeditionen war der Zugang zum lukrativen Handel im Indischen Ozean über das Meer.

Als erster Europäer erreichte der Portugiese Vasco da Gama 1498 **Indien auf dem Seeweg**. Innerhalb weniger Jahre brachte Portugal den Handel im Indischen Ozean unter seine Kontrolle. Dank seiner überlegenen Bewaffnung vernichtete es die Flotte der arabischen Konkurrenz 1509 in einer Seeschlacht. Das portugiesische See-Imperium bestand aus einem weitmaschigen Netz von Stützpunkten entlang der Küsten Afrikas und Asiens.

Können die Portugiesen in China Fuß fassen?

1517 wurden die Mitglieder einer offiziellen portugiesischen Gesandtschaft in China gefangen genommen oder gewaltsam vertrieben. Gründe für das Scheitern waren Missverständnisse sowie das anmaßende Auftreten der Europäer.

Erst 1557 durften sich die Portugiesen zu Handelszwecken auf der Halbinsel Macao südlich von Kanton niederlassen. Die Siedlung stand aber unter strenger Kontrolle der Chinesen.

Konkurrent Spanien

Spanien, das seit dem Ende des 15. Jh. die zweite führende europäische Seemacht war, eroberte Mitte des 16. Jh. die Philippinen östlich des Indischen Ozeans. Wegen seines Reichtums an Silber aus den Kolonialreichen Südamerikas wurde es ein begehrter Handelspartner für chinesische Kaufleute. Durch diese Geschäftsbeziehungen gelangten auch Feldfrüchte aus der Neuen Welt wie z. B. Kartoffeln, Mais oder Erdnüsse nach China.

Ende des portugiesischen Handelsimperiums

Auf lange Sicht war das kleine Reich Portugal nicht in der Lage, sein Handelsmonopol im Indischen Ozean aufrechtzuerhalten. 1602 schlossen sich finanzkräftige holländische Kaufleute zur Niederländischen Ostindien-Kompanie zusammen. Diese errichtete in Jakarta (Batavia) ihre Hauptniederlassung und riss von dort aus die Kontrolle des lukrativen Gewürzhandels Hinterindiens an sich. Ihr britisches Gegenstück, die East India Company, kämpfte die Portugiesen 1612-1615 in mehreren Seegefechten vor der Westküste Indiens nieder. Diese verloren nun einen Stützpunkt nach dem anderen.

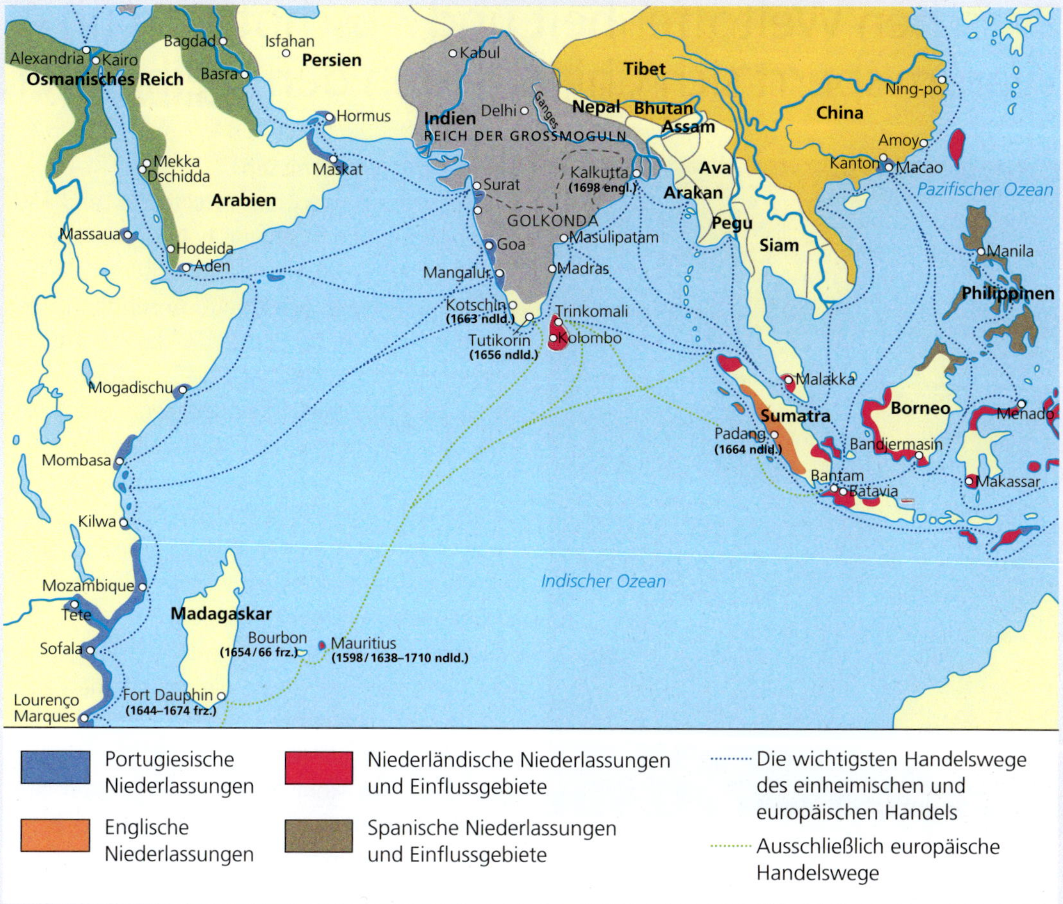

M 2 Kolonisation im Indischen Ozean (17. Jh.)

M 3 Unerwünschter Besuch

Ein chinesischer Beamter schildert die Ankunft der Portugiesen in China 1517:

Die Feringhi[1] sind äußerst grausam und verschlagen. Ihre Waffen sind denjenigen anderer Fremdlinge überlegen. Vor einigen Jahren tauchten sie plötzlich vor der Stadt Kanton auf und der Lärm ihrer Kanonen erschütterte die Erde. [...] Wenn wir ihnen nun erlauben, zu kommen und zu gehen und Handel zu treiben, wird dies unausweichlich zu Krieg und Blutvergießen führen, und das Unheil unserer südlichen Provinzen wird grenzenlos sein.

Zitiert nach: Urs Bitterli, Alte Welt – neue Welt. Formen des europäisch-überseeischen Kulturkontakts vom 15. bis zum 18. Jahrhundert, München 1986, S. 157

1. *Stellt Hypothesen auf, welche Gründe die Errichtung des „Denkmals der Entdeckungen" wohl hatte (M1, Darstellungstext).*
2. *Nenne die Motive, warum die Portugiesen in den Indischen Ozean vordrangen (Darstellungstext).*
3. *Beschreibe die Kolonisation der europäischen Staaten (M2, Darstellungstext).*
4. *Begründe, warum den Europäern die Beherrschung des Indischen Ozeans gelingen konnte.*
5. *Erläutere, warum sich die Kontaktaufnahme mit China als problematisch erwies (Darstellungstext, M3).*
6. *Bewerte, ob „Entdecker" wie Vasco da Gama mit Denkmälern geehrt werden sollten (M1).*

[1] Abgeleitet von „Franken"; Begriff zur Kennzeichnung von Europäern

Zwischen Weltoffenheit und Abschottung (II) – Warum sperrt sich China gegen den Freihandel?

M1 „5 o'clock"
Gemälde von John Burgess, zweite Hälfte des 19. Jh.
Seit dem 18. Jh. war der Teekonsum unentbehrlicher Teil des englischen Alltags.

Unterwerfung als Mittel der Diplomatie – das Tributsystem

Diplomatischen Verkehr auf Augenhöhe konnte es aus chinesischer Sicht nicht geben. Als (aus eigener Sicht) vollendete Zivilisation war das „Reich der Mitte" einzigartig und einmalig. An den Ländern und den Waren der „Barbaren" war es grundsätzlich nicht interessiert. Wenn fremde Staaten mit China Beziehungen unterhalten und Handel treiben wollten, mussten sie diese Weltordnung symbolisch anerkennen. Zu diesem Zweck erschienen ihre Gesandtschaften in gewissen Abständen am chinesischen Kaiserhof, vollzogen eine ehrerbietige, mehrfache Verbeugung (Kotau, siehe S. 61) und brachten Tributgeschenke dar. Die Chinesen wussten diese Unterwerfungsgeste zu schätzen – die Abgesandten wurden ihrerseits reich beschenkt.

Handel mit Hindernissen

Die Zentralregierung Chinas wollte das Land nach außen abschotten. Allerdings hob sie das Handelsverbot (siehe S. 62), das die chinesischen Händler vielfach umgingen, wieder auf. Ansonsten sollten die europäischen Kaufleute, die das Land unbedingt für ihren Handel erschließen wollten, aus dem „Reich der Mitte" ferngehalten werden. Die Portugiesen hatte man auf Macao sozusagen eingedämmt. Die Niederlande bekamen erst dann „einen Fuß in die Tür" zum China-Handel, als sie 1656 eine „Tributgesandtschaft" nach Beijing schickten. Den Engländern war die Niederlassung in Guangzhou (Kanton) gelungen.

Mit den 1759 erlassenen „Fünf Vorkehrungen gegen die Ausländer" engte die chinesische Regierung Bewegungsfreiheit und Handlungsspielraum der Fremden empfindlich ein. Diese waren nun gezwungen, ihre kommerziellen Aktivitäten ausschließlich über einen kleinen Kreis chinesischer Monopolfirmen mit staatlicher Erlaubnis abzuwickeln, den sogenannten Cohong. Die Cohong schöpften nicht nur einen beträchtlichen Teil der Profite ab, sondern überwachten und schikanierten ihre ausländischen Partner im Auftrag der Regierung. Die Briten wollten das nicht länger hinnehmen.

Die britische Gesandtschaft von 1792/93

1792 schickte die Regierung in London eine Gesandtschaft unter Lord Macartney, einem erfahrenen Diplomaten, nach Beijing. Ziel war es, die Handelshemmnisse zu beseitigen und Botschafter auszutauschen. Tatsächlich wurde Macartney gleich zweimal vom „Sohn des Himmels" zur Audienz empfangen und durfte dem Herrscher zahlreiche, äußerst wertvolle Gastgeschenke überreichen. Aus Sicht des Hofes konnte es sich bei den Briten aber nur um eine Tributgesandtschaft handeln. Deren Wunsch, Beziehungen auf der Basis von Gleichberechtigung einzugehen, war für den Kaiser völlig indiskutabel. Unverrichteter Dinge musste Macartney die Heimreise antreten.

M 2 Antwort des chinesischen Kaisers

Kaiser Qianlong lässt an König Georg III. von England 1793 Folgendes übermitteln:

Du lebst, o König, in einem Land jenseits vieler Ozeane. Dennoch wünschst du dir in Demut, an unserer Zivilisation teilzuhaben. So hast du eine Gesandtschaft veranlasst, die ehrerbietig dein Schreiben überbracht hat. [...] Als Zeichen deiner Ergebenheit hast du auch Erzeugnisse deines Landes dargereicht.

Ich habe dein Schreiben durchgesehen. Seine Wortwahl bringt deine demütige Ergebenheit zum Ausdruck, was sehr lobenswert ist. [...] Du äußerst darin die Bitte, einen deiner Untertanen als Botschafter an meinen erhabenen Hof zu entsenden, der sich um den Handel deines Landes mit China kümmern soll. Dieses Gesuch widerspricht allen Gepflogenheiten des erhabenen Reiches. Ihm kann unter keinen Umständen stattgegeben werden. [...]

Die Verehrung für unser erhabenes Reich erfüllt dich mit dem Wunsch, unserer Zivilisation teilhaftig zu werden. Unsere Kultur und unser Rechtswesen unterscheiden sich aber vollständig von den Zuständen bei dir zu Hause. Selbst wenn dein Gesandter in der Lage wäre, sich unsere Zivilisation auch nur in Ansätzen anzueignen, könnte man sie unmöglich in dein fremdes Land übertragen. [...]

Fremdartigen und seltsamen Gegenständen[1] messe ich keine Bedeutung zu. Zwar habe ich befohlen, deine Tributgaben anzunehmen. Dies geschah aber nur in Rücksicht auf deine lobenswerte Einstellung, diese Dinge von so weit her zu mir zu senden. Die Kunde von der Majestät und Tugendhaftigkeit meines erhabenen Herrscherhauses ist in alle Länder unter dem Himmel vorgedrungen, und ihre Herrscher bringen uns über Land und See auserwählte Tribute dar. Dein Gesandter kann sich selbst davon überzeugen, dass wir alles besitzen. An merkwürdig ausgeklügelten Gegenständen habe ich keinen Bedarf und kann mit den Erzeugnissen deines Landes daher nichts anfangen.

[...] Meine Wünsche habe ich ausführlich dargelegt und ich habe euren Tributgesandten befohlen, sich in Frieden auf ihre Heimreise zu begeben. Es geziemt sich für dich, o König, dass du meine Aufträge in die Tat umsetzt. Mögest du unserem Himmlischen Thron künftig noch größere Ehrerbietung erweisen und damit Frieden und Wohlstand deines eigenen Landes sichern.

Pei-Kai Cheng und Michael Lestz (Hrsg.), The Search for Modern China. A Documentary Reader, London und New York 1999, S. 104-106 (übersetzt von Michael Brabänder)

M 3 Empfang des britischen Gesandten Macartney beim Kaiser
Karikatur von James Gilray, 1792

[1] Gemeint sind die britischen Gastgeschenke.

1. *Erläutere, welche Herausforderung die Beliebtheit von Tee für die Politik Großbritanniens bedeutete (M1, Darstellungstext).*
2. *Stelle die Bedeutung des Tributsystems für das Selbstverständnis des chinesischen Kaiserreiches dar (Darstellungstext, M2).*
3. *Begründe, warum die chinesische Zentralregierung den Besuch von Tributgesellschaften möglichst einschränken wollte.*
4. *Erläutere Hintergründe und Ziele der Gesandtschaft von 1792/93 (Darstellungstext, M2).*
5. *Arbeite alle Schwierigkeiten für die britische Gesandtschaft heraus, um einen uneingeschränkten Handel mit China zu erreichen.*
6. *Analysiere die Karikatur M3.*
7. *Großbritannien setzte sich für Freihandel ein. Gestalte eine mögliche Antwort des britischen Königs an den chinesischen Kaiser (M2).*

Was bedeutet der informelle Imperialismus für China?

M1 Kommentar zum zweiten Opiumkrieg
Französische Karikatur, 1858

Der Erste Opiumkrieg, 1839-1842

Großbritannien führte viel mehr Handelsgüter (vor allem Tee) aus China ein, als es dorthin verkaufen konnte. Als Ausgleich exportierten die Briten trotz eines Verbots in wachsendem Maße indisches Opium nach China. Die Nachfrage war gewaltig – mit katastrophalen Folgen für Wirtschaft und Volksgesundheit des Landes. 1839 schritt die Regierung in Beijing ein und sandte Lin Zexu, einen energischen Beamten, nach Guangzhou. Lin beschlagnahmte kurzerhand 20000 Kisten britisches Opium und ließ sie verbrennen. Die Londoner Regierung schickte daraufhin eine Kriegsflotte nach China. Die hölzernen chinesischen Kriegsdschunken waren gegen die dampfgetriebenen und gepanzerten englischen Kanonenboote chancenlos. Danach eroberten die Briten mehrere wichtige Städte, darunter Guangzhou und Shanghai. Im Sommer 1842 musste China kapitulieren.

Ein „ungleicher Friedensvertrag“

Im Vertrag von Nanjing (Nanking) von 1842 musste China weitreichende Zugeständnisse machen. Fünf sogenannte „Vertragshäfen“ wurden für den britischen Handel geöffnet, und die bisherigen Auflagen wie die Zusammenarbeit mit den Cohong-Firmen fielen weg. Hongkong wurde „auf ewig“ an England abgetreten. Die Kriegsentschädigung von 21 Millionen Silberdollar brachte den chinesischen Staatshaushalt ins Wanken.
Dieses für China erniedrigende Abkommen war nur der Erste in einer ganzen Reihe „ungleicher Verträge“, in denen die imperialistischen Mächte des Westens Beijing in den folgenden Jahren ihre Bedingungen aufzwangen.

Der Zweite Opiumkrieg, 1856-1860

1856 durchsuchten chinesische Beamte ein Schiff, das des Opiumschmuggels verdächtigt wurde. Es fuhr aber unter britischer Flagge. Großbritannien erklärte China daraufhin den Krieg. Wieder erzielten die westlichen Mächte (Frankreich hatte sich den Briten angeschlossen) einen raschen militärischen Erfolg. Im Friedensvertrag von Tianjin (Juni 1858) musste China unter anderem zehn weitere Häfen für den Handel mit dem Westen öffnen, den Opiumhandel legalisieren und die Errichtung diplomatischer Vertretungen in Beijing zulassen. Der Kaiser weigerte sich, diesen neuen „ungleichen Vertrag“ zu unterschreiben. Daraufhin besetzten die Alliierten Beijing und zerstörten den Sommerpalast des Kaisers. Danach trat der Vertrag von Tianjin in Kraft.

Der chinesisch-japanische Krieg 1894/95

Das chinesische Kaiserreich geriet immer weiter in Bedrängnis. Die imperialistischen Staaten eroberten Nachbarstaaten, die dem „Reich der Mitte“ zuvor tributpflichtig waren, zum Beispiel Frankreich Annam (heute Vietnam).
Besonders demütigend für China war die Niederlage gegen Japan. Der Inselstaat hatte ab 1867 eine umfassende Modernisierung von Militär, Wirtschaft und Verwaltung durchgeführt und sich zu einer Regionalmacht entwickelt. Nachdem Japan zuvor schon militärische Erfolge gegen China errungen hatte, besetzte es 1894 die von China ab-

M 2 Uncle Sam spricht ein Machtwort
Karikatur in der Satirezeitschrift Puck vom 23. August 1899
Uncle Sam ist eine Personifikation der USA. Ihr werden folgende Worte in den Mund gelegt: „Meine Herren, Sie können diese Karte so oft zerschneiden, wie Sie möchten, aber denken Sie daran, dass auch ich hier bin, um zu bleiben."

hängige Halbinsel Korea. Im darauffolgenden Krieg vernichteten die japanischen Streitkräfte die chinesischen Truppen fast völlig. Japan erhielt u. a. Zugang zu chinesischen Häfen, die Insel Taiwan und hohe Entschädigungszahlungen.

„Scramble for China"

Nachdem die Niederlage gegen Japan die Schwäche Chinas offenbart hatte, wollten sich möglichst viele Länder Konzessionen sichern. Da China von Auslandskrediten abhängig war, musste die Regierung fremden Mächten Steuern verpachten und Lizenzen für die Ausbeutung von Bodenschätzen gewähren.
Die Ermordung zweier deutscher Missionare Anfang November 1897 bot dem Deutschen Reich einen willkommenen Vorwand, um die Bucht von Jiaozhou (Kiautschou) einschließlich der Hafenstadt Qingdao (Tsingtau) militärisch zu besetzen. Sie sollte als Basis für den Überseehandel mit Asien dienen. Im März 1898 musste China die Bucht an Deutschland verpachten.
Andere imperialistische Mächte wie Großbritannien, Russland und Frankreich folgten diesem Beispiel. Aus der Zeit der „ungleichen Verträge" verfügten sie bereits über eigene Stützpunkte, insbesondere in den „Vertragshäfen", und erweiterten sie nun ebenfalls zu territorialen Einflusssphären.

„Open Door"-Politik und informeller Imperialismus

China drohte die vollständige territoriale Zerstückelung, wie zuvor schon Afrika. Das verhinderten die USA. Die Philippinen, die sie zuvor besetzt hatten, sollten für die amerikanische Industrie das Sprungbrett für den riesigen chinesischen Markt sein. Die amerikanische Regierung setzte 1899 gegen die anderen imperialistischen Mächte letztlich durch, dass in ganz China (einschließlich der jeweiligen Einflusssphären) der freie Handel gelten sollte (**„Open Door"**-Politik).
Die chinesische Zentralregierung sollte den gleichberechtigten Zugang der ausländischen Mächte zu den chinesischen Märkten sicherstellen.
China ist ein Beispiel für den sogenannten informellen Imperialismus, bei dem schwache Staaten zwar von anderen Mächten nicht direkt beherrscht werden, aber in deren Abhängigkeit sind und wichtige Souveränitätsrechte über weite Teile des eigenen Landes verloren haben. Die fremden Mächte errichteten in den Häfen eigene Industrien, beuteten die Rohstoffe für ihre Industrien aus und begannen mit dem Bau von Eisenbahnen. Ausländisches Kapital beherrschte zentrale Wirtschaftsbereiche.

M3 Ein Chinese klagt an

Aus einem Schreiben des kaiserlichen Kommissars Lin Zexu an Königin Victoria, 1839:

Wo ist euer Gewissen? Wie ich hörte, ist das Opiumrauchen in eurem Land streng verboten, denn ihr kennt die schädlichen Auswirkungen ganz genau. Wenn die Droge in eurem eigenen Reich kein Unheil anrichten darf, dann solltet ihr es umso weniger zulassen, dass sie in andere Länder zu deren Schaden gebracht wird, schon gar nicht nach China! […] Die Güter, die von euch aus China ausgeführt werden, dienen nicht nur eurem eigenen Konsum. Ihr verkauft sie auch weiter an andere Länder und macht dabei abermals Gewinn. Selbst ohne Opiumhandel ist euer Profit enorm. Wie könnt ihr es da wagen, in unstillbarer Gier auch noch Unheil bringende Ware zu verkaufen?

Ssu-yü Teng und John Fairbank (Hrsg.), China's Response to the West. A Documentary Survey 1839-1923, Cambridge/USA 1954, S. 24-26 (übersetzt von Michael Brabänder)

M4 Heutige offizielle Einschätzung

Zur Epoche der „ungleichen Verträge" steht in einem Geschichtsbuch des chinesischen Staatsverlages für fremdsprachige Literatur:

Nach dem zweiten Opiumkrieg arbeiteten reaktionäre Kräfte des In- und Auslands Hand in Hand, und China verwandelte sich immer schneller in eine Kolonie. Im Januar 1861 errichtete die Qing-Regierung ein Ministerium für auswärtige Angelegenheiten unter dem Prinzen Gong. Durch diese Behörde übte die Regierung Verrat an unserem Land, denn mit ihrer Hilfe konnten die ausländischen Aggressoren den Hof der Qing einer engmaschigen Kontrolle unterwerfen. Unverzüglich wurde ein Engländer zum Generalinspekteur für das Zollwesen mit unumschränkten Vollmachten ernannt.

Bai Shouyi, An Outline History of China, Beijing [2]2002, S. 402 (übersetzt von Michael Brabänder)

M5 Britischer Angriff auf Nanjing
Chinesische Darstellung, um 1842

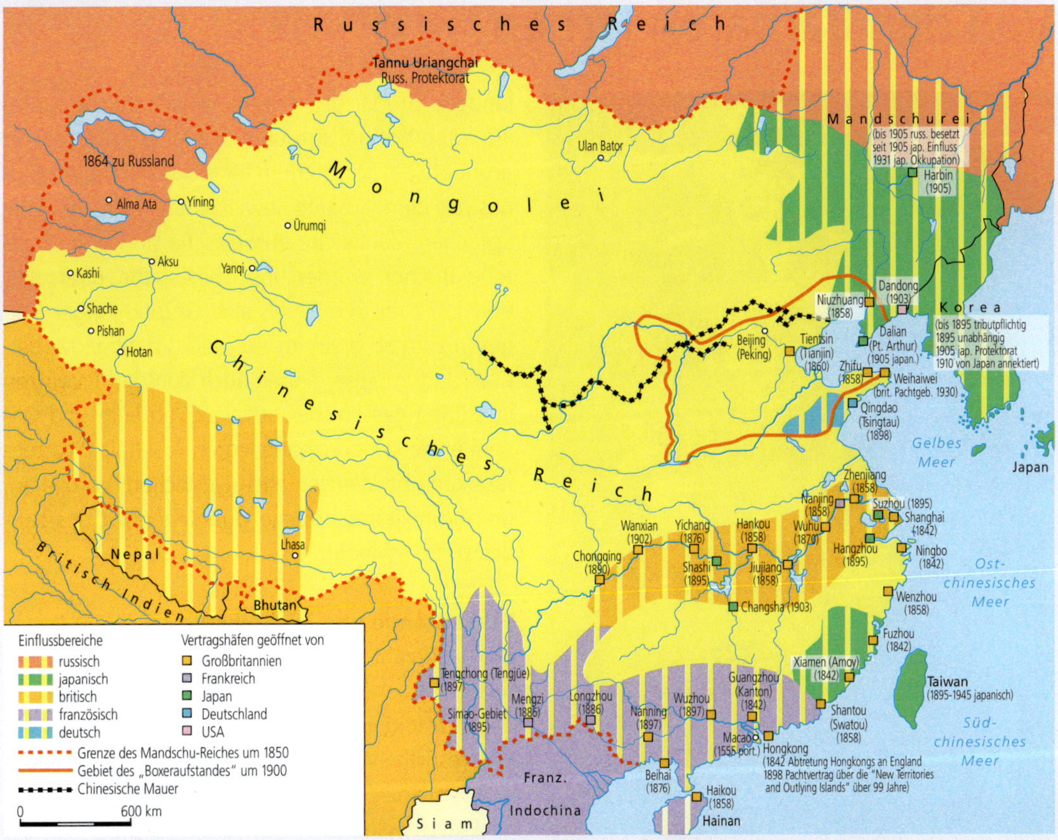

M 6 China in der zweiten Hälfte des 19. Jh.

M 7 Grundsatz der „offenen Tür"

Aus dem Rundschreiben des US-amerikanischen Außenministers John Hay an die Regierungen von Deutschland, Großbritannien, Frankreich, Russland und Japan, 6. November 1899:

Die Vereinigten Staaten haben das ernste Bestreben, allen Grund für Spannungen zu beseitigen, und wünschen zugleich, dem Handel aller Nationen die unbezweifelbaren Vorteile zu sichern, welche aus einer formellen Anerkennung der dort „Interessensphären" beanspruchenden Mächte entstehen würden. Sie wünschen, dass alle Nationen vollständige Gleichheit bei der Behandlung ihres Handels und ihrer Schifffahrt innerhalb solcher Sphären genießen sollen. [...] [Es] soll in keiner Weise in irgendwelchen Vertragshäfen und überkommenen Privilegien innerhalb Chinas interveniert werden.

Günter Schönbrunn (Bearb.), Das bürgerliche Zeitalter 1815-1914. Geschichte in Quellen, München 1980, S. 599

1. *Beschreibe und erläutere die Bildaussage (M1).*
2. *Erkläre den Begriff „Opiumkriege" (Darstellungstext, M3).*
3. *Nenne die Gründe für die wirtschaftliche und militärische Schwäche Chinas gegenüber den imperialistischen Mächten (Darstellungstext, M5).*
4. *Erläutere, warum die Epoche der „ungleichen Verträge" in China bis heute als eine nationale Schande gilt (Darstellungstext, M3, M4).*
5. *Erkläre die Metapher „offene Tür" (Darstellungstext, M2, M7).*
6. *Charakterisiere, ausgehend von der Karte, den informellen Imperialismus (Darstellungstext, M6).*
7. *Gestalte einen fiktiven Kommentar aus chinesischer Sicht zur Politik der imperialistischen Mächte und beurteile darin die Auswirkungen des Imperialismus auf China.*

Von den Barbaren lernen?

M 1 **Besuch im Westen**
Illustration nach einem Foto, 1896
Der chinesische Minister Li Hongzhang trifft 1896 bei einem Staatsbesuch in Deutschland mit Bismarck, dem früheren Reichskanzler, zusammen. Li war das erste Mitglied einer chinesischen Zentralregierung, das den Westen bereiste.

Krise im Innern

Bereits ab dem Ende des 18. Jh. wuchs der Druck im Innern auf die chinesische Zentralregierung. Über einzelne Gebiete hatten regionale Eliten die völlige Kontrolle. Immer häufiger kam es zu Aufständen. Der blutigste von ihnen, der Taiping-Aufstand, forderte 20 bis 30 Millionen Opfer und konnte erst 1864 endgültig niedergeschlagen werden. Gründe für die Unzufriedenheit der Bevölkerung, die sich durch den Imperialismus zum Teil noch verschärfte, waren die mangelnde Versorgung der weiter wachsenden Bevölkerung, Korruption, steigende Steuern und der Verlust von Arbeitsplätzen.

Eine neue Ära: Öffnung und Reformen

Nach dem Schock der Besetzung Beijings durch westliche Truppen 1860 sammelte Prinz Gong, ein jüngerer Bruder des Kaisers, fortschrittliche Kräfte am Kaiserhof um sich und leitete Reformen ein. Er gründete ein Ministerium für die Beziehungen Chinas mit dem Ausland sowie Schulen für westliche Sprachen. Zahlreiche europäische und amerikanische Bücher wurden ins Chinesische übersetzt, und 1872 reiste erstmals eine Gruppe junger Chinesen zum Studium ins Ausland. Wichtige Modernisierungsimpulse gingen auch von den Provinzen im Süden des Reiches aus. Gouverneure und Generäle wie Li Hongzhang legten Arsenale, Waffenfabriken und Werften nach westlichem Vorbild an, um die militärtechnische Unterlegenheit des Landes zu überwinden.

Widerstände und Rückschläge

Die Mehrzahl der hohen Beamten stand der Reformpolitik skeptisch bis ablehnend gegenüber. In ihrem traditionellen Weltbild gab es keinen Platz für westliche Werte und ihre soziale Stellung stand auf dem Spiel. Außerdem fehlte es den Reformern an Entschlossenheit. Auch aus ihrer Sicht war die chinesische Zivilisation dem Westen grundsätzlich weit überlegen. Lediglich in Wissenschaft und Technik habe man vorübergehend den Anschluss verloren, was aber leicht korrigiert werden könne. „Chinesische Lehre für die Substanz, westliche Lehre für die praktische Anwendung" lautete eine gängige Maxime.

Die „Reform der hundert Tage"

1898 gelang es den Reformkräften, den jungen Kaiser auf ihre Seite zu ziehen. Nun traten sie die Flucht nach vorn an. Im Sommer und Herbst 1898 erschien ein kaiserliches Edikt nach dem anderen, um Verwaltung, Wirtschaft und Erziehungswesen tiefgreifend zu modernisieren. Doch dann der Gegenschlag: Unter der Leitung von Cixi, der Witwe des vorherigen Kaisers, putschten konservative Beamte und Adlige. Die Reformen wurden annulliert, ihre Drahtzieher blutig verfolgt. Den Kaiser stellte man für den Rest seines Lebens unter Hausarrest. China hatte das Ringen um die Modernisierung des Landes verloren.

M 2 Von den Barbaren lernen?

In China wird heftig diskutiert, ob bzw. wie weit man dem westlichen Modell folgen soll.

Hier zwei Meinungen:

a) Reformvorschläge des Gelehrten Feng Kuei-fen, 1861:

Westliche Bücher über Mathematik, Mechanik, Optik, Licht, Chemie und andere Fachgebiete spiegeln die besten Grundsätze der Naturwissenschaften wider. [...] Wenn wir uns heute das Wissen des Westens nutzbar machen wollen, sollten wir in Guangzhou und Shanghai offizielle Übersetzungsbüros errichten. Es sollten besonders talentierte Schüler im Alter von bis zu 15 Jahren ausgewählt werden, um in diesen Schulen bei doppelter Ration zu studieren. Menschen aus dem Westen sollten angestellt werden, damit sie die Schüler in den gesprochenen und geschriebenen Sprachen der diversen Länder unterrichten. Zugleich sollten wir herausragende chinesische Lehrer einstellen, um die Schüler in klassischer Literatur, Geschichte und anderen Fächern zu unterweisen. Auch sollten sie Mathematik lernen. [...]

Lassen wir die chinesische Moral und zentrale [philosophische] Lehren das Fundament sein, und ergänzen wir es zur Erreichung von Wohlstand und Stärke durch die Methoden der diversen [westlichen] Nationen. Ist das nicht die ideale Vorgehensweise?

Ssu-yü Teng und John Fairbank (Hrsg.), China's Response to the West. A Documentary Survey 1839-1923, Cambridge/USA ²1979, S. 51f. (übersetzt von Michael Brabänder)

b) Eingabe des konservativen Gelehrten Wo-jen an den Kaiser, 1867:

[Wissenschaften wie] Astronomie und Mathematik sind ohne großen Nutzen. Wenn sie von Leuten aus dem Westen als reguläre Studienfächer gelehrt werden sollen, wird der Schaden erheblich sein. [...] [Und] wenn Astronomie und Mathematik tatsächlich unterrichtet werden müssen, werden sich durch eine gründliche Suche gewiss auch bei uns Personen finden lassen, die diese Wissenschaften beherrschen. Warum sollten nur die Barbaren dies können? Warum sollte es nötig sein, von den Barbaren zu lernen? [...] Nur auf eins können wir zählen: dass unsere Gebildeten dem einfachen Volk die Lehren des Konfuzius beibringen, durch die sein Geist in die richtigen Bahnen gelenkt werden kann. [...] Wenn die Gelehrten sich nun aber von ihren regulären Studien abwenden und stattdessen diejenigen der Barbaren betreiben sollen, werden sie sich nicht die richtige Einstellung aneignen können. Im Volk werden dann Verwirrung und Irrglaube um sich greifen, und nach einigen Jahren werden die einfachen Leute nur noch auf die Barbaren hören.

Ssu-yü Teng und John Fairbank (Hrsg.), China's Response to the West. A Documentary Survey 1839-1923, Cambridge/USA ²1979, S. 76f. (übersetzt von Michael Brabänder)

M 3 Im Arsenal von Nanjing
Foto, um 1870
Chinesische Offiziere inspizieren eine amerikanische Gatling-Kanone.

1. *Erkläre, warum ein Besuch im Westen (M1) für konservative Chinesen ein bisher undenkbarer Schritt war.*
2. *Arbeite die Grundsätze des Reformprogramms der Modernisierer heraus (Darstellungstext, M1, M2a).*
3. *Erläutere, warum die Reformer scheiterten (Darstellungstext, M2b).*
4. *Überprüfe, ob das Foto M3 auch für konservative Chinesen akzeptabel war.*
5. *Erörtert, ob die Selbststärkungsbewegung chancenlos war. Führt dazu eine Diskussion durch (Darstellungstext, M2b).*

Der Boxeraufstand – noch immer aktuell?!

Der sogenannte „Boxeraufstand" 1900/1901 gilt als eine der größten Katastrophen in der chinesischen Geschichte und ist auch heute noch im kollektiven Gedächtnis der Chinesen tief verankert. Er ist ein prominentes Beispiel für den gewaltsamen Konflikt zwischen Chinesen und den imperialistischen Mächten, darunter das Deutsche Reich.

Vorschläge für Forschungsthemen:

Thema 1: *Ursachen und Verlauf des Boxeraufstandes*
Thema 2: *Kontroverse Urteile zum Boxeraufstand*

Beschreiben

Thema 1: *Beschreibe Ursachen und Verlauf des Boxeraufstandes (M1-M3).*
Thema 2: *Beschreibe die unterschiedlichen Darstellungen zum Boxeraufstand (M2-M5).*

Untersuchen

Thema 1: *Erstelle eine Liste mit den Beteiligten der beiden Konfliktparteien.*
Thema 2: *Vergleiche jeweils die Sichtweisen damals (M2-M4) und in jüngerer Zeit (M5) miteinander.*

Einordnen

Thema 1 und 2: *Beurteilt, ob die heutigen Darstellungen (M5) wesentliche Aspekte des Boxeraufstandes nicht berücksichtigen, und sucht mögliche Gründe dafür.*

Präsentieren

Thema 1 und 2: *Gestaltet einen Text, ein Plakat oder eine andere Form der Präsentation. Sie soll die drei Bereiche Ursachen – Verlauf – Einschätzungen damals und heute enthalten.*

M1 Ursachen und Verlauf

Naturkatastrophen wie Überschwemmungen und Dürre hatten die Bevölkerung Nordchinas kurz vor der Jahrhundertwende in große Not gestürzt. Dazu kam – gerade in ärmeren Regionen – ein verbreiteter Hass auf die Fremden im Lande, die durch ihre rücksichtslosen wirtschaftlichen Aktivitäten und eifrige Missionstätigkeit die hergebrachte Ordnung störten. So bildete sich eine locker organisierte, sozialrevolutionäre und antiwestliche Widerstandsgruppe unter der Bezeichnung „Fäuste der Gerechtigkeit und Harmonie", die immer stärkeren Zulauf hatte. Im Westen wurden sie kurz „Boxer" genannt. Denn ihre Mitglieder übten sich in Kampfkunst und magischen Praktiken, die sie unverwundbar machen sollten.

Schon bald kam es zu Ausschreitungen: Missionare und chinesische Christen wurden erschlagen, Kirchen sowie andere westliche Einrichtungen und Infrastruktur zerstört. Nach anfänglichem Zögern stellte sich der Kaiserhof auf die Seite der „Boxer". „Schützt die Qing und tötet die Fremden", war jetzt deren Wahlspruch.

Im Mai 1900 gab die Regierung den „Boxern" den Weg nach Beijing frei, wo es zu Massakern unter den dortigen Christen kam. Ein Chinese ermordete den deutschen Gesandten Clemens von Ketteler. Die Ausländer verbarrikadierten sich daraufhin im Gesandtschaftsviertel, das von den „Boxern" belagert wurde. Unterdessen rückte ein knapp 20 000 Mann starkes internationales Expeditionskorps zur Befreiung der Belagerten heran. Nach heftigen Kämpfen nahm es Mitte August 1900 die Hauptstadt ein und schlug den Aufstand nieder. Der kaiserliche Hof musste ins Landesinnere fliehen, während Beijing geplündert wurde. Es folgten zahlreiche Strafexpeditionen der Verbündeten mit brutalen Ausschreitungen gegen die Zivilbevölkerung.

Darstellungstext

M 2 Gegen die „fremden Dämonen“

Auszug aus einem Aufruf der „Boxer“ von 1900:

Die [durch] göttliche Hilfe [geleiteten] Boxer, die in Rechtschaffenheit vereinigten Milizen, [existieren] nur, weil die Dämonen[1] im Herzen Chinas Unruhe stiften. Der Himmel hat keinen Regen, die Erde ist verbrannt und trocken, nur weil die Dämonen den Himmel angehalten haben. [...] Die Götter kommen aus ihren Höhlen, die Unsterblichen steigen von den Bergen herab; sie ergreifen von menschlichen Körpern Besitz und benutzen sie als Faustkämpfer. [Diese] reißen die Eisenbahn[schienen] heraus, ziehen die Telegrafenmasten heraus und zerstören eilig die Dampfschiffe. [...] Wenn alle fremden Dämonen getötet sind, wird die große Qing[-Dynastie] das Land einigen und beruhigen.

Susanne Kuß und Bernd Martin (Hrsg.), Das Deutsche Reich und der Boxeraufstand, München 2002, S. 44

M 3 „Pardon wird nicht gegeben“

Auszug aus der Rede des Deutschen Kaisers Wilhelm II., die er am 19. Juni 1900 in Bremerhaven vor deutschen Truppen hält, die in China den „Boxeraufstand“ bekämpfen sollen:

Das Deutsche Reich hat seinem Charakter nach die Verpflichtung, seinen Bürgern, wofern[2] diese im Ausland bedrängt werden, beizustehen. [...] Das Mittel, das ihm dies ermöglicht, ist unser Heer. [...] Eine große Aufgabe harrt eurer: Ihr sollt das schwere Unrecht, das geschehen ist, sühnen. [...] Aber ihr könnt daraus ersehen, wohin eine Kultur kommt, die nicht auf dem Boden des Christentums aufgebaut ist: Jede heidnische Kultur, mag sie noch so schön und herrlich sein, wird bei der ersten Katastrophe erliegen! [...] Ihr wisst es wohl, ihr sollt fechten gegen einen verschlagenen, tapferen, gut bewaffneten, grausamen Feind. Kommt ihr an ihn, so wisst: Pardon wird nicht gegeben, Gefangene werden nicht gemacht.

Michael Balfour, Der Kaiser Wilhelm II. und seine Zeit, Berlin 1996, S. 272 f.

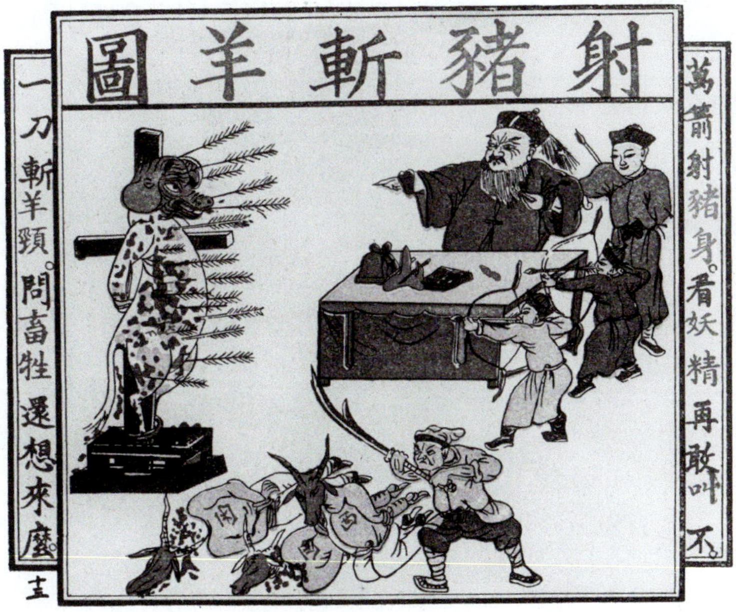

M 4 Chinesische Karikatur

Bei der um 1900 gefertigten Zeichnung steht das Schwein links für Jesus; die Ziegen am unteren Bildrand sollen Ausländer darstellen.

M 5 Spätere Darstellungen

Im „Lexikon zu den Ereignissen der nationalen Schande“ schreibt der chinesische Historiker Zhuang Jianping im Einklang mit der offiziellen Linie der chinesischen Staatsführung 1992:

Ich hoffe, dass besonders jugendliche Leser durch die Lektüre einen Einblick erhalten in die schmerzvolle Geschichte der Erniedrigung, Ausbeutung, Versklavung und Okkupation des modernen China durch den Imperialismus und dass dadurch patriotische Gefühle angeregt, das nationale Selbstwertgefühl und Selbstvertrauen gestärkt [...] und die Leser aus eigenem Entschluss zum Kampf für Wohlstand und Stärke der chinesischen Nation angeregt werden.

Susanne Kuß und Bernd Martin (Hrsg.), a. a. O., S. 267

In einem deutschen Online-Lexikon wird der Boxeraufstand folgendermaßen zusammengefasst:

fremdenfeindlicher Aufstand in Nordostchina, der 1900 von einer chinesischen Geheimsekte entfacht wurde; nach Angriffen auf ausländische Vertretungen und Ermordung des deutschen Gesandten K. von Ketteler von einem Expeditionskorps der europäischen Großmächte niedergeworfen.

www.wissen.de/lexikon/boxeraufstand [Zugriff: 21. 11. 2019]

[1] Gemeint sind die Ausländer.

[2] Mittlerweile nicht mehr gebräuchliches Wort für „falls“, „sofern“

Ist die Republik ein Nationalstaat?

M 1 Chinesischer Zopf?
Titelbild der Zeitschrift „Le Petit Journal" vom 5. Februar 1911
Alle Chinesen mussten unter der Qing-Dynastie einen Zopf tragen. Nach deren Sturz ließen einige ihn sich öffentlich abschneiden – Anbruch einer neuen Zeit?

Aufkommender Nationalismus

Wie bereits beim großen Rivalen Japan sollte auch in China seit Ende des 19. Jh. Nationalismus das Zusammengehörigkeitsgefühl stärken. Er äußerte sich auch in einem rassistischen Überlegenheitsanspruch einzelner Volksgruppen, wie zum Beispiel der Han-Chinesen.
Es stellt sich die Frage, welche Völker zur Nation gehörten bzw. gehören wollten. Die Mongolei und Tibet erklärten sich 1911/12 für autonom.

Die Revolution von 1911

Sun Yat-sen, ein westlich orientierter Intellektueller, gründete 1905 den „revolutionären Geheimbund", der nationalistische Positionen vertrat und den Übergang zur Republik forderte. Nach mehreren vergeblichen Versuchen gelang im Oktober 1911 der Umsturz. Am 1. Januar 1912 wurde Sun als Präsident der Republik China vereidigt. Der letzte Kaiser dankte kurz darauf ab. Allerdings musste Sun schon nach wenigen Wochen das Präsidentenamt an einen mächtigen General abgeben, der 1914 das Parlament auflöste und das Land bis zu seinem Tod zwei Jahre später diktatorisch regierte. Danach wurde China faktisch von lokalen Kriegsherren beherrscht, die sich gegenseitig bekämpften und die Bevölkerung drangsalierten.

Nationalisten gegen Kommunisten

Nach Suns Tod 1925 übernahm der General und Politiker Chiang Kai-shek die Führung der Nationalen Volkspartei (Guomindang), die aus dem „Geheimbund" hervorgegangen war. Er bildete eine Gegenregierung in Nanjing und konnte die Kriegsherren im „Nordfeldzug" besiegen. Mit der 1921 gegründeten Kommunistischen Partei Chinas (KPCh) arbeitete er anfangs zusammen, doch kam es 1927 zum Bruch. Chiang setzte den Kommunisten in ihrer Basis im Südosten des Landes militärisch so stark zu, dass diese sich 1934/35 auf dem bald legendären „Langen Marsch" in den Nordwesten zurückziehen mussten. Dabei übernahm mit Mao Zedong ein bisheriger Außenseiter die Führung der KPCh. Entgegen der marxistischen Lehre setzte Mao zur Erringung der Macht nicht auf die Arbeiter (von denen es in China nur wenige gab), sondern auf die Bauern. Er machte Ernst mit der Enteignung der Großgrundbesitzer zugunsten der armen Landbevölkerung, was die KPCh bei den Massen populär machte. Dagegen verstrickte sich die Guomindang in Korruption und Misswirtschaft.

Krieg gegen Japan

Japan, das seit dem Ende des 19. Jh. eine aggressive Expansionspolitik verfolgte, überfiel 1937 China, von dem es zuvor bereits weite Teile im Nordosten unter seine Herrschaft gebracht hatte. Die Gräuel an der Zivilbevölkerung und an Kriegsgefangenen bei Einnahme der Hauptstadt Nanjing zählen zu den schlimmsten Verbrechen gegen die Menschlichkeit. Die Kommunisten, die dem militärisch überlegenen Aggressor entschlossenen Widerstand leisteten, gewannen zusätzlich an Ansehen in der Bevölkerung. Währenddessen sah Chiang den Hauptfeind in der KPCh.

M 2 Flagge der Republik China
Die Flagge repräsentierte den neuen chinesischen Nationalstaat von 1912 bis 1928.
Die fünf Farben symbolisieren die fünf Völker der Republik: Han (rot), Mandschuren (gelb), Mongolen (blau), die muslimischen Hui (weiß) und die Tibeter (schwarz).

M 3 Nation Building

Der Sinologe Kai Vogelsang schreibt 2013 über die Republik:

Von Anbeginn umgab sich die junge Republik mit den Symbolen der Moderne: Gregorianischer Kalender, kurzer Haarschnitt, Nationalflagge, westliche Kleidung, Schwurformeln, militärischer Drill. Die neue, nationale Identität war keineswegs selbstverständlich; sie musste erst freigelegt und symbolisch ausgeflaggt werden, um allgemein zu wirken. Paradoxerweise dienten vor allem westliche Symbole, einst der Gegenentwurf zu allem Chinesischen, jetzt dazu, eine neue „chinesische" Identität zu definieren.

Kai Vogelsang, Geschichte Chinas, Stuttgart [5]2013, S. 496

M 4 Zur Revolution in den Dörfern

Mao Zedong berichtet über die von ihm selbst mit organisierten revolutionären Vorgänge in seiner Heimatprovinz Hunan Mitte der 1920er-Jahre:

Der Schlag der Bauern richtet sich vor allem gegen […] gewalttätige Grundherren, aber nebenbei werden auch verschiedene patriarchalische Vorstellungen und Einrichtungen, korrupte Beamte in der Stadt sowie schlechte Sitten und Gebräuche im Dorf getroffen. Dieser Schlag gleicht in seiner Wucht einem Orkan, der den Nachgiebigen bestehen lässt und den Widerspenstigen niederwirft. Im Ergebnis werden die jahrtausendealten Privilegien der feudalen Grundherren in Stücke geschlagen. Ihr Ansehen und ihr Machtnimbus sind völlig dahin. Mit dem Sturz der Grundherrenmacht sind die Bauernvereinigungen zu den einzigen Machtorganen geworden […].
Der Sturz dieser feudalen Kräfte ist denn auch das wahre Ziel der nationalen Revolution. In wenigen Monaten haben die Bauern das vollbracht, was Dr. Sun Yatsen in den vierzig Jahren, die er der nationalen Revolution gewidmet hat, anstrebte, aber nicht erreichte. […]

Mao Tse-Tung, Ausgewählte Werke, Bd. 1, Beijing 1968, S. 23-28

1. *Beschreibe die Szene und überprüfe, ob die Darstellung sachlich oder wertend ist (M1).*
2. *Vergleiche den Anspruch, der sich aus der Gestaltung der Flagge der Republik ergibt, mit der damaligen Lage des Landes (Darstellungstext, M2).*
3. *Begründe, warum die Kommunistische Partei ihr Ansehen in der Bevölkerung steigern konnte (Darstellungstext, M4).*
4. *Die Rivalität mit Japan besteht auch heute noch. Begründe, warum.*
5. *Beurteile, inwiefern der aufkommende Nationalismus ein tiefer Einschnitt in der chinesischen Geschichte war (Darstellungstext, M3).*

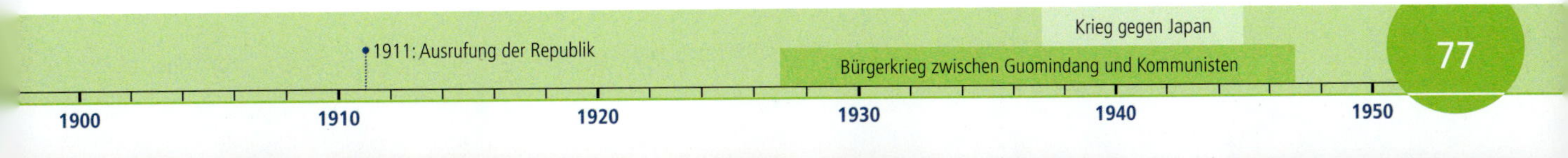

Die frühe Volksrepublik – eine Erfolgsgeschichte?

M 1 Verurteilung
Foto von 1952
Es zeigt, wie ein Großgrundbesitzer von einem Dorfkomitee abgeurteilt wird.

Sieg der Kommunisten

Nach der Niederlage Japans im Zweiten Weltkrieg kam es zum Entscheidungskampf zwischen der Guomindang und der KPCh. Dank ihrer Massenbasis in der Bevölkerung setzten sich die Kommunisten schließlich durch. Chiang und seine Anhänger flüchteten nach Taiwan, und am 1. Oktober 1949 konnte Mao in Beijing die Volksrepublik China ausrufen. Im darauf folgenden Jahr besetzten Truppen der „Volksbefreiungsarmee" Tibet.

Massenkampagnen und permanente Revolution

Auch nach dem Bürgerkrieg kam China nicht zur Ruhe. Kennzeichnend für den **Maoismus** waren nämlich ständige Massenkampagnen. Diese sollten die revolutionäre Dynamik erhalten und wahre oder vermeintliche Gegner wie „Konterrevolutionäre" und „Abweichler" ausschalten. Alle Bereiche des privaten Lebens gerieten dabei unter die Kontrolle von Partei und Staat. 1950 stärkte ein modernes Ehegesetz die Rechte der Frauen.
Im April 1956 lud Mao mit der Kampagne „Lasst hundert Blumen blühen" Intellektuelle dazu ein, auf Missstände aufmerksam zu machen. Die Kritik an Partei und Regierung fiel jedoch so heftig aus, dass die Kampagne abgebrochen werden musste. Über 500 000 Personen wurden als „Rechtsabweichler" hingerichtet, degradiert oder zur „**Umerziehung**" in Arbeitslager gesteckt.

Bodenreform und „Großer Sprung nach vorn"

Im Juni 1950 begann eine großangelegte Bodenreform. Sie brachte das Ackerland in die Hände der Kleinbauern, doch kamen bei der mit großer Härte durchgeführten Kampagne mehrere Millionen Menschen zu Tode. Kurz darauf mussten sich die Bauern auf staatlichen Druck zur gemeinschaftlichen Produktion zu Kollektiven zusammenschließen. Industrie und Banken wurden verstaatlicht.
Das Land wurde konsequent und gewaltsam auf Planwirtschaft umgestellt. Während des ersten Fünfjahresplanes (1953-1957) entwickelte sich die Wirtschaft positiv, doch ging Mao das Wachstum nicht schnell genug. 1957 verkündete er den **„Großen Sprung nach vorn"**: Getragen von der revolutionären Begeisterung der Massen sollten Landwirtschaft und Schwerindustrie ihre Produktion innerhalb nur eines Jahres fast verdoppeln. Auf dem Land wurden „Volkskommunen" errichtet, in denen Tausende Bauern gemeinsam lebten und arbeiteten. In selbstgebauten „Hochöfen" schmolzen sie sogar Haushalts- und Arbeitsgeräte zur Stahlgewinnung ein und verfeuerten Türen und Mobiliar. Der so gewonnene Stahl war minderwertig und kaum zu gebrauchen. Durch die Kampagne und arbeitsintensive Großprojekte wurde die Landwirtschaft trotz ständiger Erfolgsmeldungen vernachlässigt. Im Sommer 1959 zeichnete sich ab, in welche Katastrophe der „Große Sprung" führen musste. Mao schlug allerdings alle Warnungen in den Wind. Was folgte, war die wohl größte Hungersnot der Weltgeschichte. 30 bis 40 Millionen Menschen gingen an ihr in den „drei bitteren Jahren" von 1959 bis 1961 zugrunde.

▸ *Geschichte In Clips:*
Zum chinesischen Bürgerkrieg siehe Code 31045-06

Zu den Kampagnen von Mao Zedong in den Jahren 1956 bis 1976 siehe Code 31045-07

Zur Besetzung Tibets 1950 siehe Code 31045-08

Maoismus Umerziehung „Der Große Sprung nach vorn"

M 2 Die Revolution geht weiter

Aus einer Rede Maos vor dem Volksdelegierten-Kongress in Beijing am 21. September 1949:

Unser revolutionäres Werk ist noch nicht vollendet, der Volksbefreiungskrieg und die revolutionäre Volksbewegung entwickeln sich weiter, und wir müssen unsere Anstrengungen fortsetzen. Die Imperialisten und die einheimischen Reaktionäre werden sich niemals mit ihrer Niederlage abfinden, sie werden noch bis zuletzt einen Verzweiflungskampf führen. [...]

Lasst die einheimischen und ausländischen Reaktionäre vor uns zittern! Lasst sie nur sagen, wir brächten dieses oder jenes nicht zustande! Durch unermüdliche Anstrengungen wird das chinesische Volk sicheren Schrittes sein Ziel erreichen!

Mao Zedong, Ausgewählte Werke, Bd. 5, Beijing 1978, S. 13 - 15

M 4 Ein „Hochofen" während des „Großen Sprungs nach vorn"
Foto zwischen 1958 und 1961

M 3 Kritik während der Hundert-Blumen-Kampagne

Zwei Professoren der Hochschule von Shenyang äußern am 10. Juni 1957 ihre Kritik:

Die Unterdrückung der Revolutionsfeinde war notwendig und sie erfolgte rechtzeitig, aber zu viele Menschen wurden dabei mit dem Tod bestraft. [...] Die sozialistische Umgestaltung wird überall überhastet vorangetrieben. [...] Es entspricht nicht der Wahrheit, dass alle Bauern den Landkommunen bewusst beigetreten sind; tatsächlich wurden die meisten von ihnen dazu gezwungen.

Die KPCh hat sich über das Volk erhoben und sich Vorrechte verschafft [...]. [...] Der absolute Führungsanspruch der Partei muss beseitigt werden, ebenso ihre Privilegien. [...] Alte Parteimitglieder arbeiten nicht mehr für das Wohl des Volkes und der Nation, sondern lassen sich schmeicheln und sind taub für Kritik.

Pei-Kai Cheng und Michael Lestz (Hrsg.), The Search for Modern China. A Documentary Collection, New York und London 1999, Nr. 20.4, S. 392 f. (übersetzt von Michael Brabänder)

M 5 Neue Rekorde?

Eine Zeitzeugin berichtet während des „Großen Sprungs nach vorn":

Damals erzählte man sich selbst und anderen in unglaublichem Ausmaß Fantasiegeschichten. [...] In unserer Siedlung erschienen Lastwagen mit grinsenden Bauern, die von fantastischen neuen Rekorden berichteten. Mal war es eine gigantische Gurke, halb so lang wie ein Laster. Dann eine Tomate, die zwei Kinder nur mit Mühe tragen konnten. [...] Viele örtliche Parteifunktionäre und Bauern schenkten diesen lächerlichen Prahlereien keinen Glauben. Aus Angst vor den Konsequenzen sagten sie aber nichts. Sie führten die Befehle der Partei aus, und solange sie Mao folgten, konnte ihnen nichts geschehen.

Jung Chang, Wild Swans, New York 1991, S. 224 f. (übersetzt von Michael Brabänder)

---

1. *Erläutere, was das Foto M1 über die neuen Machtverhältnisse aussagt.*
2. *Begründe, warum sich die Kommunisten gegen die Guomindang durchsetzen konnten.*
3. *Charakterisiere die Veränderungen in China zu Beginn der 1950er-Jahre (Darstellungstext, M2).*
4. *Erörtert, ob eine Fortführung der Hundert-Blumen-Kampagne sinnvoll gewesen wäre (Darstellungstext, M3).*
5. *Arbeite die Ziele und Ergebnisse des „Großen Sprungs nach vorn" heraus und stelle sie einander gegenüber (Darstellungstext, M4, M5).*
6. *Maos politische Leistung wird in China offiziell so bilanziert: „70 Prozent gut, 30 Prozent schlecht." Beurteile diese Einschätzung und ziehe dafür auch die Seiten 80 f. heran.*

Machterhalt oder Sicherung der Macht?

M1 Personenkult
Propagandaplakat von 1968
Es zeigt die sogenannten „Roten Garden" vor einer Darstellung Mao Zedongs. Das hochgehaltene Buch ist das „Rote Buch" – auch Mao-Bibel genannt. Es enthält Worte von Mao Zedong und war millionenfach verbreitet. Der Untertitel lautet: „Die chinesische Volksbefreiungsarmee ist die Schule für Maos Gedanken".

Die „Große Proletarische Kulturrevolution"

Wegen des Misserfolgs des „Großen Sprungs nach vorn" musste Mao das Amt des Staatspräsidenten an den Pragmatiker Liu Shaoqi abgeben. Das Land konnte sich wirtschaftlich zwar erholen, doch war Mao mit dem neuen Kurs unzufrieden. Aus seiner Sicht hatte die Partei ihren revolutionären Geist verloren. Um die Macht wieder in die eigenen Hände zu bekommen, wählte er das für ihn typische Mittel – die Massenmobilisierung. Ausgehend von der Kritik am vermeintlich rückwärtsgewandten Kulturbetrieb rief er 1966 die Jugend des Landes zum Kampf gegen die „Vier Alten" auf: alte Ideen, Kultur, Sitten und Gewohnheiten. Schüler und Studenten bildeten sogenannte „Rote Garden", die das Land mit Terrorkampagnen überzogen. Gelehrte und andere Autoritätspersonen wurden öffentlich gedemütigt, durch Zwangseinsätze in der Landwirtschaft „diszipliniert", Kunst- und Kulturgüter in großem Umfang zerstört. Zugleich diente die **Kulturrevolution** dazu, die Partei gründlich zu „säubern". Mehr als die Hälfte der leitenden Funktionäre verloren ihre Posten, darunter auch Liu Shaoqi. Unter der daraus folgenden Schwächung ihrer Funktionsfähigkeit litt die KPCh noch lange Zeit.

Um Mao selbst entstand ein grenzenloser **Personenkult**. Der „große Steuermann" galt als unfehlbar, seine Worte waren das Maß aller Dinge. Als die Lage außer Kontrolle zu geraten drohte, griff 1968 schließlich die Armee ein. Nur langsam kam das Land wieder zur Ruhe.

Chinas Verhältnis zu den Weltmächten

Die Beziehungen der Volksrepublik zur Sowjetunion waren anfangs sehr gut. Beijing orientierte sich bei der sozialistischen Umgestaltung des Landes am sowjetischen Vorbild, und 1950 schlossen beide Staaten einen Freundschaftsvertrag. Nach dem Tod Stalins 1953 kühlte das Verhältnis aber rasch ab, denn Mao stellte die Führungsrolle der UdSSR zunehmend infrage. 1960 zog Moskau seine Berater abrupt aus China zurück. Am sibirischen Grenzfluss Ussuri kam es 1969 sogar zu Gefechten zwischen Soldaten beider Länder.

Das Verhältnis zum „Klassenfeind" USA entwickelte sich hingegen gegenläufig. Hatten sich amerikanische und chinesische Truppen im Korea-Krieg 1950-1953 noch direkt bekämpft, ging Beijing nach dem Zerwürfnis mit Moskau auf Washington zu. 1972 besuchte Richard Nixon als erster US-Präsident das Land, das seit 1964 Atommacht war. Mit den USA, der Bundesrepublik und anderen westlichen Staaten wurden diplomatische Beziehungen aufgenommen. 1971 trat die Volksrepublik China den Vereinten Nationen bei, was Washington bis dahin verhindert hatte, und wurde statt Taiwan Veto-Macht im Sicherheitsrat.

M2 Ausschreitungen der „Roten Garden"

Der ehemalige Rotgardist Ken Ling schreibt in seinen Erinnerungen zum Juni 1966:

Auf dem Sportplatz und weiter drinnen, vor einem neuen, dreistöckigen Schulgebäude, sah ich einige Reihen von Lehrern, insgesamt ungefähr vierzig oder fünfzig; ihre Köpfe und Gesichter waren mit schwarzer Tinte übergossen, sodass sie tatsächlich einer „schwarzen Bande" glichen. Um den Hals hatten sie Zettel hängen, auf denen stand: „Reaktionäre akademische Autorität Sowieso", „Klassenfeind Sowieso", „Kapitalistischer Wegbereiter Sowieso", „Korrupter Rädelsführer Sowieso"; alle diese Bezeichnungen entstammten den Zeitungen. Auf jedem Zettel war ein rotes Kreuz, sodass die Lehrer aussahen wie verurteilte Häftlinge, die auf ihre Hinrichtung warteten. Sie trugen alle hohe Narrenkappen aus Pappe, die mit ähnlichen Sprüchen bepinselt waren, hielten schmutzige Besen, und auf ihren Rücken baumelten Schuhe und Putzlumpen. An ihren Hälsen hingen mit Steinen gefüllte Eimer. Ich erblickte den Rektor. Sein Eimer war so schwer, dass der Draht tief ins Fleisch schnitt; er wankte. Alle waren barfuß. Sie mussten um den Sportplatz gehen, auf zerbrochene Gongs oder Töpfe schlagen und rufen: „Ich bin der schwarze Verbrecher Sowieso!" Schließlich knieten sie alle nieder, zündeten Räucherstäbchen an und baten Mao um „Vergebung für ihre Verbrechen". [...] Nachher folgten Schläge und Folterungen. Ich hatte nie vorher solche Folterungen gesehen: Kot und Ungeziefer essen, elektrischen Schocks ausgesetzt werden, auf Glasscherben knien müssen, an Armen und Beinen „wie ein Flieger" aufgehängt werden.

Ken Ling, Maos Kleiner General. Die Geschichte des Rotgardisten Ken Ling, München 1974, S. 19f.

M3 Demütigung

Foto, genaue Datierung (zwischen 1966 und 1968) unbekannt

Beschuldigte werden von Mitgliedern der „Roten Garden" auf einem Wagen öffentlich zur Schau gestellt. Die spitzen Papierhüte sollen ihre Träger lächerlich machen.

M4 Gedanken Maos

Aus dem Vorwort zum „Roten Buch" Mao Zedongs:

Die Gedanken Mao Zedongs sind die starke ideologische Waffe gegen den Imperialismus, [...] gegen Revisionismus und Dogmatismus. Die Gedanken Mao Zedongs sind der richtunggebende Wegweiser für die gesamte Arbeit in der ganzen Partei, in der ganzen Armee und im ganzen Land. Folglich ist es die allererste Aufgabe in der politischen Schulungsarbeit in unserer Partei, auf immer das gewaltige rote Banner der Gedanken Mao Zedongs hochzuhalten, mit den Gedanken Mao Zedongs den Geist des Volkes im ganzen Land zu wappnen und unbeirrt bei jeglicher Arbeit die Gedanken Mao Zedongs als Richtschnur zu nehmen.

Das Rote Buch. Worte des Vorsitzenden Mao Tse-tung, eingeleitet und herausgegeben von Tilemann Grimm, Frankfurt am Main [2]1969, S. 17

---

1. *Analysiere das Propaganda-Plakat (M1).*
2. *Begründe, warum sich Mao bei der Kulturrevolution besonders auf Jugendliche und Kinder stützte (Darstellungstext, M1-M3).*
3. *Charakterisiere den Personenkult um Mao (Darstellungstext, M1, M4).*
4. *Die Kulturrevolution fand etwa zur selben Zeit statt wie die 68er-Bewegung in den westlichen Staaten. Recherchiere, wie deren Anhänger Mao und seine Politik einschätzten.*
5. *Begründe, warum sich das Verhältnis zwischen der VR China und den USA änderte.*
6. *Beurteile, ob die Politik zwischen 1964 und 1972 eine Erweiterung der Macht Mao Zedongs bzw. Chinas oder eine Konsolidierung der Macht erreichte.*

Korea-Krieg
1960: Bruch mit der UdSSR
1964: China Atommacht
„Kulturrevolution"
1971: VR China Vetomacht der UNO
1972: Besuch von US-Präsident Nixon in China
1950 1960 1970 1980

Kurswechsel seit Deng Xiaoping?

M 1 Plakat in Shenzhen
Foto von 2004
Das Plakat im Hintergrund zeigt Deng Xiaoping, den neuen „starken Mann“ in China nach Mao Zedong.

Der neue Kurs unter Deng Xiaoping

Nach Maos Tod im September 1976 stieg der Pragmatiker Deng Xiaoping zum neuen starken Mann der KPCh auf. Deng gehörte der Parteiführung schon seit den 1950er-Jahren an. Gegen die von Mao vertretene revolutionäre Linie des **Sozialismus** hatte er sich aber nie durchsetzen können und zweimal alle Ämter verloren. Nun schlug Dengs Stunde. Er verkündete seine „Vier Modernisierungen“: Landwirtschaft, Industrie, Landesverteidigung und Wissenschaft sollten grundlegend erneuert werden.

Den ersten Schritt bildete die vorsichtige Einführung von Elementen der **Marktwirtschaft** wie die Preisgestaltung durch Angebot und Nachfrage. Die Bauern durften ihre Produkte nun in zunehmendem Maße eigenständig vermarkten, und auch in der Industrie hielt die Privatwirtschaft Einzug. Sofort stellten sich beträchtliche Wachstumserfolge ein.

Für eine größere Schlagkraft der Armee sollten u. a. eine bessere Ausbildung der Soldaten, eine straffere Organisation und eine moderne technische Ausrüstung – zum Großteil aus den USA – sorgen.

Universitäten und andere Forschungseinrichtungen sollten künftig, weitgehend frei von Gängelung durch Staat und Partei, das Land wissenschaftlich und technologisch voranbringen. In Ungnade gefallene Akademiker wurden zum Teil rehabilitiert, Studien im Ausland gefördert.

Wirtschaftliche Öffnung

Die Integration Chinas in die Weltwirtschaft war ein zweiter Schwerpunkt von Dengs **Reformpolitik**. Um das gegenüber dem Außenhandel bisher abgeschottete Land schrittweise zu öffnen, richtete man in einigen Küstenstädten wie Shenzhen sogenannte Sonderwirtschaftszonen ein. Hier konnten ausländische Unternehmen direkt investieren und zu niedrigen Lohnkosten für den Weltmarkt produzieren. Die chinesische Seite war bestrebt, sich das technologische Know-how und die Geschäftsmodelle ihrer kapitalistischen Partner möglichst rasch anzueignen. Die neuen Industrieanlagen zogen Millionen Arbeitskräfte an, die bisher vergleichsweise unproduktiv in der Landwirtschaft tätig gewesen waren. All dies führte zu einem beispiellosen und anhaltenden wirtschaftlichen Wachstum.

M 2 The Tank Man
Foto vom 5. Juni 1989 von Jeff Widener
Ein Mann stellt sich mit Einkaufstaschen bepackt einer Panzerkolonne in den Weg. Seine Identität und sein weiteres Schicksal sind bis heute unbekannt.

Eine „fünfte Modernisierung"?

Mit den Reformen in Wirtschaft und Wissenschaft seit dem Ende der Mao-Ära war keine politische Liberalisierung einhergegangen. Die Partei hielt unbeirrt an ihrem Machtmonopol fest. Im Winter 1978/79 plakatierten Bürger auf der sogenannten „Mauer der Demokratie" inmitten Beijings Wandzeitungen, in denen sie über schlechte Lebensbedingungen und Korruptheit der Politiker klagten. Als dort auch Forderungen nach einer „fünften Modernisierung" erschienen, nämlich demokratischen Reformen, wurde die Mauer verboten.

Eine erneute Protestbewegung Anfang 1987 hatte ihre Träger vor allem unter Studenten. Auch sie richtete sich gegen diverse Missstände wie Korruption und Inflation und trat für politische Mitbestimmung des Volkes ein. Die Regierung unterband auch diese Bewegung als „antisozialistisch".

Unterdrückung der Demokratiebewegung

Mitte April 1989 starb der bei der Bevölkerung beliebte ehemalige Generalsekretär der KPCh, Hu Yaobang. Er hatte zwei Jahre zuvor seinen Posten verloren, weil er der damaligen Demokratiebewegung gegenüber angeblich zu nachsichtig gewesen war. Spontane Trauerkundgebungen auf dem Tiananmen-Platz in Beijing schlugen rasch in eine Neuauflage politischer Reformforderungen um. Die Regierung sprach von „Aufruhr" und lehnte einen ernsthaften Dialog mit den Studenten ab. Medienwirksame Hungerstreiks der Studenten spitzten die Lage weiter zu. Die Zahl der Demonstranten hatte längst mehrere Hunderttausend erreicht.

Als sich die politische Hängepartie zwischen Regierung und studentischer Protestbewegung in die Länge zog, setzten sich in der Parteiführung die Hardliner durch. Nachdem trotz Verhängung des Kriegsrechtes die Proteste anhielten, schlug schließlich die Armee zu. In der Nacht vom 3. auf den 4. Juni wurden die Passanten mithilfe von Panzern und Maschinengewehrfeuer auseinandergetrieben. Die Zahl der Todesopfer ist nicht bekannt; Schätzungen gehen von 2000 bis 3000 aus. Deng Xiaoping bedankte sich persönlich bei den Streitkräften für ihren Einsatz. Die blutige Niederschlagung der Demokratiebewegung ist in China bis heute ein Tabuthema.

M 3 Modernisierungsprogramm

1978, zwei Jahre nach Maos Tod, hält Deng Xiaoping eine Rede vor dem Zentralkomitee der KPCh, die den Reformkurs einleitet:

Das Zentralkomitee hat grundlegende Prinzipien vorgelegt, um die gesamte Parteiarbeit auf die vier Modernisierungen auszurichten und eine große Zahl wichtiger Probleme zu lösen. [...] Sobald das Denken erstarrt, orientieren sich die Menschen mehr und mehr an starren, realitätsfernen Vorstellungen, was sehr schädlich ist. [...] Nur wenn wir den Geist befreien, unseren Kopf gebrauchen, die Wahrheit in den Tatsachen suchen, in allen Dingen die Realität beachten und die Theorie mit der Praxis verbinden, können wir unser Modernisierungsprogramm reibungslos umsetzen. Und nur dann können wir den Marxismus-Leninismus und die Mao Zedong-Gedanken fortentwickeln. [...]

Als wir kurz vor dem Sieg der chinesischen Revolution standen, rief Genosse Mao Zedong die gesamte Partei dazu auf, wieder von Neuem zu lernen. Das ist uns gut gelungen. So konnten wir nach der Einnahme der Städte die Wirtschaft sehr schnell wieder in Gang bringen und dann die sozialistischen Umwandlungen durchführen. Wir müssen aber zugeben, dass wir in den darauffolgenden Jahren nicht gut genug gelernt haben. Solange wir unsere Bemühungen hauptsächlich auf politische Kampagnen richteten, konnten wir nicht die Fähigkeiten entwickeln, die zum Aufbau unseres Landes erforderlich sind. Die sozialistische Entwicklung unseres Landes ging nicht zufriedenstellend voran, und wir erlitten gravierende politische Rückschläge. Jetzt, da wir unsere Aufgabe in der Modernisierung sehen, wird unser Mangel an den erforderlichen Kenntnissen offenbar.

Die ganze Partei muss wieder damit anfangen zu lernen. [...] Wir müssen die universellen Grundsätze des Marxismus mit den Anforderungen unserer Modernisierungsbemühungen in Einklang bringen. Lasst uns mutig voranschreiten und unser rückständiges Land in einen modernen und mächtigen sozialistischen Staat umwandeln.

Pei-Kai Cheng und Michael Lestz (Hrsg.), The Search for Modern China. A Documentary Collection, New York und London 1999, Nr. 24.1, S. 447-451 (übersetzt von Michael Brabänder)

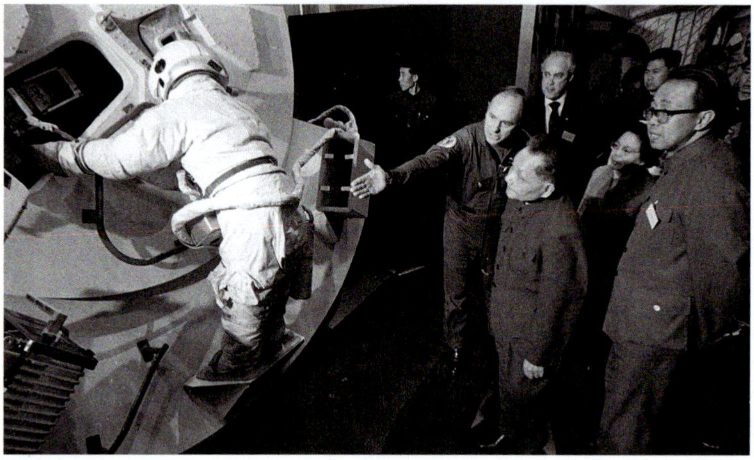

M 4 Lernen vom „Klassenfeind“
Foto von 1979
Es zeigt Deng Xiaoping beim Besuch des Johnson Space Centers der NASA in Houston (Texas).

M 5 Bruttoinlandsprodukt 1978 - 2010

Angaben in Billionen Renmimbi (Währung der VR China)

Jahr	gesamt	Primärer Sektor	Sekundärer Sektor	Tertiärer Sektor
1978	364,52	102,75	174,52	87,25
1980	454,56	137,16	219,20	98,20
1985	901,60	256,44	386,66	258,50
1990	1866,78	506,20	771,74	588,84
1995	6079,38	1213,58	2867,95	1997,85
2000	9921,46	1494,47	4555,59	3871,40
2005	18493,74	2242,00	8759,81	7491,93
2010	39798,32	4049,70	18648,08	17100,54

China Statistical Yearbook 2010, Beijing 2010, S. 38; Daten von 2010 aus: Wen-Hui-Tageszeitung vom 21. Januar 2011; alle Angaben zitiert aus: Hu Kai und Gerhard Schildt, Das moderne China. 19. und 20. Jahrhundert, Stuttgart 2014, S. 144 f.

M 6 Dengs Testament

Während eines Besuchs der Sonderwirtschaftszonen im Süden hält Deng mehrere Reden. Kernsätze daraus, zur „Deng-Xiaoping-Theorie“ erhoben, sind seither Teil der Partei-Statuten.

Vom Ausland lernen

„Unternehmen mit ausländischer Kapitalbeteiligung sind nützliche Ergänzungen der sozialistischen Wirtschaft und, letzten Endes, gut für den Sozialismus. Wenn wir wollen, dass der Sozialismus Überlegenheit über den Kapitalismus erreicht, dann dürfen wir nicht zögern, uns die Errungenschaften aller Kulturen zunutze zu machen und von anderen Ländern, darin eingeschlossen die entwickelten kapitalistischen Länder, alle fortgeschrittenen Managementmethoden und -techniken zu lernen."

Wie erkennt man, ob ein Weg kapitalistisch oder sozialistisch ist?

„Manche Leute scheuen vor Reform und Öffnung zurück, weil sie fürchten, den kapitalistischen Weg einzuschlagen. [...] Das Hauptkriterium der Beurteilung, ob ein Weg kapitalistisch oder sozialistisch ist, liegt in der Antwort auf die Frage: Fördert er das Wachstum der Produktivkräfte in einer sozialistischen Gesellschaft, steigert er die nationale Stärke des sozialistischen Staates, und erhöht er den Lebensstandard des Volkes?"

Der wesentliche Unterschied zwischen Sozialismus und Kapitalismus

„[Er] liegt nicht darin, welche proportionalen Anteile Plan und Markt haben. Eine Planwirtschaft ist nicht gleichzusetzen mit Sozialismus, denn auch unter dem Kapitalismus gibt es Planung; gleichermaßen ist eine Marktwirtschaft nicht kapitalistisch, denn auch unter dem Sozialismus gibt es Märkte. Planung und Markt sind beides Mittel, um die Wirtschaft zu steuern. Das Wesen des Sozialismus ist die Befreiung und Entwicklung der Produktivkräfte, die Ausmerzung von Ausbeutung und Kolonialisierung und – am Ende – der Wohlstand für alle." [...]

Die Hauptgefahr kommt von links

„Der Begriff ‚links' hat den Beiklang von Revolution. Er vermittelt den Eindruck, je linker jemand ist, umso revolutionärer sei er. In der Geschichte der Partei haben linke Tendenzen schreckliche Folgen gehabt. Vieles Schöne wurde über Nacht zerstört. Rechte Tendenzen können den Sozialismus zerstören, aber das können nicht anders auch linke Tendenzen. China sollte wachsam gegenüber der Rechten bleiben, aber vor allem wachsam bleiben gegenüber der Linken."

Zit. nach: Konrad Seitz, China. Eine Weltmacht kehrt zurück, München ²2006, S. 300f.

M7 Über die Studentenbewegung

Die Partei-Zeitung der KPCh „People's Daily" schreibt am 26. April 1989 in einem Leitartikel:

[Dieser winzigen Handvoll Leuten] geht es nicht um die Förderung der sozialistischen Demokratie in China. Auch protestieren sie nicht einfach aus Unzufriedenheit. Unter der Fahne der Demokratie wollen sie [in Wirklichkeit] Demokratie, Gesetz und Ordnung untergraben. Ihr Ziel ist es, Uneinigkeit unter den Menschen zu schüren, die ganze Nation auseinanderzureißen und die politische Ordnung zu zerstören. Wir haben es mit einer geplanten Verschwörung zu tun; mit einem Aufruhr, der die kommunistische Führung und das sozialistische System insgesamt infrage stellt. [...]

Partei und Volk [...] müssen diesem Aufruhr mit vereinten Kräften unzweideutig entgegentreten – zur Verteidigung unserer mit schweren Opfern errungenen politischen Harmonie und Einheit, [...] unserer sozialistischen Demokratie und von Gesetz und Ordnung. Die Bildung illegaler Organisationen werden wir unter keinen Umständen dulden.

Zit. nach: http://tsquare.tv/chronology/April26ed.html [Zugriff: 04. 01. 2019] (übersetzt von Michael Brabänder)

1. *Beschreibe das Plakat (M1) und analysiere seine Wirkung.*
2. *Begründe, warum Deng Xiaoping in den genannten vier Bereichen Modernisierungen in die Wege leitete (Darstellungstext, M3).*
3. *Charakterisiere Dengs Einstellung gegenüber Kapitalismus und Wissenschaft (M3, M4, M6).*
4. *Erläutere die Entwicklung des Bruttoinlandsprodukts insgesamt und jeweils in den drei Sektoren (M5).*
5. *Gestaltet in Partnerarbeit einen Lexikonartikel zur „sozialistischen Marktwirtschaft" Chinas (Darstellungstext, M3, M6).*
6. *Überprüft und diskutiert, ob die Bezeichnung „Aufruhr" in M7 die Ereignisse angemessen charakterisiert.*
7. *Deng Xiaoping hat die Politik Maos folgendermaßen bewertet: „70 % gut, 30 % schlecht". Erörtere, ob die positiven Aussagen über Mao zur Politik Dengs passen oder aus Berechnung geäußert wurden.*

Wohin führt der „Chinesische Traum"?

M 1 „Chinas Welt"
Titelbild des Nachrichtenmagazins „Der Spiegel" (1/2001)

Machtanspruch der KPCh

China ist de facto eine Einparteiendiktatur. Die Kommunistische Partei Chinas hat alle leitenden Positionen in Staat und Armee inne. Die weiteren zugelassenen Parteien sind ihr untergeordnet. Eine unabhängige Justiz gibt es nicht. Innerhalb der Partei hat sich Xi Jinping seit 2019 eine fast unumschränkte Machtfülle gesichert.

Macht und Aufstieg des Landes sichern

Ihr Machtmonopol verteidigt die kommunistische Partei mit Entschlossenheit und greift ggf. mit aller Härte durch. Neben der Kontrolle der Medien, einem allgegenwärtigen Sicherheitsapparat, der unliebsame Personen auch ohne Richterspruch für bis zu drei Jahre in Arbeitslager zur „**Umerziehung**" einweisen kann, setzt die Regierung in jüngster Zeit verstärkt auf big data. Schon in Kürze sollen alle Bürger von einem digitalen Punktekonto-System erfasst werden, das ihr gesamtes Verhalten aus- und bewertet.
Mit dem enormen Wirtschaftswachstum nach der Reformpolitik Deng Xiaopings nahmen auch Korruption und Amtsmissbrauch zu. Dabei nutzen viele Amtsträger in der Partei, in der Verwaltung und in der Armee ihre Stellung, um wirtschaftlichen Einfluss und persönlichen Reichtum anzuhäufen. Viele sehen durch die Korruption auch die Herrschaft der Kommunistischen Partei gefährdet. Der erste Mann Chinas, Xi Jinping, hat den Kampf gegen die Korruption ausgeweitet und intensiviert.

Gewachsenes Selbstbewusstsein

2018 verkündete Xi Jinping: „Die chinesische Nation erhebt sich mit neuem Selbstbewusstsein im Osten der Weltkugel." Das Land ist bestrebt, seine bereits gewachsene globale Bedeutung als „Exportweltmeister" und zweitgrößte Volkswirtschaft nach den USA noch zu steigern – mit wirtschaftlichen, politischen und militärischen Mitteln.
Drei „Kerninteressen" bestimmte die Staatsführung als nicht verhandelbare Maximen für ihr außenpolitisches Handeln:

- die Stabilität des politischen Systems, also die Aufrechterhaltung der Führungsrolle der Kommunistischen Partei und die Fortführung des eigenständigen sozialistischen Entwicklungsweges
- die Verteidigung nationaler Souveränität und Sicherheit sowie der territorialen Integrität und nationalen Einheit (unter Einbeziehung Tibets und Xinjiangs und der „abtrünnigen Provinz" Taiwan)
- die Sicherung der Voraussetzungen für eine nachhaltige wirtschaftliche und soziale Entwicklung Chinas (vor allem Zugang zu Rohstoffen)

Der Durchsetzung ihrer „Sicherheitsinteressen" soll auch die unter Xi Jinping begonnene und seitdem massiv vorangetriebene Neustrukturierung und Modernisierung der Armee und der Aufrüstung vor allem der Luft- und Seestreitkräfte dienen. Mit ihr hat sich der Abstand zur Schlagkraft der westlichen Armeen deutlich verringert.

Umerziehung

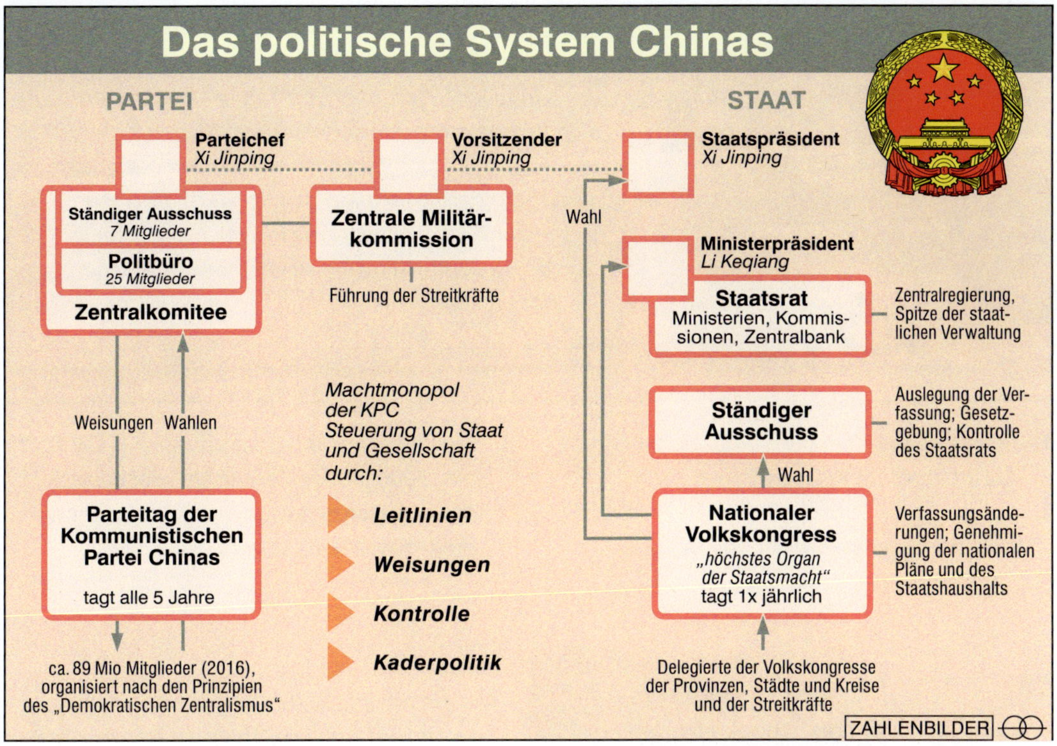

M 2 Das politische System Chinas (Stand 2019)

M 3 Demokratisierung „von unten"?

Die damalige Bundesverteidigungsministerin Ursula von der Leyen sagt im Januar 2019 in einem Interview:

Ich bin fest davon überzeugt, dass das Streben nach Freiheit den Menschen definiert. Die Chinesen werden es sich daher auf Dauer nicht gefallen lassen, dass ihre Regierung ein Datenkonto über das komplette berufliche und soziale Verhalten jedes einzelnen Bürgers führt […]. Gegen diese totale Lenkung werden die Menschen früher oder später aufbegehren.

Der Politikwissenschaftler Xenwu Gu schreibt 2014:

Chinas autoritäres System beruht auf einem stillschweigenden Gesellschaftsvertrag zwischen den kommunistischen Eliten und den regierten Massen. Deng Xiaoping versprach der chinesischen Bevölkerung eine neue Perspektive. Sein Angebot lautete: Ordnung, Wohlstand, Modernisierung und Wiederherstellung der Würde der Nation. Völlig zermürbt durch Maos „Klassenkampf" akzeptierte die chinesische Bevölkerung Dengs Angebot. Der stillschweigende Gesellschaftsvertrag verpflichtete Deng Xiaoping und seine politischen Anhänger, zu denen auch der jetzige Partei- und Staatschef Xi Jinping gehört, für Wohlstand und Ordnung zu sorgen. Als Gegenleistung hierfür wurden ihnen die letzte Entscheidungsgewalt und Ordnungsmacht zuerkannt.
Durch die wirtschaftlichen Errungenschaften vergrößert sich die Auswahl der Instrumente für die Regierung, um die politischen Gegenspieler „unschädlich" zu machen.

Erster Text: Die Zeit Nr. 4, 17. Januar 2019, S. 4; zweiter Text: Xuewu Gu, Die Große Mauer in den Köpfen. China, der Westen und die Suche nach Verständigung, Bonn 2014, S. 181-194 (gekürzt)

1. *Erläutere, welche Assoziation das Titelbild weckt (M1).*
2. *Beschreibe das politische System Chinas und vergleiche es mit der Verfassung der Bundesrepublik (Darstellungstext, M2).*
3. *Erörtere die These von der Leyens, dass die Menschen gegen die „totale Lenkung" aufbegehren werden (M3).*
4. *Entwickelt Szenarien, welche Folgen der „Chinesische Traum" global haben könnte.*

Volksdemokratie kontra Freiheitsrechte?
Die Vorstellungen hinsichtlich Demokratie und (individuellen) Menschenrechten unterscheiden sich fundamental von denen in westlichen Staaten. Individuelle Freiheitsrechte sollten demnach nicht staatlich respektiert werden, sondern den Interessen der KPCh und ihrem Anspruch, die Interessen der gesamten Nation zu vertreten, untergeordnet werden.

1. *Erläutere, inwiefern der Konfuzianismus zum Machterhalt der KPCh beitragen kann.*
2. *Vergleiche die Herrschaftsform des Kaiserreiches mit derjenigen in der Volksrepublik.*
3. *Die Regierung in Beijing sieht sich in der Rolle, die „5000-jährige Geschichte" der chinesischen Kultur zu bewahren und fortzuentwickeln. Bewerte diese Haltung.*

Minderheiten
Die Angehörigen der 55 offiziell anerkannten nationalen Minderheiten machen zwar weniger als zehn Prozent der Gesamtbevölkerung aus. Die „autonomen Regionen", in denen sie leben, umfassen aber zwei Drittel der Landesfläche. Sprache und Brauchtum der Minderheiten werden von der Regierung heute weitgehend toleriert. Dennoch kommt es immer wieder zu Konflikten. Denn alle wichtigen Entscheidungen werden in Beijing getroffen. Und durch systematische Massenansiedlungen von Angehörigen der Mehrheitsbevölkerung werden die Minderheiten in ihren Siedlungsgebieten immer stärker selbst dort zur Minderheit. Besonders in Tibet und im muslimischen Xinjiang im Westen des Landes ist die Lage angespannt.

1. *Nenne die Gefahren, die sich für die Regierung in Beijing durch die Unabhängigkeitsbewegungen in Tibet und Xinjiang ergeben.*
2. *Erörtere, ob die Behauptung, die autonomen Regionen seien eine innere Angelegenheit Chinas, angemessen ist.*
3. *In einer offiziellen Verlautbarung der Regierung heißt es: „Im 13. Jahrhundert wurde Tibet ein Bestandteil Chinas." Überprüfe diese Aussage und entwickle eine eigene Stellungnahme.*

Konflikte mit anderen Staaten

Ob und wie die VR China das globale Machtgefüge noch weiter zu ihren Gunsten verschieben wird, ist offen. In jedem Fall stieg das Konfliktpotenzial (Stand 2019):

- Die Volksrepublik besteht auf einer „Wiedervereinigung" der „abtrünnigen Provinz" Taiwan und schließt dabei die Anwendung von Gewalt explizit nicht aus.
- China beansprucht mehrere strategisch und wirtschaftlich bedeutsame Inselgruppen im Süd- und Ostchinesischen Meer, die auch andere Staaten wie Japan, Vietnam, Malaysia und die Philippinen für sich reklamieren. Außerdem schüttet es künstliche Inseln als Militärbasen auf. Immer wieder kommt es dort zu hochriskanten militärischen Drohgebärden.
- Die USA, die seit Ende des Zweiten Weltkrieges die Ordnungsmacht im asiatisch-pazifischen Raum und Schutzmacht mehrerer Staaten wie Japan, Südkorea und Taiwan sind, fühlen sich durch die Politik Chinas sowie die Einrichtung zahlreicher (Militär-)Stützpunkte auch in anderen Teilen der Welt herausgefordert.

1. *Die VR China rechtfertigt ihre Politik als Wiederaufstieg des Landes nach dem „Jahrhundert der Schande". Erläutere.*
2. *Bewerte die Politik Beijings angesichts dieses historischen Hintergrundes.*
3. *Vergleiche die Außenpolitik der Volksrepublik mit den „außenpolitischen" Grundsätzen des chinesischen Kaiserreiches.*

Wirtschaft zwischen Chancen und Risiken

Obwohl China in der jüngsten Vergangenheit immer mehr Know-how in Hochtechnologiestaaten unter seine Kontrolle gebracht hat (u. a. durch den Kauf von Firmen), kann die Volksrepublik noch nicht mit den Hightech-Nationen mithalten (Stand 2019). Mit der Strategie „Made in China 2025" soll nun ausländische Expertise kontinuierlich durch eigene, chinesische ersetzt werden. Die 2013 gestartete Initiative der „Neuen Seidenstraße" und darüber hinaus massive Investitionen auch in anderen Erdteilen wie Südamerika sollen die bisher westlich geprägte Weltwirtschaft durch eine von China geprägte Struktur ersetzen.

Schattenseiten des Wirtschaftsbooms der vergangenen Jahrzehnte bzw. Gefahren für die weitere Entwicklung sind u. a. die stetig gestiegene hohe Staatsverschuldung (2018: 51,21 Prozent des Bruttoinlandsproduktes), die ungleiche Verteilung des Wohlstandes, die zunehmende Überalterung der Gesellschaft und die Korruption.

1. *Beschreibe die Bedeutung der Politik Deng Xiaopings für den anhaltenden Wirtschaftsboom.*
2. *Vergleiche die „Neue Seidenstraße" mit der alten.*
3. *Beurteile, welche Gemeinsamkeiten und Unterschiede es zwischen der aktuellen Wirtschaftspolitik und der Handelspolitik im Kaiserreich zwischen 1600 und 1800 gibt.*

4

Vom Osmanischen Reich zur modernen Türkei

Buchstabenrevolution. So bezeichnet man die 1929 in der Türkei vollzogene Umstellung von der arabischen Schrift auf die lateinische. Innerhalb weniger Wochen standen Menschen, die (arabisch) lesen und schreiben konnten, wie Analphabeten da. Aus diesem Grund wurden sogenannte Schulen des Volkes eingerichtet, in denen auch der erwachsenen Bevölkerung die lateinische Schrift vermittelt wurde. Die Umstellung der Schrift markiert einen von vielen Brüchen der Türkei mit ihrer osmanischen Geschichte.

M Mustafa Kemal erklärt das lateinische Alphabet
Foto, 20.09.1928
Staatspräsident Kemal übernahm die Aufgabe des obersten Lehrers der Türkei.

Stelle dir vor, in deinem Land wird die Schrift umgestellt. Was bedeutet das für dich?

Stelle Hypothesen auf, was die Motive einer Regierung sein könnten, um so einen radikalen Schritt zu vollziehen.

Stellt in der Klasse zusammen, was ihr bereits über das Osmanische Reich und die heutige Türkei wisst.

Fragen an ... das Osmanische Reich und die Türkei

Gehört die Türkei zu Europa? Bereits vor mehr als fünfhundert Jahren hätte man diese Frage stellen können – zu welcher Antwort wäre man damals gekommen? Das Imperium, das der modernen Türkei vorangegangen ist, war das Osmanische Reich. Im Jahr 1453 eroberten die Osmanen die Hauptstadt des Byzantinischen Reiches, Konstantinopel, und machten sie zur ihrer eigenen Hauptstadt, dem späteren Istanbul. Der vorherrschende Glaube war damals wie heute der Islam, der für viele Europäer fremd war. Von den Europäern wurden die Osmanen sowohl bewundert als auch gefürchtet. Im 17. Jh., der Zeit der größten Ausdehnung, reichte das Osmanische Reich von der Donau bis ans Rote Meer.

Von der osmanischen Niederlage vor Wien 1683 an eroberten europäische Mächte schrittweise große Gebiete des Imperiums.

In Phasen der Annäherung unterhielten Osmanen und Europäer enge Handelsbeziehungen und unterstützten sich militärisch. Beispielhaft hierfür ist die Annäherung des Deutschen Kaiserreiches an das Osmanische Reich kurz vor dem Ersten Weltkrieg. Im Krieg waren die einstigen Feinde Österreich-Ungarn und das Osmanische Reich unter deutscher Beteiligung „im Kampf vereint" gegen die gemeinsamen Feinde England, Frankreich und Russland.

Dieses Kapitel behandelt das Osmanische Reich und die daraus entstandene Türkei. Es geht auch um deren Beziehungen zum westlichen Europa. Diese Beziehungen umfassten Handel und kulturellen Austausch ebenso wie Kriege und Konflikte.

Leitfrage

Wie lassen sich die gegenwärtigen Herausforderungen der Türkei aus der Geschichte des Osmanischen Reiches und der Türkei und ihren Beziehungen zum westlichen Europa erklären?

Im späten Mittelalter entstand das Osmanische Reich als neue Macht im Schnittpunkt der Kontinente Europa, Asien und Afrika. Es vergrößerte sich rasch und wurde zu einem Imperium, das mit den europäischen Mächten konkurrierte.

Das Osmanische Reich breitete sich in einer Region aus, durch die wichtige Handelsrouten zu Land und zu See zwischen Europa und Asien verliefen.

Ihr habt euch bereits Fragen an das Osmanische Reich und die Türkei am Schuljahresanfang überlegt. Greift auf diese Fragen zurück, entwickelt weitere Fragen und ordnet sie den fünf Bereichen zu. ▸

Herrschaft

Wirtschaft / Umwelt

1326: Tod Osmans I.
1453: Eroberung Konstantinopels
1300 — 1400 — 1500 — 1600
1517: Eroberung Mekkas und Medinas

Viele verschiedene ethnische und religiöse Gruppen lebten im Osmanischen Reich. Diejenigen, die keine Muslime waren, durften ihre Religion behalten, mussten aber höhere Steuern zahlen und andere Nachteile hinnehmen.

Der Islam war im Osmanischen Reich Staatsreligion. Herrschaft und Rechtsprechung waren eng mit der Religion verbunden. In der modernen Türkei änderte sich das.

Von Beginn an stand das Osmanische Reich in Beziehung zu europäischen Mächten. Diese Kontakte waren teils von friedlichem gegenseitigen Austausch geprägt, teils aber auch kriegerisch und konfliktreich.

Gesellschaft

Weltdeutung / Religion

Vernetzung

1700 – 1800 – 1900 – 2000

1869: Eröffnung Suezkanal
1915: Völkermord an den Armeniern
1922: Abschaffung des Sultanats; Auflösung des Osmanischen Reiches
1923: Gründung der Republik Türkei
1924: Abschaffung des Kalifats
1925 - 1929: Kulturrevolution
1938: Tod Atatürks
1961: Anwerbeabkommen mit Deutschland
1963: Assoziierungsabkommen

Das Osmanische Reich – eine Großmacht entsteht?

M 1 Der Thronsaal des Topkapi-Palastes
Foto, 1999
Nach der Eroberung Konstantinopels 1453 begann Sultan Mehmed II. mit dem Bau eines prächtigen Palastes (Serail). Die Grundfläche des Palastes umfasst 690 000 Quadratmeter, 5 000 Menschen konnten darin wohnen. Der abgebildete Thronsaal war der Ort, an dem die höchsten Staatsdiener (Wesire) und ausländische Gesandte vom Sultan empfangen wurden.

▸ ***Geschichte In Clips:*** Ein Video, das die Expansion des Osmanischen Reiches erklärt, findest du unter Code 31045-09

Expansion

Als Osman I. 1326 starb, herrschte er über ein kleines Fürstentum in Anatolien, ungefähr dort, wo sich heute die türkische Millionenstadt Bursa befindet. Zweihundert Jahre später verfügten seine Nachfolger über ein Reich, das von der Donau bis ans Rote Meer reichte.[1] Wie war dieser Erfolg möglich?

Das kleine Fürstentum dehnte sich mithilfe einer gut organisierten Armee und neu entwickelten Feuerwaffen in Richtung Europa und Asien aus. Im Jahr 1453 gelang es Sultan Mehmed II., die Stadt Konstantinopel, das heutige Istanbul, einzunehmen. Die damals größte Stadt der den Europäern bekannten Welt galt in den Augen der Osmanen als besonders kostbar und wurde als „Goldener Apfel" bezeichnet. Mit der Eroberung der Hauptstadt Konstantinopel hörte das Oströmische Reich nach über 1100 Jahren auf zu bestehen. Das Osmanische Reich füllte dieses Machtvakuum. Ein neues **multiethnisches Imperium** entstand, das zahlreiche unterschiedliche Gebiete in Südosteuropa, Nordafrika und im Nahen Osten umfasste.

Islam, Kalifat, Scharia

1517 wurden auch die heiligen Stätten des **Islam** in Mekka und Medina erobert. Der Islam war Staatsreligion. Der Herrscher des Reiches, der Sultan, war seitdem gleichzeitig auch der Beschützer der islamischen Religion (Kalif). Das **Kalifat** ist eine Herrschaftsform, in der die weltliche und geistliche Herrschaft in der Person des Kalifen vereint sind. Diese Verbindung wird in der Rechtsordnung der **Scharia** deutlich. Sie bezeichnet die Gesamtheit aller religiösen und rechtlichen Normen, Mechanismen zur Normfindung und Interpretationsvorschriften des Islam. Für Angehörige dieser Religionen, die ebenfalls an einen einzigen Gott glauben (Judentum, Christentum), galt eine gewisse Toleranz: Sie durften in der Regel ihre Religion behalten und verfügten über eine gewisse Autonomie in der Rechtsprechung. Wer kein Muslim war, musste aber höhere Steuern zahlen.

Die Blütezeit des Osmanischen Reiches

Zwischen dem späten 14. und dem 17. Jh. konnte das Osmanische Reich nicht nur riesige Gebiete erobern, es florierte auch wirtschaftlich. Die Osmanen sicherten sich die Vormacht im östlichen Mittelmeer und kontrollierten die Landrouten nach Asien, über die sie teure Gewürze, Heilmittel, Farbstoffe und Baumwolle bezogen. Sie vergrößerten ihren Machtbereich in Richtung Osten und Nordafrika und erschlossen so neue Märkte. In dieser Zeit wurde der Altun, eine Goldmünze, als allgemein anerkanntes Zahlungsmittel im Mittelmeerraum eingeführt und kurz darauf ein durchdachtes reichsweites Zollwesen etabliert. Mit diesen wirtschaftlichen Maßnahmen konnten Militär und damit neue Eroberungen finanziert werden.

[1] Vgl. Karte S. 93.

multiethnisches Imperium   Islam   Kalifat   Scharia

M 2 Osman I., türkischer Sultan (1288-1326)
Türkische Miniatur, 1583
Er war der Begründer des Osmanischen Reiches und der Dynastie der Osmanen.

M 3 Karl V., Kaiser des Heiligen Römischen Reiches (1500-1558)
Gemälde von Peter Paul Rubens, um 1604
Karl V. herrschte über Österreich, Spanien, die Niederlande und die spanischen Gebiete in Amerika.

M 4 Knabenlese

Im Unterschied zu anderen Reichen, die ihre Sklaven von außerhalb kauften, nahmen sich die osmanischen Sultane Sklaven aus den Reihen ihrer christlichen Untertanen. Berichte über die Rekrutierungen schwanken über die Jahrhunderte von 1000 - 12 000 Personen pro Aushebung. 1553 - 1555 nimmt der Fuggerkaufmann Hans Dernschwam auf eigene Kosten an der Reise einer Delegation von König Ferdinand I. zu Sultan Süleyman I. teil. Darüber verfasst er ein umfangreiches Tagebuch. Er notiert:

Wie aber der Türk solche [tüchtige und gehorsame] Leute, Kriegsvolk und Waghälse von Jugend auf von allerlei gefangenen, eroberten, unterdrückten Leuten aufzieht, dessen ist sich wohl zu verwundern und bei uns unglaublich. [...] Aus den christlichen Ländern und Königreichen, die er erobert hat [...], von diesen nimmt er überall in den Dörfern und Städten alle drei Jahr die ausgeklaubt schönsten, geschicktesten und wohlgestaltesten Knaben, so viel ihm gefallen und vonnöten. [...] Von den Juden nimmt er keinen [Kinder-Zehnt].

Was in diesen genannten Ländern an Kindern geboren und auferzogen werden, das wird Haus für Haus aufgeschrieben. [...] Solche Knaben [sind] acht, neun, zehn, zwölf Jahre [alt] [...]. Die kleidet man auf des Kaisers Unkosten neu, schert sie und gibt jedem einen gelben spitzigen Hut. [...] Solche [...] treibt man nun wie anderswo Vieh an die Orte, wo der Kaiser seine Sarays [Serails] hat. Allda werden sie beschnitten. Aus denselben macht der Kaiser Janitscharen [Elitetruppe der Armee] [...]. Die Schönsten und Geschicktesten klaubt man, lässt sie die türkische Sprache lesen und schreiben und Ritterspiel [Kriegshandwerk] lernen. Aus diesen macht der Kaiser [...] [Offiziere, Würdenträger und Militärgouverneure] [...].

Karl Teply (Hrsg.), Kaiserliche Gesandtschaften ans Goldene Horn, Stuttgart 1968, S. 166f.

1. *Beschreibe M1. Vergleiche den Thronsaal mit einem europäischen Schloss.*
2. *Analysiere M2. Vergleiche es danach mit M3.*
3. *Stelle den Vorgang der Knabenlese dar (M4). Erkläre, inwiefern die Knabenlese dazu beigetragen hat, dass das Osmanische Reich zur Großmacht werden konnte.*
4. *Charakterisiere das Osmanische Reich als Imperium (Darstellungstext).*
5. *Erörtere, welche Vor- und Nachteile es hatte, junge Christen für wichtige Aufgaben auszuwählen (M4).*

1326: Tod Osmans
1453: Eroberung Konstantinopels
1517: Eroberung Mekkas und Medinas
1300 1400 1500 1600 1700

Wie verändern neue Handelswege die Welt?

M 1 Weltkarte des Piri Re'is (1470-1554)
Original von 1525, Nachdruck spätes 17. Jh.
Piri Re'is war ein berühmter osmanischer Kartograf, Kapitän und Admiral. Er wurde vom Sultan auf Eroberungs- und Entdeckungsreisen in den arabischen Raum und nach Asien entsandt. Piri Re'is sprach neben osmanischem Türkisch auch Griechisch, Italienisch, Portugiesisch und Spanisch und war daher mit dem europäischen Wissen der Zeit über Seefahrt und Entdeckungen vertraut. Seine Karten sind Ausdruck der osmanischen Weltpolitik im 16. Jh.

Der Weg der kostbaren Waren

Das Osmanische Reich kontrollierte nach der Eroberung Konstantinopels den Handel zwischen dem östlichen Mittelmeer und dem Schwarzen Meer. Durch weitere islamische Großreiche der Mamluken, Safawiden und Mogulen verlief die sogenannte **Seidenstraße**, ein Netz aus Handelsstraßen, das Ostasien über den Landweg mit dem Mittelmeerraum verband. Über diese Land- und Seewege wurden kostbare Gewürze wie Zimt oder Pfeffer, aber auch Baumwolle und Seide nach Europa transportiert und gewinnbringend verkauft.

Transozeanische Imperien

Die islamischen Großreiche profitierten von dieser Situation und erhoben Zoll auf die wertvollen Waren. Historiker diskutieren, ob die Seefahrermächte Spanien und Portugal neue Handelsrouten, insbesondere einen **Seeweg nach Indien**, suchten, um Kosten zu sparen. Dabei landete Christoph Kolumbus 1492 in Amerika. Riesige transozeanische Imperien der Spanier und Portugiesen entstanden. Der Schwerpunkt des Welthandels verschob sich vom Mittelmeer in den Atlantik und den Indischen Ozean.

Für die neuen Plantagen in Südamerika und der Karibik wurden Arbeitskräfte benötigt. Aus dem Sklavenhandel, an dem sich neben Spanien und Portugal auch die Niederlande und Frankreich beteiligten, entstand ein **Dreieckshandel**: Menschen wurden in Afrika versklavt, gegen in Europa hergestellte Waffen und Alkohol eingetauscht und unter grausamen Bedingungen nach Amerika gebracht. Dort wurden Waren wie Zucker und Tabak angebaut und in Europa mit hohem Profit verkauft.

Ein „Osmanisches Commonwealth"?

Das Osmanische Reich wurde durch die europäische Expansion zweifach bedroht: Wichtige Handelsströme drohten abgegraben zu werden, und der Zugang zu den heiligen Stätten war durch die portugiesische Präsenz am Roten Meer nicht mehr sicher. Es reagierte, indem es seine Einflusssphäre verfestigte. Innerhalb der Grenzen des Reiches wurde der Handel intensiviert und die Infrastruktur ausgebaut. Sichtbares Zeichen ist der Bau neuer Brücken, Straßen, Karawansereien und Moscheen. Auch ein Kanal an der Landenge von Suez und ein weiterer zwischen Wolga und Don waren in Planung.

Zum anderen erhoben die Osmanen einen Schutzanspruch über alle Muslime in Afrika und Asien. Ihr Ziel bestand in einem „Osmanischen Commonwealth", einem Verbund islamischer Herrschaftsgebilde, der von Nordafrika bis nach Südostasien reichen sollte. Sie versuchten, den portugiesischen Einfluss in Indien und Afrika durch Aufstände der Muslime zu schwächen, und versorgten die Aufständischen mit Waffen.

M2 „Nehmt alle Waren, groß und klein!“

Der portugiesische Kommandant Pedro Álvares Cabral erhält für seine Indienfahrt 1500 folgende Anweisungen von der Kolonialbehörde der portugiesischen Krone:

Und wenn Ihr unterwegs irgendwelche Mekka-Schiffe [muslimische Handelsschiffe mit Ziel Mekka] trefft und Ihr meint, in der Lage zu sein, sie zu nehmen, dann sollt Ihr das versuchen, aber ohne Euch in einen Nahkampf einzulassen. Ihr sollt sie besser mit Eurer Artillerie zwingen, die Segel zu streichen und die Boote ins Wasser zu lassen und darin ihre Lotsen, Kapitäne und Kaufleute zu Euch zu schicken [...]. Sollten ihre Schiffe mit Gottes Hilfe genommen werden, dann sollt Ihr Euch nach Kräften aller Waren bemächtigen, die Ihr darin findet und sie auf Euren Schiffen hierher zu uns schaffen [...]. Seid Ihr nicht dazu in der Lage, dann sollt Ihr sie alle in das unbrauchbarste von jenen Schiffen stecken und gehen lassen. Die anderen sollt Ihr versenken oder verbrennen, aber sorgfältig darauf achten, wenn es dem Herrn gefällt, dass Ihr solche Schiffe kapert, dass Ihr alle Waren, groß und klein, an Euch nehmt.

Wolfgang Reinhard, Die Unterwerfung der Welt. Globalgeschichte der europäischen Expansion 1415-2015, München 2016, S. 119

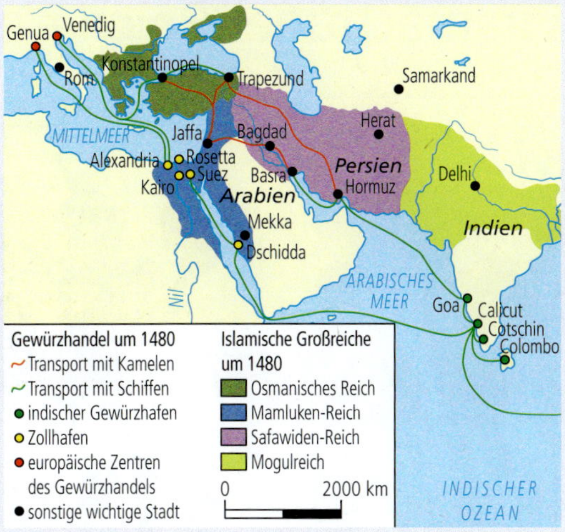

M3 Handelsrouten zwischen Europa und Asien in der Frühen Neuzeit

M4 Befürchtungen eines Gelehrten

Der osmanische Gelehrte Ömer Talib beschreibt 1625 den Konflikt mit den Europäern folgendermaßen:

Die Europäer besitzen jetzt Wissen über die ganze Welt, senden ihre Schiffe in alle Himmelsrichtungen und eignen sich die wichtigsten Häfen an [...]. Nur Sachen, die sie selbst nicht verbrauchen, erreichen noch Istanbul und die anderen muslimischen Länder, und selbst die werden zum fünffachen Preis verkauft [...]. Wenn nichts unternommen wird, werden die Europäer in nicht allzu langer Zeit auch die Herren der Länder des Islam werden.

Zit. nach: Marie-Janine Calic, Südosteuropa, Weltgeschichte einer Region, Bonn 2017, S. 115

▸ ***Geschichte In Clips:*** Ein Video, das die Seewege Portugals im 16. Jh. erklärt, findest du unter Code 31045-10

1. *Beschreibe die Weltkarte des Piri Re'is (M1) genau. Was wurde schon so dargestellt, dass man es leicht wiedererkennen kann? Wo gibt es Unterschiede zu heutigen Weltkarten?*
2. *Stelle Hypothesen auf: Wie vermag es das relativ kleine Portugal, den Handel im Indischen Ozean zu beherrschen (M2)?*
3. *Erkläre in eigenen Worten, warum sich Spanier und Portugiesen auf die Suche nach neuen Seewegen machen (Darstellungstext, M3).*
4. *Erläutere die Befürchtungen, die der osmanische Gelehrte Ömer Talib äußert (M4).*
5. *Vergleiche die Anweisungen des portugiesischen Kommandanten Pedro Álvares Cabral (M2) mit den Befürchtungen des osmanischen Gelehrten Ömer Talib (M4). Überprüfe, ob die Befürchtungen Ömer Talibs gerechtfertigt sind. Beurteile die Vorgehensweise der Portugiesen.*
6. *Erkläre, wie das Osmanische Reich auf die Herausforderung durch die europäische Expansion reagiert (Darstellungstext).*
7. *Beurteile das Vorgehen des Osmanischen Reiches bei der Errichtung eines „Osmanischen Commonwealth“ (Darstellungstext).*

Ein mächtiges Reich – ein „kranker Mann"?

M 1 Das Europäische Konzert
Französische Postkarte vor 1914
Der Begriff des „Europäischen Konzerts" steht für die Staatenordnung Europas, wie sie nach dem Wiener Kongress 1815 festgelegt wurde.

Kranker Mann

„Kranker Mann am Bosporus" – diesen wenig schmeichelhaften Namen bekam das Osmanische Reich im 19. Jh. von den europäischen Mächten verpasst. Doch wie konnte es sein, dass eines der großen Imperien der Frühen Neuzeit so sehr an Bedeutung verlor, dass es mit einem kranken Mann verglichen wurde?

Schwierige Zeiten

Was beinahe zum größten militärischen Erfolg des Osmanischen Reiches geworden wäre, läutete dessen Rückzug auf dem Balkan ein: Die zweite Belagerung Wiens 1683, die nur um Haaresbreite misslang. Der österreichische Gegenschlag sorgte dafür, dass der nördliche Balkan wieder an die Habsburgermonarchie fiel, die ihr neues Herrschaftsgebiet im Anschluss rasch konsolidierte. Die muslimische Bevölkerung wurde aus den eroberten Gebieten vertrieben und in Teilen der Region durch christliche Siedler ersetzt. Doch nicht nur das österreichische Streben nach Hegemonie, sondern auch die Expansion Russlands setzten dem Osmanischen Reich zu. In vier Kriegen gegen das Osmanische Reich vergrößerte das Zarenreich seinen Einfluss auf dem Balkan erheblich.

Unmittelbar nachdem sich der Welthandel in Richtung Atlantik verlagert hatte, ging es dem Osmanischen Reich überraschend gut. Das Imperium war groß genug, um einen autonomen Wirtschaftsraum zu unterhalten, sich durch die Peripherien selbst zu versorgen und Überschüsse zu produzieren. Erst als Gold und Silber aus Amerika auch das Osmanische Reich überschwemmten, kam es zur Münzentwertung und Inflation. Durch die Verluste auf dem Balkan brachen Steuereinnahmen weg, während die Militärausgaben weiter stiegen. Die Steuern wurden erhöht, die Peripherien ausgebeutet und der Sultan herrschte despotisch über sein Reich. Lokale Machthaber nutzten die schwierige Lage zu ihrem eigenen Vorteil. Das unerschütterlich wirkende Großreich geriet in ernsthafte Probleme.

Zu Beginn des 19. Jh. verschärfte sich der innenpolitische Druck durch Aufstände in der ägyptischen Provinz und in Griechenland. Letzteres wurde 1830 unabhängig. Durch großangelegte Reformen (Tanzimat-Reformen) versuchte das Osmanische Reich der Destabilisierung entgegenzuwirken: Alle männlichen Untertanen wurden gleichgestellt, das Eigentumsrecht reformiert und die Städte nach europäischem Vorbild modernisiert.

Europäische Einflussnahme

Die europäischen Mächte nutzten die schwache Position des Osmanischen Reiches, um sich wirtschaftlichen Einfluss zu sichern. Im Nahen Osten zeigte sich der informelle **Imperialismus**, die politische und wirtschaftliche Einflussnahme europäischer Imperien, vor allem in der Kontrolle des Raumes. Sie kontrollierten Handelswege, um sich den Zugang zu Rohstoff- und Absatzmärkten zu sichern. Eines der Ziele, sowohl der Engländer als

auch der Franzosen, war der Bau eines Kanals zwischen dem Mittelmeer und dem Roten Meer. Der **Suezkanal**, dessen Bau 1854 begonnen und 1869 abgeschlossen wurde, ermöglichte es, die Handelswege nach Ostafrika und Asien deutlich zu verkürzen und ein militärisches Eingreifen zu vereinfachen.
Während der Suezkanal zunächst von französischen Anlegern finanziert wurde, konnten die Briten im Laufe der folgenden Jahrzehnte die Macht über die Wasserstraße und das Land Ägypten gewinnen. Aus der Sicht vieler Ägypter war der Kanal ein Symbol europäischer Einmischung. Den Europäern gab er die Möglichkeit, weite Räume informell zu durchdringen und zu beherrschen.

M 2 Berliner Kongress 1878
Gemälde von Anton von Werner, 1881
Das Bild zeigt die abschließende Sitzung des Berliner Kongresses am 13. Juli 1878. Im Vordergrund rechts Reichskanzler Otto von Bismarck, im Gespräch mit dem russischen Botschafter Graf Schuwalow (Handschlag) und dem österreichischen Außenminister Graf Andrássy. Rechts im Hintergrund die osmanischen Delegierten im Gespräch mit dem englischen Außenminister Lord Salisbury; links der englische Premierminister Benjamin Disraeli (stehend, mit Stock), neben ihm sitzend der russische Staatskanzler Fürst Gortschakow.

Verkleinerung des Osmanischen Reiches – vom Berliner Kongress zum Völkerbund

Dieses macht- und wirtschaftspolitisch motivierte Vorgehen der europäischen Mächte wurde politisch durch den Schutz der christlichen Minderheiten im Osmanischen Reich legitimiert. Die europäischen Mächte traten als Schutzherren der Christen auf. Während des griechischen Aufstandes behandelten die europäischen Mächte die Verbrechen an der muslimischen Bevölkerung als innere Angelegenheit des Osmanischen Reiches, griffen aber ein, wenn die christliche Bevölkerung bedroht war.
Soll das Osmanische Reich weiter bestehen und wenn ja, wie? Diese Frage stellten sich im Verlauf des 19. Jh. die europäischen Mächte. Auf dem Berliner Kongress 1878 wurde versucht, diese sogenannte „Orientalische Frage" zu lösen. Das Osmanische Reich verlor dadurch Gebiete auf dem Balkan: Montenegro, Serbien und Rumänien wurden unabhängig. Zudem entstand ein autonomes Fürstentum Bulgarien, das aber dem Sultan tributpflichtig war.
Ähnlich erging es ihm nach dem Ersten Weltkrieg, den es an der Seite des Deutschen Reiches und Österreich-Ungarns verloren hatte. Der Völkerbund wurde als zwischenstaatliche Organisation gegründet, die die abgetrennten Gebiete des Osmanischen Reiches verwalten sollte. Faktisch behandelten Großbritannien und Frankreich die sogenannten Mandatsgebiete wie Kolonien.

1. *Beschreibe die Karikatur M1. Die auf dem Bild dargestellten Figuren verkörpern das Osmanische Reich, Frankreich, das Deutsche Reich und die Balkanstaaten – wer ist wer?*
2. *Stelle Vermutungen an, wie das in M1 dargestellte Konzert klingt. Erkläre, was dies für die dargestellte geschichtliche Situation bedeutet.*
3. *Analysiere das Bild M2 (Berliner Kongress). Erläutere die dargestellte Szene mithilfe des Darstellungstextes.*

M 3 Wegersparnis durch den Suezkanal
Politische Aufteilung der Welt um 1871

M 4 „The Key of India"
Karikatur von John Tenniel, 19. Jh.
Die Karikatur zeigt den britischen Premierminister Benjamin Disraeli (1804 - 1881).

M 5 Die Einweihung des Suezkanals

Der Historiker Thomas Ross schreibt über die feierliche Eröffnung des Suezkanals:

Ismailia, innerhalb von sechs Jahren aus dem Wüstensand gewachsen, sollte so glanzvolle Tage nie mehr erleben: Feuerwerke, Gastfreundschaft, luxuriöse Diners für Hunderte von Personen, die erlesensten Weine, Rebhühner, Fasane, Wildenten […]. Ein ägyptischer Minister beschwerte sich bei einem europäischen Kollegen über die hemmungslose Extravaganz des Khediven[1]: „Wir essen die Pyramiden auf. Stück für Stück." Darauf der Europäer: „Machen Sie sich nichts daraus, Exzellenz, Sie können Geld von uns borgen, und dann können Sie von uns den Zement kaufen, um sie zu ersetzen." In der Tat war der [Khedive] Ismail dabei, mit seiner Verschwendungssucht zwar nicht die Pyramiden, aber die Unabhängigkeit seines Landes zu gefährden. Sieben Jahre nach dem Eröffnungsfest wird er gezwungen sein, seine Aktien – rund 45 Prozent des Kapitals der Suez-Compagnie – an die Briten zu verkaufen […]. Die Festivitäten taten nichts, um die Beziehungen zwischen Europäern und Ägyptern zu verbessern, im Gewühle von Ismailia zeigte sich vielmehr, wie unendlich fremd, ja sogar abstoßend sie einander waren. Tourismus und Ägyptologie hingegen gewannen gewaltigen Auftrieb.

Thomas Ross, Tanz in den Abgrund – die Einweihung des Suezkanals, in: Uwe Schultz (Hrsg.), Das Fest. Eine Kulturgeschichte von der Antike bis zur Gegenwart, München 1988, S. 297-305, hier S. 304f.

[1] Titel für den Gouverneur der osmanischen Provinz Ägypten

M6 Originalkarte zum Sykes-Picot-Abkommen
Am 8. Mai 1916 unterzeichneten die beiden Diplomaten Mark Sykes (Großbritannien) und François Georges-Picot (Frankreich) im Geheimen ein Abkommen. Damit teilten sie die arabischen Provinzen des Osmanischen Reiches für die Zeit nach dem Krieg in Einflusssphären auf. Auch Russland und Italien stimmten dem Abkommen zu. Zuvor hatte die britische Regierung arabischen Aufständischen als Gegenleistung für die militärische Unterstützung einen unabhängigen Staat zugesichert. Da das Sykes-Picot-Abkommen dazu im Widerspruch stand, sollte die Vereinbarung geheim gehalten werden. Nach der Oktoberrevolution 1917 und dem Ausscheiden Russlands aus der Kriegskoalition mit Großbritannien und Frankreich ließ Lenin das Abkommen 1918 veröffentlichen.

- unter französischer Herrschaft
- unter britischer Herrschaft
- französisches Einflussgebiet
- britisches Einflussgebiet
- unter gemeinsamer Verwaltung

M7 Illustration zum Sykes-Picot-Abkommen
von Nath Paresh, Khaleej Times, 2016

4. *Beschreibe die Karte M3 und die Karikatur M4. Erläutere die Bedeutung der Karikatur, indem du die Informationen der Karte miteinbeziehst.*
5. *„Wir essen die Pyramiden auf. Stück für Stück.“ – „Machen Sie sich nichts daraus, Exzellenz, Sie können Geld von uns borgen, und dann können Sie von uns den Zement kaufen, um sie zu ersetzen.“ Erläutere, was die beiden Gesprächspartner in diesem Dialog meinen (M5), und erörtere die Vor- und Nachteile des Suezkanals für die Ägypter.*
6. *Beschreibe die Karte M6. Wie gehen die Vertreter Großbritanniens und Frankreichs vor?*
7. *Analysiere M7. Erläutere, warum die Illustration noch heute von Bedeutung ist (sie stammt aus dem Jahr 2016). Bewerte die Folgen, die das Sykes-Picot-Abkommen bis heute hat.*
8. *Überprüfe anhand einer Weltkarte, ob du in anderen Weltregionen Grenzziehungen findest, die dem Beispiel aus dem Nahen Osten ähnlich sind, und erkläre den Zusammenhang.*

▸ ***Geschichte In Clips:***
Zu Israel und Palästina: von der osmanischen Provinz zum britischen Mandat siehe Code 31045-11

Dekolonisierung – Freiheit für den Nahen Osten?

M 1 Nasser verstaatlicht den Suezkanal
Illustration von Rino Ferrari, Sunday Courier, 1956
Gamal Abdel Nasser kam 1952 durch einen Putsch an die Macht in Ägypten. Er ließ den Suezkanal, der bis dahin in Besitz einer britisch-französischen Gesellschaft war, 1956 verstaatlichen. Daraufhin besetzten Frankreich und Großbritannien die Kanalzone militärisch. Aus dieser Suez-Krise erwuchs ein kriegerischer Konflikt. Auf Druck der USA und der UN mussten sich die gegnerischen Mächte wieder aus Ägypten zurückziehen. Vor allem für Großbritannien bedeutete dies einen herben Prestigeverlust: Nun kontrollierte Ägypten den für die Schifffahrt so wichtigen Kanal.

Die Neuordnung der Welt nach 1919

Nach dem Ersten Weltkrieg wurde die Welt durch die Pariser Friedensverträge (1919/20) neu geordnet. Das Deutsche Reich musste u. a. seine Kolonien abtreten und das Osmanische Reich wurde erheblich verkleinert. Die vormals zum Deutschen oder Osmanischen Reich gehörenden Gebiete wurden dem Völkerbund, einer neu gegründeten zwischenstaatlichen Organisation, übertragen, um sie auf ihre Unabhängigkeit vorzubereiten. Faktisch behandelten Großbritannien und Frankreich die ihnen überantworteten Gebiete wie Kolonien. In der Zeit zwischen 1922 und 1948 erreichten die ehemaligen Gebiete des Osmanischen Reiches ihre formale Unabhängigkeit (M2). Das Zeitalter der **Dekolonisierung** begann.

Zwischen formaler Unabhängigkeit und informeller Einflussnahme

Auf das Ende der formellen Fremdherrschaft folgte eine weitere Phase der informellen Einflussnahme. Frankreich setzte 1920 einen König in Syrien ein und die britische Regierung schuf 1922 eine „unabhängige" Monarchie in Ägypten. Die Souveränität Ägyptens blieb aber stark eingeschränkt: Militär, Polizei, Außenpolitik und wichtige Bereiche der Wirtschaft wurden weiterhin von Großbritannien kontrolliert. Die neu eingesetzten Königshäuser im Irak und in (Trans-)Jordanien sorgten ebenfalls dafür, dass die ehemalige Mandatsmacht ihre wirtschaftlichen Interessen wahren konnte. Einen Sonderfall stellte Palästina dar. Großbritannien zog sich aus dem Gebiet zurück, ohne für klare Verhältnisse gesorgt zu haben. Am 14. Mai 1948 wurde der Staat Israel ausgerufen. Am Tag darauf griffen die umliegenden arabischen Staaten (Arabische Liga) Israel an. Diesen Krieg gewann der neu gegründete Staat Israel 1949.

Islamismus, Nationalismus oder Panarabismus?

Die Konfrontation mit dem Westen brachte neue Ideen aufs Tableau: Sollten sich alle arabischen Staaten verbünden (Panarabismus) oder besser einzelne Staaten etablieren (Nationalismus), um sich von der informellen Einflussnahme loszulösen? Oder könnte der **Islamismus**, eine religiös motivierte Staats- und Gesellschaftsordnung, weiterhelfen? Obwohl der gemeinsame Feind im Staat Israel und dem Westen gesehen wurde, setzten sich nationalstaatliche Bewegungen innerhalb der von den Mandatsmächten gezogenen Grenzen durch. Die Könige in Ägypten (1953) und im Irak (1958) wurden gestürzt und Republiken ausgerufen. Es entstanden autokratische Staaten, die auf eine staatliche gelenkte Wirtschaft setzten. In den meisten Staaten wurden Einheitsparteien gegründet. Eine wechselseitige Kontrolle der Gewalten fand nicht statt.

M2 Völkerbundmandate ab 1919 und Grenzen späterer Länder

M4 Informationen zu den Flaggen

Flagge ① (1959-1963): Die vertikal gestreifte Flagge besteht aus drei der vier Farben des Panarabismus, der die Einheit aller Araber betont: schwarz, weiß und grün. Die Sonne im mittleren Feld („Sonne von Mesopotamien") symbolisiert die Kurden (gelb) und Christen (rot) im Land. Die Flagge wurde nach der Ausrufung der Republik eingeführt.

Flagge ② (1963-1991): Die horizontal gestreifte Flagge entstand im Jahr 1963 und ist identisch mit der damals in Ägypten und Syrien eingeführten Fahne. Geplant war die Gründung einer „Vereinigten Arabischen Republik", die aber letztlich nicht realisiert wurde. Die drei Sterne, die für Ägypten, den Irak und Syrien standen, wurden umgedeutet in „Einheit, Freiheit und Sozialismus" (Maximen der Baath-Partei). Die neue Farbkombination beinhaltet nun alle vier Farben des Panarabismus (auch rot).

Flagge ③ (1991-2004): Nach der versuchten Eroberung Kuwaits und dem darauf folgenden Zweiten Golfkrieg gegen die USA wurde die Flagge von 1963 um die arabischen Worte „Allahu Akhbar" (Gott ist größer) ergänzt. Damit sollte der Krieg gegen die USA auch religiös gerechtfertigt werden. Angeblich ist der Schriftzug in der Handschrift des irakischen Diktators Saddam Hussein ausgeführt.

Flagge ④ (2004-2008): Nach dem Dritten Golfkrieg und dem daraus resultierenden Sturz Saddam Husseins wurde diese provisorische Flagge eingeführt. Der „handschriftliche" Schriftzug wurde in eine neutrale Schrifttype geändert.

2008 entstand wiederum eine neue provisorische Flagge – nun ohne die Sterne: Viele Iraker störten sich am Symbol der mittlerweile entmachteten Baath-Partei.

M3 Flaggen des Irak

1. *Beschreibe die Illustration M1. Ordne sie mithilfe deines bisherigen Wissens über den Suezkanal in den Kontext der Dekolonisierung ein.*
2. *Analysiere die Karte in M2. Welche Völkerbundmandate entstehen auf dem Gebiet des ehemaligen Osmanischen Reiches? Wann erreichen diese Gebiete ihre formale Unabhängigkeit von den Mandatsmächten?*
3. *Erläutere den Begriff „Dekolonisierung". Beurteile, wie sinnvoll diese Bezeichnung ist (Darstellungstext).*
4. *Betrachte die vier Flaggen in M3 genau und beschreibe sie. Stelle Vermutungen an, was die einzelnen Farben und Bildelemente auf den Flaggen bedeuten könnten.*
5. *Erläutere die Symbolik der Flaggen (Farben, Symbole) mit M4. Arbeite die politischen Umbrüche des Irak heraus und ordne die Flaggen den mit ihnen verbundenen Umbrüchen zu.*
6. *Der Imperialismus der europäischen Mächte im Nahen Osten hat Auswirkungen bis heute. Bewerte die Folgen des Imperialismus anhand der politischen Veränderungen innerhalb des 20. und 21. Jh. im Nahen Osten.*
7. *Erläutere die farbliche und motivische Symbolik anderer Flaggen, die du kennst, und stelle diese in einer Übersicht zusammen. Du kannst hierzu auch im Internet recherchieren.*

▸ ***Geschichte In Clips:*** Ein Video, das die Entwicklung des Nahen Ostens von 1945 an nachzeichnet, findest du unter Code 31045-12

Orientbilder im Westen: Zwischen Faszination und Abscheu

Um 1900 war die Orient-Begeisterung im Deutschen Reich auf einem Höhepunkt. Die Romane von Karl May, dem Lieblingsautor der Jugendlichen jener Zeit, handelten nicht nur im Wilden Westen, sondern auch in der Welt des Orients. Zugleich galt der Orient aus europäischer Sicht aber auch als Ort der Fremdheit und Rückständigkeit, des Lasters und der Tyrannei. Das Orientbild im Westen, so scheint es, bewegte sich zwischen diesen Extremen – der Faszination einerseits und der Abscheu andererseits.

Vorschläge für Forschungsthemen:

Thema 1: *Faszination Orient – welches Bild des Orients existiert in Europa um 1900?*

Thema 2: *„Eine zweifelhafte Gegend" – warum wird der Orient aus europäischer Sicht abgewertet?*

Beschreiben

Thema 1: *Beschreibt das Titelbild des berühmten Abenteuerromans „Von Bagdad nach Stambul". Arbeitet typische Merkmale des Orients heraus (M1).*

Thema 2: *Beschreibt das Bild in M5 genau: Was wirkt auf den Betrachter faszinierend, was eher befremdlich?*

Untersuchen

Thema 1: *Analysiert den Textauszug aus „Von Bagdad nach Stambul" (M3). Wie werden die Stadt und die Menschen beschrieben?*

Thema 2: *Vergleicht die Beschreibung des Europäers mit derjenigen des Orientalen in M4.*

Einordnen

Thema 1 und 2: *Der US-amerikanische Literaturtheoretiker palästinensischer Herkunft Edward Said hat folgende These aufgestellt: Die europäischen Vorstellungen von Muslimen, Osmanen und Arabern dienten immer dazu, den zweifelhaften Orient zu kontrollieren. Bewertet die These Edward Saids anhand der untersuchten Materialien und M2.*

Präsentieren

Thema 1 und 2: *Mit dem Begriff Orientalismus bezeichnet Edward Said in seinem 1978 erschienenen Werk „Orientalism" den eurozentrischen, westlichen Blick auf die Gesellschaften des Nahen Ostens bzw. die arabische Welt. Entwickelt eine Checkliste, anhand derer man Orientalismus feststellen und auf gegenwärtige Bilder des Orients anwenden kann. Recherchiert dafür Bilder, die den Orient darstellen, in Zeitschriften, Magazinen oder im Internet und wendet die Checkliste an.*

M1 Karl May: Von Bagdad nach Stambul
Titelbild der Originalausgabe von 1892
Um 1900 war dieser Roman in fast jedem deutschen Jugendzimmer zu finden. Der deutschstämmige Held Kara Ben Nemsi erlebt in den Romanen des Sachsen Karl May zahlreiche Abenteuer im Orient.

M2 Konkreter Orientalismus

In seinem 1978 erschienenen Werk „Orientalism" bezeichnet Edward Said mit dem Begriff Orientalismus den westlichen Blick auf die Gesellschaften des Nahen Ostens bzw. die arabische Welt.

Die Entdeckungen von Westlern über den manifesten modernen Orient nahmen eine besondere Dringlichkeit an, als die dortigen Gebietsaneignungen voranschritten. […] Doch niemals kam es zu einer frappanteren Verschmelzung des latenten Orientalismus mit der manifesten Realität als bei der Zerstückelung der asiatischen Türkei durch die Briten und Franzosen infolge des Ersten Weltkrieges. Dort lag der Kranke Mann am Bosporus auf dem Operationstisch, in seiner ganzen Schwäche, seinen Eigenschaften und seiner topografischen Silhouette offengelegt.

Edward Said, Orientalismus, Frankfurt am Main [5]2017, S. 255 (übersetzt von Hans Günter Holl)

M 3 Kara Ben Nemsi in Bagdad

Auszug aus dem Abenteuerroman „Von Bagdad nach Stambul" (1892). Der Titelheld Kara Ben Nemsi reist durch die Länder Nordafrikas und des Nahen Ostens. Dort erlebt er zahlreiche haarsträubende Abenteuer und Gefahren mit seinen arabischen, osmanischen, persischen und kurdischen Begleitern. Nach Besuchen in Kairo und Mekka erreicht er schließlich Bagdad – eine Stadt, die er hauptsächlich aus Märchen und Legenden kennt:

Heute sah es in Bagdad durchaus nicht märchenhaft aus. Schmutz, Staub, Trümmer und Lumpen überall. Sogar die Brücke, auf der ich hielt, war baufällig, und ihr elendes Flechtwerkgeländer hing in Fetzen herab. Statt ‚Dar El-Kalifet' (Haus der Kalifen) oder ‚Dar Es-Sallam' (Haus des Heils) konnte man die Stadt jetzt treffender ‚Dar Et-Ta'un' (Haus der Pest) nennen. Trotz des immer noch prächtigen Anblicks, den Bagdad bietet, besteht der dritte Teil des Geländes innerhalb der Stadtumwallung aus Friedhöfen, Pestfeldern, Sumpflachen und modrigem Häuserschutt. Die Pest stellt sich alle fünf oder sechs Jahre ein und fordert ihre Opfer. Der Moslem zeigt auch solchen Katastrophen gegenüber seine unheilvolle Gleichgültigkeit. „Allah sendet es, wir dürfen nichts dagegen tun", sagt er. Bei der entsetzlichen Epidemie des Jahres 1831 gab sich der Vertreter Englands alle Mühe, umfassende Abwehrmaßnahmen zu treffen. Aber da erhoben sich die Mollas gegen ihn, und er wurde mit der Begründung verjagt, sein Plan richte sich gegen den Koran. Die Folge davon war, dass jeder Tag bis zu dreitausend Pestleichen forderte.

Karl May, Von Bagdad nach Stambul, Gütersloh 1963, S. 203

M 4 Der Europäer und der Orientale

Auszug aus den Schriften des britischen Politikers Evelyn Baring (1908). Er ist von 1883 bis 1907 britischer Generalkonsul in Kairo und damit der eigentliche Herrscher Ägyptens.

Der Europäer ist ein scharfer Denker; seine Äußerungen sind frei von Mehrdeutigkeit; er ist ein natürlicher Logiker, obwohl er Logik nicht studiert haben muss; er ist von Natur aus skeptisch und verlangt nach Beweisen, bevor er die Wahrheit irgendeiner Äußerung akzeptieren kann; sein trainierter Geist arbeitet wie ein Mechanismus. Der Geist des Orientalen auf der anderen Seite ist, wie seine farbenfrohen Straßen, aus der Balance geraten. Seine Argumentationsweise ist schlampig. Obwohl die frühen Araber ein höheres Niveau der Dialektik besaßen, sind ihre Nachfahren nicht Mitglied in der logischen Fakultät. Sie sind oft unfähig, auch nur die naheliegendsten Schlussfolgerungen zu ziehen, auf deren Basis sie die Wahrheit ermitteln könnten. Versuche nur von einem normalen Ägypter eine einfache Information zu erhalten. Ringend nach Klarheit, wird seine Erklärung im Allgemeinen langatmig ausfallen. Er wird sich wahrscheinlich ein halbes Dutzend Mal selbst widersprechen, bevor er seine Geschichte beendet. Er wird häufig schon unter der Last der kleinsten Überprüfung zusammenbrechen.

Zit. nach: Evelyn Baring, Modern Egypt. Teil 2, London/New York 1908 (Neudruck 2000), S. 146, in: Geschichte lernen (177) 2017, S. 44 (übersetzt von Nicola Hafez und Kai Hafez)

M 5 Bad im Harem (1875)

Gemälde von Jean-Léon Gérôme (1824-1904), französischer Historienmaler

Die Werke Gérômes prägten westliche Vorstellungen von nah- und fernöstlichen Motiven.

Völkermord in aller Öffentlichkeit?

M1 Massaker an Christen in der Türkei
Titelbild einer französischen Zeitschrift von 1909

Angespanntes Verhältnis

Bis in das 19. Jh. lebten christliche Minderheiten wie **Aramäer**, **Armenier** und Griechen fast problemlos unter der osmanischen Herrschaft, hauptsächlich in Ostanatolien und Metropolen wie Smyrna und Konstantinopel. Nachdem einige Staaten auf dem Balkan in der zweiten Hälfte des 19. Jh. unabhängig wurden, entstanden politische Spannungen. Teile der armenischen Bevölkerung wollten sich ebenfalls vom Osmanischen Reich lösen und einen eigenen Staat gründen. Dies empfanden die Sultane als Bedrohung. Auf nationalistische Unruhen reagierte Sultan Abdülhamid II. bereits 1895 mit einem Massaker an der armenischen Bevölkerung. Mit dem Putsch der Opposition des Komitees für Einheit und Fortschritt (KEF) 1908 zeichnete sich zum ersten Mal ein türkischer Nationalismus ab, der einen ethnisch homogenen Nationalstaat anstrebte und sich dem armenischen Nationalismus widersetzte.

Prolog des Verbrechens

Als die russische Armee im **Ersten Weltkrieg** 1915 von armenischen Freiwilligen unterstützt wurde und es wiederholt zu armenischen Aufständen kam, reagierten Teile der osmanischen Regierung und des Volkes brutal. In der Nacht vom 24. April 1915 ereigneten sich erste Massaker. Offizielle Dokumente, die zum Massenmord aufrufen oder Vorbereitungen zur Deportation der Armenier treffen, sind bisher nicht bekannt, aber amtliche Zeugnisse und Augenzeugenberichte belegen die Planung der Deportation. Die Ausführenden wollten sich selbst bereichern, verspürten Ressentiments aus religiösen und wirtschaftlichen Gründen, befolgten Befehle oder handelten eigeninitiativ äußerst gewaltsam.

Völkermord (Genozid)

Einen Monat später, am 27. Mai 1915, trat das „Gesetz über die Bevölkerungsumsiedlung" in Kraft. Zielort der Deportationen war das Lager Deir ez-Zor in der syrischen Wüste. Bis zu 1,5 Mio. Armenier, etwa ein Drittel der damaligen armenischen Bevölkerung, sollen zu dieser Zeit gestorben sein. Sie starben auf Todesmärschen, ohne Wasser, Nahrung oder medizinische Versorgung. Frauen und Mädchen wurden vergewaltigt. Ein großer Teil der Minderjährigen assimilierte sich durch Zwangsehen und Adoptionen an türkische Familien. Auf den Erfahrungen des Völkermordes an den Armeniern und des Holocaust basierend, verabschiedeten die UN 1948 eine Konvention, die Völkermord als Verbrechen definierte.

Mitwisser

Der Völkermord wurde im Ausland beobachtet. Deutsche Offiziere trafen an der Seite der osmanischen Regierung wichtige Entscheidungen über die Deportation. Diplomaten sendeten Berichte über das Massenmorden nach Berlin, aber die Regierung entschied sich, nicht zu handeln, um den Bündnispartner nicht zu verlieren.

Aramäer Armenier Erster Weltkrieg

M 2 Bericht eines Diplomaten

Der deutsche Diplomat Scheubner-Richter berichtet am 28.07.1915 aus Erserum an den deutschen Botschafter in Konstantinopel, Wangenheim:

Das Endziel ihres Vorgehens gegen die Armenier [ist] die gänzliche Ausrottung derselben in der Türkei. Nach dem Kriege werden wir „keine Armenier mehr in der Türkei haben“, ist der wörtliche Ausspruch einer maßgebenden Persönlichkeit. Soweit sich das Ziel nicht durch die verschiedenen Massaker erreichen lässt, hofft man, dass Entbehrungen der langen Wanderung bis Mesopotamien und das ungewohnte Klima dort ein Übriges tun werden. […] Das türkische Volk selbst ist mit dieser Lösung der Armenierfrage keineswegs einverstanden und empfindet schon jetzt schwer die infolge der Vertreibung der Armenier über das Land hier hereinbrechende wirtschaftliche Not.

Zit. nach: Wolfgang Gust (Hrsg.), Der Völkermord an den Armeniern 1915/16 – Dokumente aus dem Politischen Archiv des deutschen Auswärtigen Amts, Springe 2005, S. 219 f.

M 4 Massakrierte Armenier
Foto, 1915

M 3 „Aussiedlung“

Der deutsche Konsul in Aleppo, Rößler, schreibt am 09.02.1916 an den deutschen Reichskanzler:

„Aussiedlung“ nennt der amtliche Bericht diese grausamste aller Todesarten! Offiziell ist alles in schönster Ordnung. […] Sie können sich kaufen, was sie wollen … wenn sie was finden! Und niemand kann ihre Mörder so leicht feststellen! „Was soll aus ihnen werden?“, habe ich unterwegs manchen Türken gefragt. „Sie werden sterben“, lautete die Antwort. […] Ein alter Gendarm erzählt, er […] gönne den Armeniern ihre Strafe, weil einige von ihnen gegen den Padischah [Sultan] gearbeitet hätten. Aber dann solle man sie verurteilen und erschießen und nicht langsam zu Tode martern. Er könne es nicht mehr aushalten und werde sicher den Verstand verlieren, wenn er diesen grenzenlosen Jammer noch länger mit ansehen müsste. Auf meine Frage an die beiden Kommandanten, warum sie nicht Bericht erstatteten, erfolgte die bezeichnende Antwort: […] [Mein Herr, Befehl der Regierung! Zu Befehl!]

Zit. nach: Wolfgang Gust, a. a. O., S. 443 - 446

M 5 Sicherheitsmaßnahmen

Am 12.07.1915 schreibt der deutsche Leiter einer Blindenstation, Benno von Dobbeler:

Man wird nun fragen, warum die türkische Regierung dies [die Deportationen] tut. […] Man glaubt, dass, falls die Engländer hier einbrechen sollten, die Armenier zu einer Gefahr werden. Indem sie zu jenen hinüberschwenken. Sie haben [in Ostanatolien] mit den Russen zusammen gegen die Türken gekämpft. Aber wie dem auch ist, die hier befolgte Praxis ist barbarisch und kommt einer Dezimierung des Volkes gleich. Was für Werte befinden sich in den von Armeniern geführten kaufmännischen Geschäften. […] Es wird alles stehen und liegen bleiben, um solchen zuzufallen, die nicht daran gearbeitet haben. Die Türken bereichern sich diesmal mehr als bei irgendeinem Massaker in früherer Zeit, […] die Güter […] fallen ihnen mühelos in den Schoß.

Zit. nach: Wolfgang Gust, a. a. O., S. 254

1. *Beschreibe die Illustration M1. Wie werden Opfer und Täter dargestellt?*
2. *Arbeitet arbeitsteilig Informationen zum Ablauf des Genozids, zu den Motiven, der Rechtfertigung und der Haltung der türkischen Bevölkerung heraus (Darstellungstext, M2 - M5).*
3. *Die deutsche Reichsregierung hätte den Genozid verhindern können. Erörtere dies.*
4. *Bei Gedenkveranstaltungen wird oft dazu aufgefordert, sich in die Opfer von Verbrechen hineinzuversetzen – etwa den Genozid an den Armeniern. Beurteile diese Aufforderung.*

1908: Putsch Komitee für Einheit und Fortschritt (KEF)
24. April 1915: Erste Massaker während des Ersten Weltkrieges
27. Mai 1915: Beginn Deportation der armenischen Bevölkerung
1914 - 1918: Erster Weltkrieg
1900 1910 1920

M1 Mit einer Demonstration gedenken Menschen in Berlin des Völkermordes an den Armeniern
Foto, 2015

Völkermord – erinnern oder verdrängen?

Auf dem Gebiet des Osmanischen Reiches wurde 1915/16 ein Völkermord verübt. Doch innerhalb von Politik und Gesellschaft gibt es Diskussionen, wie man angemessen darüber sprechen und erinnern sollte.

Thema:
Völkermord – erinnern oder verdrängen?

Beschreiben

Beschreibt das Foto (M1). Stellt Hypothesen auf, welches Interesse die Demonstrierenden verfolgen und an wen sich die Demonstration richtet.

Untersuchen

Analysiert die Materialien (M2-M6) im Hinblick auf den Umgang mit dem Völkermord. Erläutert die Position des sich Äußernden.

Einordnen

Ordne das Zitat des türkischen Journalisten Murad Bayraktar „Für türkische Politiker wäre es politischer Selbstmord, offiziell von einem Völkermord zu sprechen" in den Kontext der Stellungnahmen ein. Welche Bedeutung hat dies für Politiker aus anderen Ländern?

Präsentieren

Gestaltet eine Gedenktafel, die sich mit dem Völkermord an den Armeniern auseinandersetzt, oder gestaltet eine Rede zum Gedenken an den Völkermord.

M2 Bundestag erklärt Verbrechen an Armeniern am 2. Juni 2016 zum Völkermord

Mit breiter Mehrheit beschließt der Bundestag einen Antrag von CDU/CSU, SPD und Grünen. Es gibt nur eine Gegenstimme und eine Enthaltung.

Der Bundestag bedauert die unrühmliche Rolle des Deutschen Reiches, das als militärischer Hauptverbündeter des Osmanischen Reiches trotz eindeutiger Informationen auch vonseiten deutscher Diplomaten und Missionare über die organisierte Vertreibung und Vernichtung der Armenier nicht versucht hat, diese Verbrechen [...] zu stoppen. Das Gedenken des Deutschen Bundestages ist auch Ausdruck besonderen Respektes vor der wohl ältesten christlichen Nation der Erde. [...] Der Bundestag bekennt sich zur besonderen historischen Verantwortung Deutschlands.

http://dip21.bundestag.de/dip21/btd/18/086/1808613.pdf [Zugriff: 30. 11. 2019]

M3 Nationaler Gedenktag in Frankreich

Auf der Internetseite des deutschen öffentlich-rechtlichen Rundfunksenders Deutschlandfunk Kultur wird am 24.04.2019, dem Jahrestag erster Massaker an Armeniern während des Ersten Weltkrieges, berichtet:

Frankreich erinnert 2019 erstmals mit einem nationalen Gedenktag an den Völkermord an den Armeniern im Ersten Weltkrieg […]. Präsident Emmanuel Macron hatte den 24. April im Februar zum Tag der Erinnerung an den „Völkermord" an den Armeniern gemacht. Damit löste er ein Wahlkampfversprechen gegenüber der großen armenischen Gemeinde ein. Frankreich hatte die 1915 beginnenden Massaker an den Armeniern im Osmanischen Reich schon 2001 offiziell als „Völkermord" eingestuft […].

https://www.deutschlandfunkkultur.de/frankreich-gedenkt-erstmals-an-armenier-voelkermord.265.de.html?drn:news_id=1000215 [Zugriff: 29. 04. 2019]

M4 Türkische Kritik an den Deutschen

Der türkische Staatssekretär Sükrü Sina Gürel wirft 2001 in türkischen Zeitungen den Deutschen vor, ihre eigene Beteiligung am Holocaust verschleiern zu wollen, indem sie die Türkei in den Kreis der Völkermörder ziehen:

Diejenigen, die die Geschichte der Türkei mit einem Menschlichkeitsverbrechen beschmutzen, [wollen] ihre eigenen Verbrechen gegen die Menschlichkeit relativieren. […] Wir sollen Hitlers Muse gewesen sein […]. [So können die Deutschen sagen,] schaut her, wir sind nicht die einzigen Völkermörder. [Daher braucht man sich nicht zu wundern,] wenn sich Deutschland, das 7 Millionen Juden in Gaskammern umgebracht hat, morgen schamlos vor uns stellt und sagt ‚Ihr seid des Völkermordes schuldig'.

Zit. nach: Seyhan Bayraktar, Politik und Erinnerung. Der Diskurs über den Armeniermord in der Türkei zwischen Nationalismus und Europäisierung, Bielefeld 2010, S. 207f.

M5 Aus einem türkischen Schulbuch

In der Türkei werden Schulbücher von der staatlichen Türkischen Historischen Gesellschaft TTK herausgegeben. In einem Lehrbuch für die Grundschule werden die armenisch-türkischen Beziehungen wie folgt beschrieben:

Die bis ins 19. Jh. in Ruhe und Sicherheit lebenden Armenier begannen zu rebellieren, als das Osmanische Reich schwächer wurde und England und Russland ihnen Unabhängigkeitsversprechungen machten. Während des Ersten Weltkrieges haben manche Armenier die russische Armee unterstützt. Daher hat die Osmanische Regierung, um die Sicherheit und Ordnung im Land zu gewährleisten, entschieden, die armenische Bevölkerung in den Süden umzusiedeln. Dies wurde sowohl für die Wahrung der Sicherheit der türkischen als auch der armenischen Bürger getan. Doch während der Zwangsumsiedlungen verloren aufgrund des bestehenden Krieges, der Hungersnot und den Seuchen […] einige Menschen ihr Leben. Manche Armenier bezeichnen diese Zwangsumsiedlung seither als Völkermord.

Türkische Historische Gesellschaft (Türk Tarih Kurumu) (Hrsg.), Lehrbuch für die Grundschule Bd. 8, S. 178 (übersetzt von Ebru Cosan)

M6 Reaktion des türkischen Präsidenten Erdoğan auf eine Aussage des Papstes

Papst Franziskus richtet am 12.04.2015 ein Grußwort an armenische Christen in Rom und spricht vom „ersten Genozid des 20. Jahrhunderts". Der türkische Präsident reagiert daraufhin scharf. Die Deutsche Presse-Agentur zitiert Erdoğan am 14.04.2015 folgendermaßen:

Ich möchte ihn dafür rügen und warnen. […] Der geehrte Papst wird diese Art von Fehler höchstwahrscheinlich nicht wieder begehen. […] Wenn Politiker und Geistliche die Arbeit von Historikern übernehmen, dann kommt dabei nicht die Wahrheit, sondern so wie heute Unsinn heraus.

Papst redet „Unsinn" in Armenierfrage © dpa Deutsche Presse-Agentur GmbH

Internettipp:
Die Originalseite des türkischen Schulbuches findest du unter Code 31045-13

Die Türkei – Nachfolger des Osmanischen Reiches?

M 1 Der letzte Sultan des Osmanischen Reiches geht ins Exil
Foto, 1922
Mehmed VI. beim Verlassen des Dolmabahçe-Palastes am 17. November 1922.
Die Regierung der Türkei erklärte am 13. Oktober 1922 im schweizerischen Lausanne, dass sie an die Stelle des Osmanischen Reiches getreten ist.

Vertrag von Sèvres

Die Niederlage im **Ersten Weltkrieg** leitete gleichzeitig das Ende des Osmanischen Reiches ein. Am 10. August 1920 unterzeichneten Vertreter des Sultans den Friedensvertrag von Sèvres. Laut Vertrag sollte das Restgebiet der Türkei aus der Schwarzmeerregion und Zentralanatolien bestehen. Die restlichen Gebiete wurden den Siegermächten Russland, Frankreich, Italien und Griechenland zugesprochen. Die **Armenier** und **Kurden** sollten einen eigenen Staat bekommen.

Nationaler Widerstand

Für türkische Nationalisten bedeutete der Vertrag Verrat. Im Untergrund rührte sich Widerstand. Osmanische Offiziere gründeten Widerstandskomitees. Einer davon war Mustafa Kemal, ein bekannter Befehlshaber der osmanischen Armee. Er ließ eine Wahl gemäß dem Wahlgesetz von 1876 durchführen. Daraus entstand die Große Türkische Nationalversammlung. Ihr erster Präsident wurde jener Mustafa Kemal. Der Sultan blieb weiter Staatsoberhaupt. Die Abgeordneten erklärten die Bestimmungen von Sèvres für ungültig.

Griechisch-türkischer Krieg

Aufgrund der Bestimmungen des Vertrages begann die griechische Armee, unterstützt durch die Großmächte Großbritannien und Frankreich, die zugesprochenen Gebiete zu besetzen. Es gelang den Truppen Mustafa Kemals, die griechischen Truppen zu schlagen. Dies eröffnete ihm einen bedeutenden politischen Spielraum: Die Bestimmungen von Sèvres konnten nachverhandelt werden.

Vertrag von Lausanne

Am 24. Juli 1923 unterzeichneten Vertreter der türkischen Nationalversammlung schließlich den Vertrag von Lausanne. Die Siegermächte akzeptierten die neuen Grenzen des türkischen Nationalstaates und fast alle Forderungen Mustafa Kemals. Das Osmanische Reich existierte fortan nicht weiter. Der Sultan wurde rückwirkend zum 1. November 1922 abgesetzt, der Titel des Kalifen blieb weiter bestehen. Im Vertrag von Lausanne war weder von Armenien (bzw. einer Rückkehr der Armenier) noch von einem Staat der Kurden die Rede.

Erster Weltkrieg Armenier Kurden

M 2 Das Osmanische Reich gemäß dem Vertrag von Sèvres 1920

M 3 Der Vertrag von Lausanne zum Minderheitenschutz

Im Vertrag von Lausanne, der am 24.07.1923 unterzeichnet worden ist, befinden sich folgende Regelungen zum Minderheitenschutz in der Türkei:

(Article 38) The Turkish Government undertakes to assure full and complete protection of life and liberty to all inhabitants of Turkey without distinction of birth, nationality, language, race or religion […].

(Article 39) Turkish nationals belonging to non-Moslem minorities will enjoy the same civil and political rights as Moslems.

https://treaties.un.org/doc/publication/unts/lon/volume%2028/v28.pdf [Zugriff: 07.08.2020]

M 4 Die Türkisierung der Nation

Der Politikwissenschaftler Cengiz Günay stellt den Umgang mit Minderheiten in der neu gegründeten Türkei folgendermaßen dar:

Inoffizielle interne Anweisungen innerhalb der Bürokratie und der Armee verhinderten Besetzungen von Posten mit Angehörigen der nicht-muslimischen Minderheiten [Griechen, Armenier, Juden] […]. Im Staat wurden demnach geheime Unterkommissionen gebildet, die mit der Beobachtung der Aktivitäten der nicht-muslimischen Minderheiten und deren möglichen Risiken für die nationale Sicherheit beauftragt wurden […].

Cengiz Günay, Geschichte der Türkei. Von den Anfängen der Moderne bis heute, Stuttgart 2012, S. 139 f.

1. *Beschreibe das Foto in M1. Nenne mögliche Ursachen und Folgen des Umbruchs.*
2. *Vergleiche die Bestimmungen des Vertrages von Sèvres mit den Bestimmungen des Vertrages von Lausanne (Grenzen der heutigen Türkei) in M3. Wer sind Gewinner und Verlierer der Bestimmungen?*
3. *Arbeite die Etappen der Entwicklung des Osmanischen Reiches hin zu einem türkischen Nationalstaat heraus (Darstellungstext).*
4. *Vergleiche die formalen und faktischen Rechte der nicht-muslimischen Minderheiten gemäß dem Lausanner Vertrag (M3, M4).*
5. *Beurteile, inwiefern man die Türkei als Nachfolgestaat des Osmanischen Reiches bezeichnen kann.*
6. *Stelle Hypothesen auf, welche innenpolitischen Konflikte sich nach dem Vertrag von Lausanne entwickelt haben können.*

1920: Vertrag von Sèvres
1920: Einberufung Große Nationalversammlung in Ankara
1919-1922: Türkisch-Griechischer Krieg
1922: Sieg über Griechen, Abschaffung des Sultanats; Auflösung des Osmanischen Reiches
1923: Vertrag von Lausanne
1923: Gründung der Republik Türkei
1920
1930

Die Türkische Republik – ein Modellstaat?

M1 Sechs Pfeile für die Bildung einer souveränen Nation („Egemenlik Ulusun")
Foto, 1935
Das Foto zeigt den ersten Präsidenten der türkischen Republik, Mustafa Kemal, am Rednerpult der Nationalversammlung.

M2 Frauenwahlrecht in der Türkei
Karikatur von Arthur G. Racey, Montreal Star, 1930
In der Türkei wurde das Frauenwahlrecht im Jahr 1930 eingeführt. In Kanada erhielten Frauen das vollständige Wahlrecht im Jahr 1940.

M1

M2
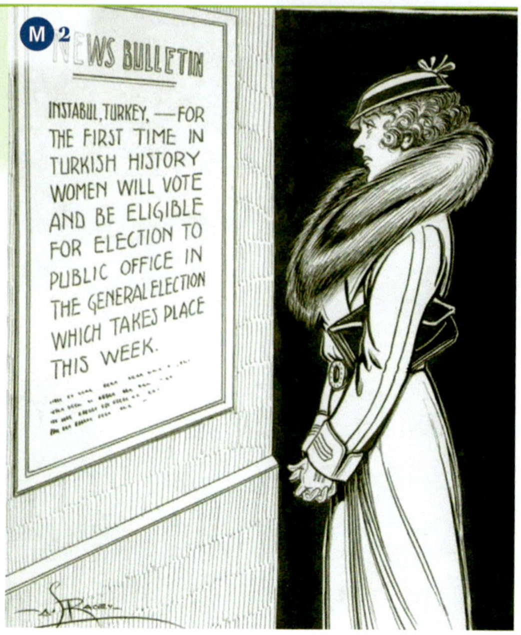

Kulturnation

„Wir [müssen] durch Reformen der inneren Zustände beweisen, dass wir mitten unter den Kulturnationen ein aktives Glied sein können."
Mit diesen Worten skizzierte Mustafa Kemal 1919 sein Ziel, aus dem Osmanischen Reich einen unabhängigen türkischen Staat zu machen. Gelingt es ihm, einen Modellstaat zu entwerfen?

Gründung der Republik

Am 29. Oktober 1923 rief Mustafa Kemal als Präsident der Nationalversammlung die Türkische Republik aus. Diese wählte ihn zum Staatspräsidenten, der er bis zu seinem Tod 1938 blieb. Der Provinzort Ankara wurde zur neuen Hauptstadt. Mustafa Kemal entwickelte eine Staatsphilosophie, die heute als **Kemalismus** bezeichnet wird – mit sechs Prinzipien: Republikanismus, Nationalismus, Säkularismus, Etatismus[1], Reformismus[2] und Populismus[3].

„Kemalistische Kulturrevolution"

Mustafa Kemal war der Ansicht, dass sich die Türkei an Europa orientieren müsse, um ein souveräner Staat zu werden. Er setzte eine Reihe von Verboten und Reformen durch: Männern wurde das Tragen der osmanischen Kopfbedeckung Fes verboten. 1928 schaffte er das arabische Alphabet ab und ließ lateinische Buchstaben einführen. Ein Jahr später passte er die islamische Zeitrechnung europäischen Regeln an und löste den Freitag durch den Sonntag als Wochenendfeiertag ab. 1934 wurden neue Familiennamen eingeführt.

Neue türkische Identität

Die europäische Idee des **Laizismus**, Religion und Staat zu trennen, hielt Mustafa Kemal für richtungsweisend. Das Kalifat wurde 1924 abgeschafft, Koranschulen und Scharia-Gerichte geschlossen. Oberstes Ziel war es, eine türkische Identität zu schaffen. Auf seine Anordnung entstand ein Wörterbuch der türkischen Sprache. Armenische, griechische und kurdische Dörfer bekamen türkische Namen.

Rolle der türkischen Frau

Die Stellung der Frau verbesserte sich durch die Gleichstellung von Mann und Frau, das **Frauenwahlrecht** und die Einehe nach dem Vorbild des Schweizer Zivilrechts erheblich. Die Verschleierung der Frau blieb erlaubt. Das Bild der Frau wandelte sich: Unwissende, ungebildete Frauen galten als ungeeignete „Mütter der Nation".

[1] Etatismus: Der Staat lenkt die Wirtschaft.
[2] Reformismus: Fortsetzung der Reformpolitik
[3] Populismus: Mobilisierung des breiten Volkes z. B. durch Volksabstimmungen

M 3 Ansprache in Bursa
Foto, 1924
Mustafa Kemal und fast alle seiner Zuhörer tragen die osmanische Kopfbedeckung Fes.

M 4 Mustafa Kemal
Foto, 1925
Mustafa Kemal ließ die Kopfbedeckung Fes 1925 als Zeichen „rückständiger" Vorstellungen verbieten. Sultan Mahmud II. hatte den Fes 1829 als Symbol der Gleichheit und der Zusammengehörigkeit aller Untertanen des Osmanischen Reiches zur vorgeschriebenen Kopfbedeckung für Männer gemacht.

M 5 Mustafa Kemal über Kleidung und Hut
Aus einer Rede in Inebolu, einem traditionellen Städtchen am Schwarzen Meer (August 1925):
Die Türken, die die türkische Republik gründeten, sind zivilisiert, [...] aber sie müssen zeigen und beweisen, dass sie zivilisiert sind, [...] auch in ihrer äußeren Erscheinung. [...] Ist unsere Kleidung national? (‚Nein, nein!') Ich stimme Euch zu, [...] meine Freunde, wir müssen nicht die alten Trachten von Turan aufsuchen und neu beleben. Eine internationale und zivilisierte Kleidung ist passend und würdig für unsere Nation, und wir werden sie auch tragen. Stiefel oder Schuhe an unseren Füßen, Hosen an unseren Beinen, Rock und Krawatte, Jacke und Weste – und natürlich zur Vervollständigung, eine Kopfbedeckung mit einem Rand. Darauf lege ich besonderen Wert. Diese Kopfbedeckung nennt sich Hut.
Bernd Rill, Kemal Atatürk, Reinbek 2001, S. 94

1. *Nenne sechs Prinzipien, die deiner Meinung nach einen Modellstaat ausmachen, für die die Pfeile stehen könnten (M1).*
2. *Analysiere die Karikatur. Erläutere in diesem Zusammenhang eine mögliche Modellhaftigkeit des neuen türkischen Staates (M2).*
3. *Arbeite die Maßnahmen Mustafa Kemals heraus, die für die Bildung eines neuen Nationalstaates notwendig erschienen. Welche „inneren Zustände" sollten reformiert werden (Darstellungstext, M2, M5)?*
4. *Vergleiche deine Ideen aus 1. mit den Pfeilern des Kemalismus. Beurteile anschließend, ob Mustafa Kemal aus der Türkei einen Modellstaat machte.*
5. *Mit der Gründung der Republik leitete Mustafa Kemal weitreiche kulturelle Veränderungen ein. Bewerte, ob dies sinnvoll ist, um einen neuen Staat zu etablieren (M3 - M5).*
6. *Führt in eurer Klasse / Schule / Stadt eine kleine Umfrage durch und recherchiert, welche Rolle Mustafa Kemal und der Kemalismus heute in der Türkei spielen.*

29. Oktober 1924: Republik Türkei wird ausgerufen; Mustafa Kemal wird Staatspräsident
20. April 1924: Erste Verfassung der Republik; Abschaffung Kalifat
1925-1929: Kemalistische „Kulturrevolution"
1934: Einführung Familiennamen; Mustafa Kemal erhält den Namen Atatürk (Vater der Türken)
10. November 1938: Tod Atatürks
1920 1930 1940

Atatürk – ein verdienter Ehrenname?

M1 Atatürk im öffentlichen Raum
Foto, 2012
Statue und Banner von Mustafa Kemal Atatürk im Stadtzentrum von Ankara.

Mustafa Kemal bekam 1934 vom Parlament den Ehrennamen „Atatürk" (dt.: Vater der Türken) verliehen. Bis heute ist er in der Türkei allgegenwärtig. Es gibt kein wichtiges Amtszimmer, kein öffentliches Gebäude ohne die Büste oder das Porträt des Staatsgründers. Wer war dieser Mann und trägt er den Titel „Vater der Türken" zurecht?

Mustafa Kemal

Mustafa Kemal wurde im Winter des Jahres 1880/81 in der osmanischen Stadt Saloniki geboren. Seinen Beinamen Kemal bekam er seinen Erzählungen nach in der militärischen Vorbereitungsschule. Osmanische Muslime hatten damals keine Familiennamen. Diese führte er 1934 als Staatspräsident ein.

Die Bewegung der Jungtürken

Mit dreizehn Jahren kam er in die militärische Vorbereitungsschule. In diesen Militärschulen entstanden die revolutionären Bewegungen der Jungtürken, die mit der Politik des herrschenden Sultans Abdülhamid II. nicht zufrieden waren. Die Jungtürken gründeten das Komitee für Einheit und Fortschritt (KEF) und putschten sich 1908 an die Macht. Daraufhin wurde das Osmanische Reich von Mitgliedern des KEF regiert. Zu dieser Zeit gehörte Mustafa Kemal nicht zum engeren Kreis des KEF.

Gallipoli-Schlacht während des Ersten Weltkrieges

Als 1914 das Osmanische Reich auf der Seite der Mittelmächte, Deutschland und Österreich-Ungarn, in den Ersten Weltkrieg eintrat, war die Verteidigung der Gallipoli-Halbinsel bedeutungsvoll. Bei der Verteidigung der Meerenge bewies Mustafa Kemal seine militärischen Fähigkeiten als Offizier. Der Sieg wird seither vor allem seiner Person zugeschrieben.

Staatspräsident

Als erster Präsident der Türkei prägte er durch seine Reformen das Wesen des Staates. Er regierte den neuen Staat mit harter Hand. Nach Konflikten mit kurdischen Aufständischen verwandelte er die bis dahin freiheitliche Republik 1925 in ein diktatorisches Staatswesen. Im gleichen Zug verbot er die neu gegründete Oppositionspartei seiner politischen Gegner. 1926 wurde öffentlich, dass ein Attentat auf ihn geplant war. Daraufhin wurde u. a. ein ehemaliger Finanzminister zum Tode verurteilt. Die Opposition wurde eingeschüchtert oder ausgeschaltet.

M 2 Das Mausoleum Atatürks an dessen Todestag
Foto, 10. November 2017
Atatürk starb am 10. November 1938 um 9:05 Uhr. Seither steht zu seinem Todeszeitpunkt in der Türkei für eine Schweigeminute alles still, während die Sirenen heulen. Menschen bleiben stehen und Fahrer halten an.

M 3 Das Gesetz über strafbare Handlungen gegen Atatürk vom 25. Juli 1951

Artikel 1 des türkischen Gesetzes Nr. 5 816 lautet:

(1) Wer das Andenken an Atatürk öffentlich beschimpft oder beleidigt, wird mit Freiheitsstrafe von einem Jahr bis zu drei Jahren bestraft.

2) Wer Atatürk darstellende Statuen, Büsten und Denkmäler beziehungsweise das Mausoleum Atatürks zerstört, zertrümmert, beschädigt oder verschmutzt, wird mit Freiheitsstrafe von einem Jahr bis zu fünf Jahren bestraft.

(3) Wer andere Personen zu den in den obigen Absätzen erläuterten Straftaten ermuntert, wird gleich einem Täter bestraft.

https://www.mevzuat.gov.tr/MevzuatMetin/1.3.5816.pdf (übersetzt von Ebru Cosan) [Zugriff: 30. 11. 2019]

M 4 Atatürks Selbstverständnis

Rede vor der Nationalversammlung am 8. August 1926 nach der Aufdeckung eines Komplotts und der Hinrichtung der Verschwörer:

Ich habe die Armee erobert. Ich habe das Land erobert. Ich habe die Macht erobert. Warum darf ich nicht auch mein Volk erobern? Die Männer, die diese Nacht umgekommen sind, hatten die Absicht, mir das zu untersagen. Sie wollten mich von dem trennen, was mein einziger Lebensinhalt ist: dem türkischen Volk. Ich habe ihre Köpfe rollen lassen, und so werde ich jedes Mal handeln [...]. [Die Türkei] atmet nur durch mich, und ich lebe nur durch sie. Blut ist geflossen. Das war notwendig. Wisst, dass Revolutionen mit Blut begründet werden müssen. [...] Ich will, dass mein Werk mich überlebe [...]. [Ich] werde mein Volk an der Hand führen, bis seine Schritte sicher sind und bis es seinen Weg kennt. Dann wird es seinen Führer frei wählen und sich selbst regieren können.

Bernd Rill, Kemal Atatürk, Reinbek 2001, S. 93

---

1. *Entwickle Hypothesen, wer dieser Mann ist und welche Bedeutung er für die heutige Türkei hat.*
2. *Erläutere die Bedeutung Atatürks in der Türkei (Darstellungstext, M2, M3).*
3. *Arbeite wichtige Aspekte aus Atatürks Selbstverständnis heraus (M4).*
4. *Das Gesetz stellt in der Türkei das Andenken an Atatürk unter strafrechtlichen Schutz. Bewerte, ob ein solches Gesetz gerechtfertigt ist (M3).*
5. *Bewerte, ob Mustafa Kemal den Ehrennamen „Vater der Türken" zurecht trägt.*
6. *Beurteile Atatürks Selbstverständnis aus der Perspektive eines zeitgenössischen türkischen Bürgers (M4).*

1880/81: Mustafa Kemal wird in Saloniki geboren
1889: Gründung des Komitees für Einheit und Fortschritt
1908: Putsch der Jungtürken
1923: Gründung der Republik Türkei

1880 | 1890 | 1900 | 1910 | 1920 | 1930

„Wir riefen Arbeitskräfte, es kamen Menschen“

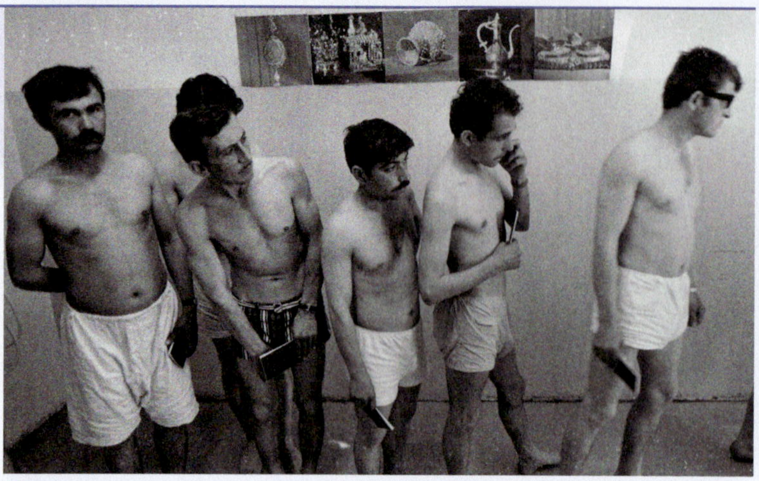

M1 Eignungs- und Gesundheitsuntersuchung in Istanbul
Foto, 1973
Die Untersuchung erfolgte in Gruppen von 10 - 15 Personen: Blutdruckmessung, Begutachtung von Röntgenaufnahmen, Untersuchung von Blut und Urin; Entkleidung bis auf die Unterhose, Untersuchung von Augen, Ohren, Zähnen und Geschlechtsorganen. Einfache körperliche Übungen mussten ausgeführt werden.

„Wir riefen Arbeitskräfte, es kamen Menschen." So charakterisierte der Schriftsteller Max Frisch die Arbeitsmigration nach Westeuropa. Wie sahen die Maßnahmen für die neuen Arbeitskräfte aus und warum verließen letztere ihre Heimat?

Die sogenannten Gastarbeiter

Sie waren Schreiner, Maschinenschlosser, Bauern oder Bauarbeiter. Als sie in den 1950/60er-Jahren nach Deutschland kamen, um den Arbeitskräftemangel in der Nachkriegszeit auszugleichen, wurden sie zu sogenannten Gastarbeitern. Man spricht in diesem Fall von **Wirtschaftsmigration**. Ihre Auswanderung wurde durch die hohe Arbeitslosigkeit in der Türkei ausgelöst. Nach ihrer geplanten Rückkehr sollten sie durch ihre erworbenen Kenntnisse den wirtschaftlichen Aufbau der Türkei gestalten.

Wie alles beginnt

Am 30. Oktober 1961 wurde das **Anwerbeabkommen** zwischen Deutschland und der Türkei unterzeichnet. Solche Abkommen schloss die Türkei auch mit Österreich (1964) und Frankreich (1965). Mehr als zweieinhalb Millionen Menschen bewarben sich anschließend zwischen 1961 und 1973 um eine Arbeitserlaubnis in Deutschland. Das Abkommen sicherte die Auswahl und Vermittlung türkischer Arbeitskräfte. Zudem regelte es die Unterkunft, Lohn- und Arbeitsbedingungen im „Gastland". Das **Assoziierungsabkommen** (1963) zwischen der Europäischen Wirtschaftsgemeinschaft (Vorgängerin der heutigen EU) und der Türkei garantierte den türkischen „Gastarbeitern" in den Mitgliedstaaten der EU eine Arbeitserlaubnis.

Warum in die Bundesrepublik?

Die Gründe der „Gastarbeiter" waren vielfältig. In der Türkei herrschte große Arbeitslosigkeit und Armut. Im Gastland hofften sie, in kurzer Zeit genug Geld zu verdienen, um in ihrer Heimat etwas aufbauen zu können. Nicht-sunnitische und nicht-türkische Bevölkerungsgruppen, vor allem Kurden, Aleviten, Armenier, Aramäer sowie Kommunisten flüchteten vor Repressionen.

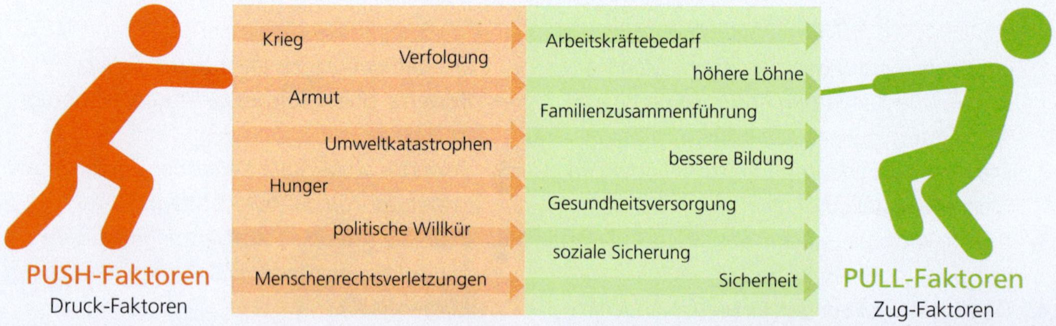

M2 Push- und Pull-Faktoren

M3 „Wie man nach Deutschland geht“

Die Türkische Anstalt für Arbeit und Arbeitsvermittlung in Ankara gibt 1963 eine türkischsprachige Broschüre für Arbeitsmigranten in Deutschland heraus. […] Darin heißt es u. a.:

Arbeitet fleißig, wach und umsichtig und lernt schnell dazu, was ihr noch nicht wisst. Haltet euch strikt an die Betriebsordnung. Kommt pünktlich und geht pünktlich. Lasst euch nie krankschreiben, außer wenn es gar nicht anders geht.

Zit. nach: Jeannette Goddar und Dorte Huneke (Hrsg.), Auf Zeit. Für Immer. Zuwanderer aus der Türkei erinnern sich, Bonn 2011, S. 220

M4 Arbeitsbedingungen

Das Schulfernsehen des SWR/WDR, planet schule, beschreibt die Arbeitsbedingungen der sogenannten Gastarbeiter:

Was Arbeitsbedingungen und Bezahlung anbelangt, rangieren die Türken durchweg im unteren Bereich. Für die Anatolier, zumeist frühere Landarbeiter und Kleinpächter, brachte der Wechsel zu den öden Produktionsbändern der technischen Gesellschaft ohnehin eine starke psychische Belastung. […] Die Länge der Beschäftigungsdauer veränderte die Mentalität der Gastarbeiter. Sie empfinden ihre gettohafte Isolierung, sie spüren auch ihre Rolle als dressierte Affen, die für Verrichtungen eingesetzt werden, für die deutsche Kollegen sich zu gut sind. Und sie nutzen zunehmend den Freiheitsspielraum, den ihnen das deutsche Arbeitsrecht bietet. „Macht kaputt, türkische Leute nix Menschen, wie Tieren“, verriet ein Gastarbeiter einem Reporter der „Westdeutschen Allgemeinen Zeitung“.

Zit. nach: Sema Dayi, 50 Jahre Deutsch-türkisches Anwerbeabkommen. Themenblätter im Unterricht, Bonn 2011, S. 3

M5 Unterbringung

Die deutsche Wirtschafts- und Finanzzeitung Handelsblatt beschreibt am 16. Februar 1967 die Unterbringung der sogenannten Gastarbeiter:

In einem Raum von nicht mehr als 15 Quadratmetern hausen 6 türkische und griechische Gastarbeiter. Übereinander und eng zusammengerückt stehen die Betten; alle Männer liegen schon, obwohl es gerade erst halb neun ist. Aber was sollen sie in diesem Loch anderes anfangen? Nicht einmal genügend Stühle sind vorhanden […]. Um ins nächste Zimmer zu gelangen, muss man eine steile Holztreppe erklimmen. Nur durch Sperrholzwände wird der Raum zusammengehalten.

Hier brennt noch Licht. Ein Arbeiter kniet gerade auf einem kleinen Teppich und verrichtet sein Gebet, die anderen hocken in ihren Betten. Aus der Papiertragetüte eines Kaufhauses haben sie sich einen notdürftigen Lampenschirm gemacht. […] Man sucht nach Worten, um den Toilettenraum zu beschreiben. Auf dem Boden schwimmt eine einzige dreckige Lache […]. Einmal für sich allein sein, davon darf man nur träumen. Und die Gewohnheit, nachts die Zimmertür hinter sich abzuschließen, wird jedem Neuling schon am ersten Tag ausgetrieben.

Handelsblatt vom 16. Februar 1967

---

1. *Das Wort „Gastarbeiter“ setzt sich zusammen aus „Gast“ und „Arbeiter“. Nenne Begriffe, die du mit beiden Wörtern assoziierst.*
2. *Beschreibe die Gestik und Mimik der Bewerber (M1).*
3. *Stelle die Voraussetzungen für die türkische Arbeitsmigration nach Westeuropa dar. Verwende dazu die Grafik zu den Push- und Pull-Faktoren (Darstellungstext, M2).*
4. *Erläuterte das Zitat von Max Frisch: „Wir riefen Arbeitskräfte, es kamen Menschen.“ Bewerte die Arbeits- und Lebensbedingungen der sog. Gastarbeiter. Beziehe deine Ideen aus 1. ein (M3-M5).*
5. *Gestalte einen Brief / eine Audioaufnahme eines sog. Gastarbeiters, der über Herausforderungen vor, während und nach seiner Migration berichtet (Darstellungstext, M1-M5).*

1955: Anwerbeabkommen mit Italien
1960: Anwerbeabkommen mit Spanien und Griechenland
1961: Anwerbeabkommen mit der Türkei
1963: Anwerbeabkommen mit Marokko; Assoziierungsabkommen
1964: Anwerbeabkommen mit Portugal
1965: Ausländergesetz; Anwerbeabkommen mit Tunesien
1968: Anwerbeabkommen mit Jugoslawien

1950 1960 1970 1980

Zurückkehren oder bleiben?

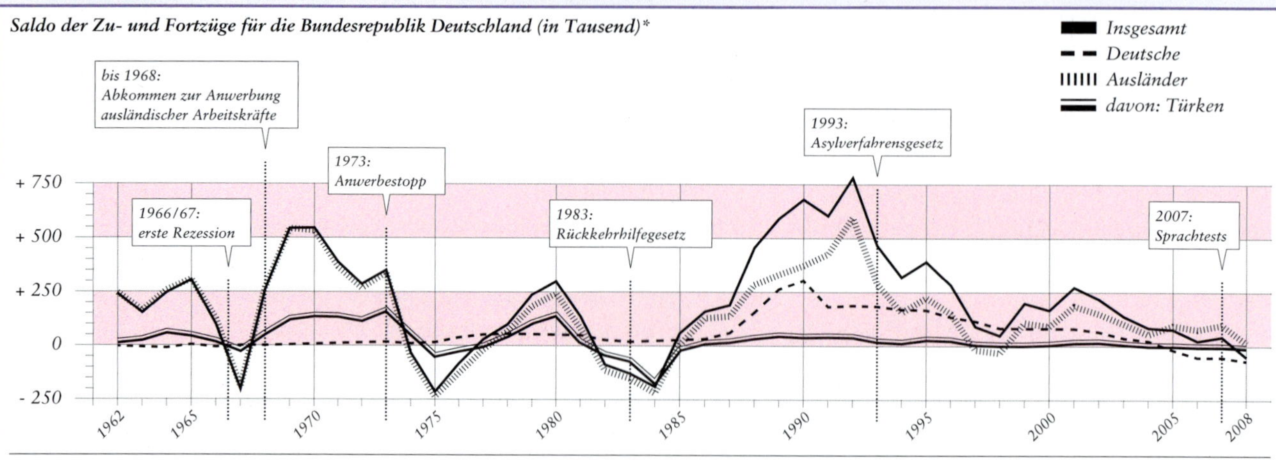

— *Quelle:* Statistisches Bundesamt (www.destatis.de), © Leitwerk

* Bis 1990 früheres Bundesgebiet. Ausländer: einschließlich staatenlos, ungeklärt und ohne Angaben. Deutsche bis 1974 ohne Herkunfts- und Zielregionen, die früher zum Deutschen Reich gehört hatten, also auch ohne Vertriebene und Aussiedler aus diesen Gebieten.

M 1 Bilanz der ausländischen Ein- und Auswanderung

Anwerbestopp

1973 stiegen die Ölpreise stark an und verursachten eine Rezession in der Bundesrepublik Deutschland. Daraufhin erließ die Bundesregierung unter Willy Brandt (SPD) den sogenannten Anwerbestopp für Arbeitskräfte aus Staaten, die nicht zum Verbund der Europäischen Gemeinschaft (Vorläufer der EU) gehörten. Der Anwerbestopp löste die Furcht aus, nach einem Aufenthalt in der Türkei niemals nach Deutschland zurückkehren zu können. Dies stellte die türkischen Arbeitskräfte vor die entscheidende Frage: Dauerhaft bleiben oder zurück in die Türkei gehen?

Die türkischen Arbeitskräfte bleiben

Die Bundesrepublik gewährte den Arbeitsmigranten ab 1974, ihre Familienangehörigen nach Deutschland zu holen. Zudem verringerte sie die Kindergeldsätze für ausländische Kinder, die in der Heimat geblieben waren. Dies schuf einen weiteren Anreiz, die Familie nach Deutschland zu holen. Als sich das türkische **Militär** nach 1960 und 1971 im Jahr 1980 zum dritten Mal an die Macht putschte, wurde eine neue Einwanderungswelle ausgelöst. Grundlegende **Menschenrechte** wie das Verbot von Folter, Schutz vor Verhaftung, Anspruch auf faires Gerichtsverfahren, Recht auf Staatsangehörigkeit, Gedanken- und Religionsfreiheit sowie Meinungsfreiheit wurden von der türkischen Regierung missachtet. Die Arbeitslosigkeit in der Türkei ging nicht zurück. Daher sahen viele türkische Arbeitskräfte in ihrer alten Heimat keine Zukunft. Langsam wurden die in den Kellern gelagerten Möbel und technischen Geräte, die für die Familien in der Heimat vorgesehen waren, ausgepackt und die deutsche Wohnung eingerichtet.

Kein Einwanderungsbewusstsein

Die türkischen Arbeitskräfte bekamen Zugang zum deutschen Sozial- und Schulsystem sowie zum Gesundheitswesen. Sie zahlten also auch Beiträge in die deutsche Rentenkasse. Gleichzeitig wartete man in Deutschland darauf, dass die Gäste bald wieder nach Hause gingen. Da sie vor ihrer Rente das Land verlassen sollten, ging man davon aus, dass sie keine Kosten verursachen würden. Also bekamen die Arbeitskräfte, die 1983/84 die Bundesrepublik verließen, finanzielle Unterstützung für ihre Rückkehr, die sogenannte Rückkehrprämie. Der damalige Bundeskanzler Helmut Kohl war der Ansicht, dass Deutschland kein Einwanderungsland sei.

M2 Zurück in die Türkei?

Der türkische Einwanderer Selahattin Biner und seine Frau schildern ihre Überlegungen. Die Tochter Göknil geht später als junge Frau ans Münchner Konservatorium, die jüngere Schwester studiert Musik- und Erziehungswissenschaften.

An dem Tag, als Göknil in die erste Klasse kam, haben wir gesagt: Jetzt müssen wir entscheiden, was wir wollen: Nach Hause? Oder hier bleiben? Wir mochten ja die Türkei, keiner von uns hatte je daran gedacht, ein ganzes Leben hier zu verbringen. Aber plötzlich lagen die Dinge anders. Die Älteste kam zur Schule, die Jüngere war gerade geboren. Und als wir auf dem Sofa saßen und überlegten, wurden wir uns schnell einig, dass eine Rückkehr nicht mehr infrage kommt. Die schulische und pädagogische Ausbildung, die unseren Töchtern hier bevorstand, hätte ihnen die Türkei nie geboten, als Mädchen schon gar nicht.

Zit. nach: Jeannette Goddar, „Das ist meine Welt! Da muss ich hin!", in: Jeannette Goddar und Dorte Huneke (Hrsg.), Auf Zeit. Für immer. Zuwanderer aus der Türkei erinnern sich, Bonn 2011, S. 36

M3 In der Schule

Die Regionalzeitung Heilbronner Stimme macht am 31. Januar 1970 auf die schulische Situation der „Gastarbeiterkinder" aufmerksam:

Oberschulrat Hoffmann: „Wir haben keine speziellen Leistungen für Gastarbeiter-Kinder." Im Stadtkreis Heilbronn unterliegen zurzeit 261 Ausländer-Kinder nach dem Schulverwaltungsgesetz der Grundschulpflicht. 102 Türken, 65 Italiener, 54 Griechen, 23 Spanier.
Dazu kommen noch Portugiesen, Österreicher, Ungarn und Jugoslawen. [...] Ein Lehrer, der eine mehr als 50-köpfige Anfänger-Klasse unterrichten muss und zudem noch gegen Verständigungsschwierigkeiten anzukämpfen hat, ist hoffnungslos überfordert. Der Unterricht leidet zwangsläufig, weil die ausländischen Kinder oft Anweisungen und Ausführungen nicht verstehen. So gibt es oft Schwierigkeiten, den Lehrplan überhaupt einzuhalten. Und das geht wiederum zulasten der deutschen Schüler. Mancher Lehrer sagt unter dem Zwang der Situation: „Ich ziehe eben meinen Stoff durch. Ob die mitkommen oder nicht, darum kann ich mich nicht entscheidend kümmern. Schließlich habe ich sie nicht geholt!" [...].

Heilbronner Stimme, 31. Januar 1970

M4 Türkischer Arbeiterkongress Gelsenkirchen, 1978

1. *Beschreibe die Grafik (M1). Wie entwickelte sich die Ein- und Auswanderung von Türken im Zeitraum von 1962 bis 2008?*
2. *Erläutere die Entwicklung der Einwanderung, indem du die Eintragungen in der Grafik (z. B. Anwerbestopp) zu Hilfe nimmst (Darstellungstext, M1).*
3. *Arbeite die Folgen der Arbeitsmigration für die türkischen Migrantinnen und Migranten und für das Zielland Deutschland heraus und bewerte sie (Darstellungstext, M2 - M4).*
4. *Zwei türkische Gastarbeiterfamilien diskutieren, ob sie zurückkehren oder bleiben sollen. Gestaltet eine Diskussion.*
5. *Beurteile Helmut Kohls Aussage „Deutschland ist kein Einwanderungsland" (1989) vor dem Hintergrund der Statistik aus M1 und deiner Kenntnisse über Arbeitsmigration nach Deutschland.*

1965: Ausländergesetz
23.11.1973: Anwerbestopp
1980: Militärputsch in der Türkei
1983/84: Rückkehrprämie
1960 1970 1980 1990

Gelungene Integration?

Deutsche Integrationspolitik

Bis zur Jahrtausendwende fand in Deutschland keine aktive Integrationspolitik statt. Zwar forderten kritische Stimmen, wie der erste Ausländerbeauftragte Heinz Kühn (SPD), bereits 1979, dass sich Politik und Gesellschaft mit dem Thema Integration auseinandersetzen müssen, doch die Regierung unter Helmut Kohl ignorierte die Einwanderungssituation. Erst Ende der 1990er-Jahre begann eine intensive Integrationsdebatte. Hierbei ging es hauptsächlich um den rechtlichen und politischen Status der Zuwanderer. Dass eine Integration gefördert werden muss, wurde 2005 im Zuwanderungsgesetz als Aufgabe des Staates festgelegt. Das Bundesamt für die Anerkennung ausländischer Flüchtlinge (BAFl) wurde zum Bundesamt für Migration und Flüchtlinge (BAMF) und mit der Aufgabe betraut, Maßnahmen zur Integrationsförderung zu entwickeln.

Bei Integrationsproblemen stehen meist die türkischen Migranten und Migrantinnen im Vordergrund. Wie gut wurden türkische Zuwanderer integriert? Wie lässt sich die deutsche Integrationspolitik bewerten?

Vorschläge für Forschungsthemen:

Thema 1: *Integration der türkischstämmigen Bevölkerung*
Thema 2: *Entwicklung der deutschen Integrationspolitik*

Beschreiben

Thema 1: *Nennt die Dimensionen der Integration und ordnet jeder Dimension ein Beispiel aus dem Alltag zu (M2).*
Thema 2: *Beschreibt in Stichworten die Entwicklung der deutschen Integrationspolitik (Darstellungstext).*

Untersuchen

Thema 1: *Analysiert die beiden Statistiken (M5, M6). Arbeitet heraus, welche Rückschlüsse sich auf die Integration ziehen lassen.*
Thema 2: *Arbeitet heraus, welche Vorwürfe Jan Plamper an die deutsche Politik und Gesellschaft formuliert (M3).*

Einordnen

Thema 1: *Bewertet, welche Indikatoren für eine gelungene Integration wichtig oder weniger wichtig sind (M2).*
Thema 2: *Vergleicht die Situation der türkischstämmigen Bevölkerung in Österreich mit der deutschen und bewertet beide Herangehensweisen (M4).*

Präsentieren

Thema 1: *Gestaltet eine Umfrage in eurer Stadt zur Frage: Gelungene Integration oder inszenierte Vielfalt?*
Thema 2: *Ihr seid Gastredner im Bundestag. Gestaltet eine Rede, in der ihr eure Ideen für eine effiziente Integrationspolitik begründet.*

M1 Straßenbild des Berliner Stadtteils Kreuzberg
Undatiertes Foto

M2 Dimensionen der Integration

Kulturation	Kulturation beschreibt die Übernahme kultureller Aspekte wie Wissen, Lebensstil und Normen.
Platzierung	Die Platzierung ist die Einordnung in die sozio-ökonomische Struktur, etwa durch Bildung und Einkommen, und die gesetzlichen Rechte in Bezug auf Gleichstellung in relevanten Lebensbereichen, wie z. B. dem Arbeits- und Wohnungsmarkt.
Interaktion	Interaktion bezieht sich auf die soziale Komponente der Integration. Im Speziellen sind damit die (engen) Kontakte zur Bevölkerung ohne Migrationshintergrund gemeint, z. B. durch Freundschaften oder Beziehung und Heirat.
Identifikation	Bei der Identifikation geht es um das emotionale Verhältnis zum Einwanderungsland. Bespielsweise spielt die Selbstidentifikation und damit die Verbundenheit mit dem Einwanderungsland eine wichtige Rolle für die Bleibe- und Einbürgerungsabsicht. Des Weiteren sind gemeinsame Werte, wie z. B. Religionsfreiheit, Gleichstellung von Minderheiten oder die Ablehnung von Antisemitismus von Bedeutung.

Nach: Hartmut Esser, Sprache und Integration. Die sozialen Bedingungen und Folgen des Spracherwerbs von Migranten, Frankfurt am Main 2006, S. 26 ff.

M 3 Leugnung der Migration

Der Historiker Jan Plamper stellt die Geschichte Deutschlands aus dem Blickwinkel der Migration dar:

Die Verantwortung lag bei der Politik und bei der Gesellschaft, die diese Politik bestimmte – [...] die sich in blinder Realitätsverweigerung an die Vorstellung der Gastarbeit klammerte. [...] Hätte man den Gastarbeitern viel früher, am besten schon in den 1970er-Jahren, die Möglichkeit geboten, die Staatsbürgerschaft anzunehmen, wären viele Probleme gar nicht erst entstanden. Hätte man ihnen zugestanden, zur Nation der Deutschen zu gehören, bei gleichzeitiger Pflege der italienischen, griechischen, türkischen, jugoslawischen Herkunftssprache und Kultur, würden wir über vieles heute nicht mehr diskutieren [...].

Jan Plamper, Das neue Wir: warum Migration dazugehört. Eine andere Geschichte der Deutschen, Frankfurt am Main 2019, S. 125

M 4 Integration in Österreich

Der Historiker Philipp Ther zur Integrationssituation der türkischen Migrantinnen und Migranten in Österreich:

Im Jahr 2015 ist die Arbeitslosenquote unter den in Österreich ansässigen türkischen Staatsangehörigen auf nahezu 20 % gestiegen und lag damit deutlich höher als unter der türkischstämmigen Bevölkerung in Deutschland [14 %] [...]. Insofern stellt sich die Frage, warum keine Maßnahmen getroffen wurden, um die türkische Bevölkerung besser gegen diese konjunkturellen Schwankungen abzusichern. [...] Laut dem Migrations- und Integrationsbericht der Statistik Austria und der ÖAW [Österreichischen Akademie der Wissenschaften] ist die Hälfte der in Österreich lebenden Türken armutsgefährdet [Deutschland: 36 %]. [...] In Österreich wurden im Jahr 2014 lediglich 885 der dort lebenden 115 000 türkischen Staatsbürger eingebürgert, [...] in Deutschland [...] rund dreimal so viele wie in Österreich. [...] Im Unterschied zur Bundesrepublik verlangt Österreich von seinen Neubürgern, dass sie ihre alte Staatsbürgerschaft ablegen. [...] Die Gebühren [für das Einbürgerungsverfahren] liegen [bei min. 1 000 €].

Philipp Ther, Die Außenseiter. Flucht, Flüchtlinge und Integration im modernen Europa, Berlin 2017, S. 346 ff.

M 5 Schulische Bildung (in Prozent)

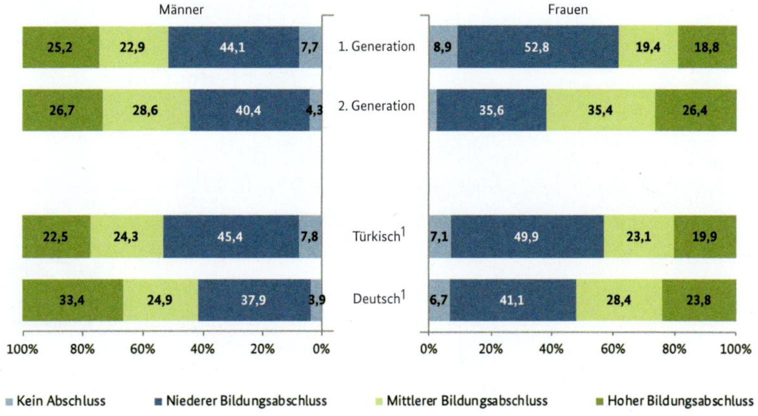

Quelle: RAM 2015, n=1.048, gewichtet.

Susanne Schührer, Türkeistämmige Personen in Deutschland. Erkenntnisse aus der Repräsentativuntersuchung „Ausgewählte Migrantengruppen in Deutschland 2015" (RAM). Working Paper 81 des Forschungszentrums des Bundesamtes, Nürnberg: Bundesamt für Migration und Flüchtlinge 2018, S. 28

M 6 Verbundenheit mit Deutschland (in Prozent)

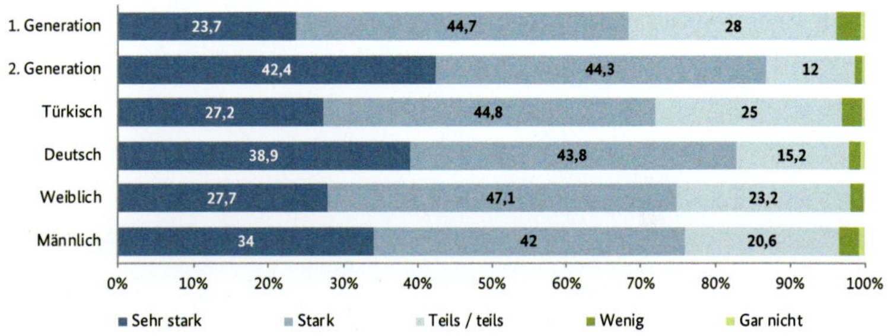

Quelle: RAM 2015, n= 1.227, gewichtet.

Anmerkung: Fragetext „Wie stark fühlen Sie sich mit Deutschland verbunden?", Antwortskala von 1 „Sehr stark" bis 5 „Gar nicht".

Susanne Schührer, a. a. O., S. 20

M 7 Türkisches Lebensmittelgeschäft
Köln, 1990

[1] Mit den Bezeichnungen Türkisch bzw. Deutsch wird zwischen Türkeistämmigen mit türkischer bzw. deutscher Staatsangehörigkeit unterschieden.

Zwischen Demokratie und Autokratie

Nach Art. 2 der Verfassung versteht sich die Türkei als „demokratischer, laizistischer und sozialer Rechtsstaat". Im April 2017 fand in der Türkei ein Verfassungsreferendum statt, das die Gewaltenteilung einschränkte. In der Türkei werden seit dem Putschversuch 2016 die Medien kontrolliert, oppositionelle Politiker, Intellektuelle und Journalisten verhaftet. Die türkische Justiz agiert nicht mehr unabhängig von der Politik. Regelmäßig wird die Wiedereinführung der Todesstrafe diskutiert. Ein Teil der Zivilgesellschaft lehnt die Entwicklungen ab, ein anderer befürwortet sie.

1. *Erläutere die aktuellen Entwicklungen in der Türkei.*
2. *Vergleiche die Herrschaftsform des Osmanischen Reiches mit derjenigen der Türkei.*
3. *Der türkische Politiker Recep Tayyip Erdoğan sagte 1996 in einem Interview mit der Zeitung Milliyet: „Die Demokratie ist nur ein Mittel, eine Straßenbahn, von der wir abspringen, wenn wir am Ziel sind." Ordne das Zitat in den Kontext der Entwicklung vom Osmanischen Reich zum Nationalstaat Türkei ein. Bewerte die Aussage Erdoğans vor dem Hintergrund der aktuellen politischen Entwicklungen.*

Vormachtstellung im Nahen Osten

Die Türkische Republik beansprucht, die einzige Führungsmacht im Nahen Osten zu sein. Damit tritt sie in Konkurrenz mit Saudi-Arabien, Ägypten und dem Iran.

1. *Beschreibe die Karte. Welche heutigen Nationalstaaten des Nahen Ostens befinden sich auf dem Gebiet des ehemaligen Osmanischen Reiches?*
2. *Erläutere die aktuelle politische Situation im Nahen Osten. Stütze dich dabei auf deine Kenntnisse zur Dekolonisierung.*
3. *Türkische Politiker argumentieren, dass der Türkei eine Vormachtstellung im Nahen Osten zukomme, und rechtfertigen diese durch die imperiale Vergangenheit des Osmanischen Reiches. Bewerte diese Argumentation.*

Gespaltenes Verhältnis zur EU und Europa

Das Verhältnis zur EU ist belastet. Seit dem 3. Oktober 2005 läuft das Beitrittsverfahren, doch die Gespräche kamen aufgrund von Differenzen immer wieder zum Erliegen. Im Zuge der sogenannten Flüchtlingskrise kam der Türkei eine besondere Rolle zu. Es wurden weitreichende Vereinbarungen (der sog. Flüchtlingsdeal) getroffen, wie die Zuwanderung in die EU über die Türkei gestoppt werden kann.

1. *Nenne Schlaglichter in der Geschichte, anhand derer sich das Verhältnis zwischen dem Osmanischen Reich / der Türkei und Europa / der EU als besonders freundschaftlich oder feindlich bezeichnen lässt.*
2. *Charakterisiere das Verhältnis zwischen dem Osmanischen Reich / der Türkei und Europa / der EU.*
3. *Gestalte eine Mitteilung der türkischen Regierung an die EU, in der sie darum bittet, das Beitrittsverfahren der Türkei wieder aufzunehmen. Greife darin die historische Entwicklung zwischen beiden Parteien auf.*

Minderheiten in der Türkei

Die Minderheiten der Kurden, Aleviten und Armenier werden von der Mehrheitsgesellschaft als Gefahr für die türkische Nation betrachtet. In der Türkei werden Repräsentanten der Minderheiten massiv verfolgt; Parlamentarier sitzen im Gefängnis oder sind im Exil.

1. *Beschreibe das Osmanische Reich als multiethnisches Imperium.*
2. *Erläutere die Stellung von Minderheiten im Osmanischen Reich und im Nationalstaat Türkei.*
3. *Erörtere die Vor- und Nachteile des Zusammenlebens in einem multiethnischen Imperium im Vergleich zu einem homogenen Nationalstaat.*

Wirtschaftliche Herausforderungen

Wirtschaftlich befindet sich die Türkei seit Ende der 2010er-Jahre in einer schwierigen Situation. Die Inflation liegt bei über 10 %, ausländische Direktinvestitionen nehmen ab. Die strukturellen Probleme des Landes zeigen sich in der hohen Jugendarbeitslosigkeit (20 %). Fehlende Rechtssicherheit führt dazu, dass Millionäre und Intellektuelle das Land verlassen.

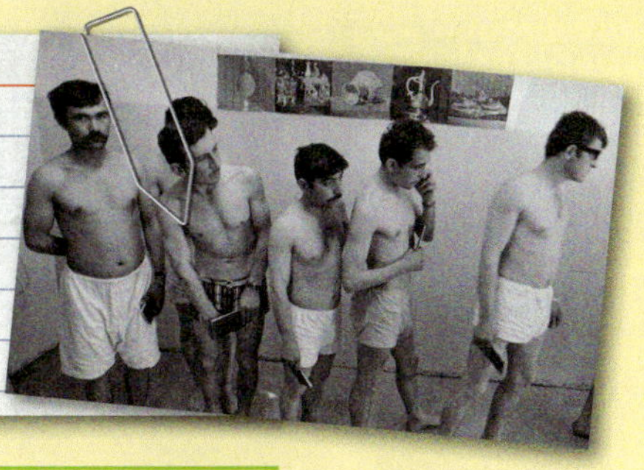

1. *Nenne die Gründe, warum die sogenannten Gastarbeiter ihre Heimat Türkei verließen.*
2. *Vergleiche die Beweggründe zur Migration mit der heutigen Situation der Türkei.*
3. *Beurteile die Vor- und Nachteile von Wirtschaftsmigration sowohl aus Sicht der Migrierenden als auch aus Sicht des Heimatlandes.*

5

Ehemalige Imperien und die Europäische Integration im Vergleich

1992 gründeten Frankreich und Deutschland das „Eurokorps". Dabei handelt es sich um ein militärisches Hauptquartier mit Sitz in Straßburg, das schnelle Eingreiftruppen für friedenssichernde oder -erhaltende militärische Einsätze leitet. Später schlossen sich Spanien, Belgien und Luxemburg an, weitere europäische Staaten entsandten Verbindungspersonal. Grundsätzlich steht dieser multinationale militärische Verband allen EU- sowie NATO-Mitgliedstaaten offen. Er gilt als mögliche Keimzelle für eine gemeinsame Armee der EU.

M Parade des Eurokorps
Im Hintergrund ist das Europäische Parlament in Straßburg zu sehen.

Nennt in Stichworten die Charakteristika des Eurokorps.

Stellt dar, was ihr über die Europäische Union bereits wisst.

Ein geradliniger Weg zur Europäischen Union?

M1 Coopération intereuropéenne
Plakat, 1950
Das Plakat entstand im Rahmen eines Wettbewerbs des European Recovery Program („Marshall-Plan"). Mit dem Programm förderten die USA den Wiederaufbau der westeuropäischen Wirtschaft. Die osteuropäischen Staaten lehnten eine Teilnahme ab, überwiegend auf Druck der Sowjetunion.
Bedingung für den Erhalt von Hilfsleistungen war, dass die geförderten Staaten zusammenarbeiteten. Daraus entstand die Organization for European Economic Cooperation (OEEC).
Bis 1952 erhielten die unterstützten Staaten insgesamt etwa 14 Mrd. US-Dollar in Form von Krediten, nicht rückzahlbaren Zuschüssen und Sachlieferungen.

Zusammenhalt oder Abgrenzung?

Trotz aller Verbindungen der Königreiche, Fürstentümer und Staaten hinsichtlich Kultur, Werten und Herrscherhäusern drückte der Begriff Europa seit der Antike zunächst vorwiegend nicht das Bewusstsein von Gemeinsamkeiten aus. Vielmehr diente er der Abgrenzung von „Anderen". So beschwor 1454 der Humanist und spätere Papst Enea Silvio Piccolomini mit seinem Bild vom „Haus Europa" den Zusammenhalt der christlichen europäischen Monarchien, um die „Türkengefahr" abzuwehren. Die Beschäftigung mit anderen Kontinenten ließ nach den Entdeckungsfahrten im 15. und 16. Jh. Europa verstärkt als geografisch-kulturelle Einheit erscheinen. Aber von einer politischen Einheit waren die europäischen Staaten weit entfernt. Im 19. und 20. Jh. machten Nationalismus, Fremdenhass und die Missachtung bereits bestehender internationaler Vereinbarungen sogar erste Ansätze einer Europäischen Integration zunichte.

Anfänge der Europäischen Integration

Nach den Gräueln des Zweiten Weltkrieges wuchs die Bereitschaft zu einem friedlichen Zusammenschluss europäischer Staaten. Motive dafür waren u. a. die Verhinderung weiterer Kriege, der Wiederaufbau, das Interesse Großbritanniens und Frankreichs, Deutschland in eine westeuropäische Ordnung einzubinden, und der beginnende Kalte Krieg. Bis 1949 wurden zunächst zwei europäische Institutionen gegründet:

- Der Europarat, 1949 von zehn westeuropäischen Staaten gegründet, will die politische und kulturelle Einigung Europas vorantreiben. Er hat keine Gesetzgebungsrechte, kann aber freiwillige zwischenstaatliche Abkommen (Konventionen) verabschieden. Nach dem Ende des Warschauer Paktes schlossen sich auch osteuropäische Staaten wie Russland dem Europarat an.
- Bereits in der 1948 gegründeten Organisation für Europäische Wirtschaftliche Zusammenarbeit (OEEC, heute OECD) arbeiteten westeuropäische Staaten zusammen. Dabei sollten sie Wirtschaftshilfen der USA in Höhe von insgesamt 14 Milliarden Dollar untereinander verteilen. Die UdSSR untersagte den Staaten in ihrem Einflussbereich die Beteiligung.

Von der „Montanunion" …

1951 einigten sich Frankreich und die BRD sowie Italien und die Benelux-Staaten auf die „Montanunion" (Europäische Gemeinschaft für Kohle und Stahl, EGKS). Durch die gemeinsame Kontrolle dieses zentralen Wirtschaftsbereiches hoffte man, militärische Konflikte innerhalb Westeuropas auszuschließen. Frankreich wollte von der deutschen Montanindustrie profitieren und sie zugleich kontrollieren. Die 1949 gegründete Bundesrepublik konnte ihrerseits die ehemaligen Kriegsgegner beruhigen und Vertrauen schaffen. Die Aussöhnung und Freundschaft der ehemaligen Kriegsgegner Frankreich und Deutschland wurde zum „Motor" für die Europäische Integration.
Wegen des großen Erfolges setzten die EGKS-Staaten den wirtschaftlichen Einigungsprozess fort: 1957 unterschrieben sie die Verträge über die Europäische Wirtschaftsgemeinschaft (EWG) und die Europäische Atomgemeinschaft (EURATOM). Vereinbart wurden u. a. eine gemeinsame Politik in

Die Europäische Union

	Beitrittsjahr	Einwohner 2018[1] in Mio.	BIP[1,2] 2017 pro Kopf in Tausend Euro
Belgien	1958	11,4 Mio.	35,0 Tsd. €
Deutschland	1958	82,9	37,1
Frankreich	1958	67,2	31,2
Italien	1958	60,5	28,9
Luxemburg	1958	0,6	75,9
Niederlande	1958	17,1	38,4
Dänemark	1973	5,8	38,4
Großbritannien	1973	66,2	31,7
Irland	1973	4,8	54,3
Griechenland	1981	10,7	20,2
Portugal	1986	10,3	23,0
Spanien	1986	46,7	27,6
Finnland	1995	5,5	32,7
Österreich	1995	8,8	38,1
Schweden	1995	10,1	36,3
Estland	2004	1,3	23,6
Lettland	2004	1,9	20,0
Litauen	2004	2,8	23,5
Malta	2004	0,5	29,3
Polen	2004	38,0	20,9
Slowakei	2004	5,4	22,9
Slowenien	2004	2,1	25,5
Tschechien	2004	10,6	26,9
Ungarn	2004	9,8	20,3
Zypern	2004	0,9	25,4
Bulgarien	2007	7,1	14,8
Rumänien	2007	19,5	18,8
Kroatien	2013	4,1	18,5

13011 © Globus [1]zum Teil vorläufig oder geschätzt [2]kaufkraftbereinigt Quelle: Eurostat

M2 Die Europäische Union (Stand 2018)
Bis 2013 erweiterte sich die EU auf insgesamt 28 Staaten an. Allein 2004 traten bei der sogenannten „Osterweiterung" zehn Staaten bei (Estland, Lettland, Litauen, Malta, Polen, Slowakei, Tschechien, Ungarn und Zypern). Großbritannien ist zum 1. Februar 2020 aus der Europäischen Union ausgetreten.

der Landwirtschaft, der Fischerei und im Verkehr, die schrittweise Abschaffung der Import- und Exportzölle sowie der Beschränkungen für den Personen-, Dienstleistungs- und Kapitalverkehr, eine gemeinsame Handelspolitik gegenüber anderen Staaten und die Zusammenarbeit bei der friedlichen Nutzung der Atomenergie.

... zur Europäischen Union

Seit den 1970er-Jahren wuchs der Druck auf die Mitgliedsländer der Gemeinschaft, nicht nur die wirtschaftlichen Beziehungen immer weiter zu vertiefen. Die Koordination der Außenpolitik sollte ihr internationales Gewicht stärken und gemeinsame Reaktionen, z. B. auf Krisen, ermöglichen und beschleunigen. Allerdings waren die Vorbehalte in den Nationalstaaten groß, ihre alleinige Zuständigkeit aufzugeben.

Das Ende des Kalten Krieges, die Wiedervereinigung Deutschlands und der Zerfall des sowjetischen Machtbereiches 1990/91 beschleunigten die Europäische Integration. Der 1993 in Kraft getretene Vertrag von Maastricht begründete die Europäische Union (EU)[1]. Sie legte drei „Säulen" der Zusammenarbeit fest, eine

- gemeinsame Wirtschafts- und Währungspolitik,
- gemeinsame Außen- und Sicherheitspolitik,
- Zusammenarbeit in der Innen- und Rechtspolitik (u. a. bei der Asylpolitik).

Die EU wurde ein Wirtschaftsraum ohne innere Zoll- und Passkontrollen sowie mit der Möglichkeit, in einem anderen Mitgliedstaat Arbeit zu suchen. Die Unionsbürgerschaft gibt nun jedem EU-Bürger u. a. das aktive und passive Wahlrecht bei Kommunal- und Europawahlen.

Der 1999 in 19 EU-Staaten eingeführte Euro soll die Konkurrenzfähigkeit Europas verbessern und die politische Integration fördern. Voraussetzung für seine Einführung ist die Erfüllung bestimmter wirtschaftlicher Kriterien in dem jeweiligen Staat.

[1] 1967 wurden die „Europäische Gemeinschaft für Kohle und Stahl (EGKS)", die „Europäische Wirtschaftsgemeinschaft (EWG)" und die „Europäische Atomgemeinschaft (Euratom)" miteinander verbunden. Daraufhin war bis 1993 die Bezeichnung „Europäische Gemeinschaft(en) (EG) gebräuchlich. Gemeinsame Organe waren die Europäische Kommission und der Rat der Europäischen Union.

M3 François Mitterrand über die Bedeutung Europas für Frankreich

Nach der Unterzeichnung des Maastrichter Vertrages hält der französische Staatspräsident François Mitterrand am 5. Juni 1992 eine leidenschaftliche Rede. Anlass ist das französische Referendum über den Maastrichter Vertrag:

Von einer Generation zur nächsten haben wir gelernt, dass Frankreich Erbfeinde hatte; es waren allerdings nie dieselben! Frankreich hatte ungefähr ganz Europa zum Erbfeind. Die Zeit Englands ist wohlbekannt, aber die Spaniens ist auch noch nicht so lange her, und das österreichisch-ungarische Reich, Preußen, die Sowjetunion und Deutschland, oder sagen wir das Reich, das macht eine Menge Erbfeinde, und sogar ein paar zu viele, wenn man sich darin zurechtfinden will. Ich erinnere mich, sie gezählt zu haben: In Wirklichkeit gibt es in Europa nur ein einziges Land, mit dem wir nie im Krieg waren. Das einzige Land, mit dem wir niemals Krieg geführt haben – es ist angelegen, daran zu erinnern, aber wir werden es nicht tun – das ist Dänemark. Kurz, Frankreich war die meiste Zeit ein unangenehmer Nachbar. […]

Schließlich die letzte Alternative, diejenige, die ohne Zweifel die Debatte der nächsten Monate beherrschen wird: das Vaterland oder Europa? Handelt es sich um gegensätzliche Begriffe? Ist derjenige, der sich als Gemeinschaftseuropäer versteht, ein schlechter Patriot? Gibt derjenige sein Vaterland auf, der aus Patriotismus Frankreich, und nur Frankreich wählt – ohne die Nützlichkeit bestimmter Abkommen zu leugnen, aber ohne ein strukturell entscheidendes Abkommen, wie das von Maastricht, zu unterstützen? Ist er deshalb ein schlechter Europäer? Ich werde mich nicht auf diese Art von Diskussion einlassen. Ich habe einmal versucht, dies auszudrücken, indem ich sagte: „Frankreich ist unsere Heimat, aber Europa ist unsere Zukunft."

François Mitterrand, Auszug aus seiner Rede vor Studierenden und Lehrenden des Institut d'Études Politiques anlässlich des französischen Referendums über den Maastrichter Vertrag (1992), in: Themenportal Europäische Geschichte (2009), www.europa.clio-online.de/2009/Article=423 [Zugriff: 12. 01. 2018]

M4 Voraussetzungen für einen EU-Beitritt

Eine Internetseite der Bundesregierung informiert über die Kriterien für eine Aufnahme in die Europäische Union:

Für einen Beitritt zur Europäischen Union haben die Staats- und Regierungschefs der EU 1993 bei ihrem Treffen in Kopenhagen drei Voraussetzungen formuliert. Diese sogenannten „Kopenhagener Kriterien" müssen alle Staaten erfüllen, die der EU beitreten wollen:

- Das **„politische Kriterium"**: institutionelle Stabilität, demokratische und rechtsstaatliche Ordnung, Wahrung der Menschenrechte sowie Achtung und Schutz von Minderheiten.
- Das **„wirtschaftliche Kriterium"**: eine funktionsfähige Marktwirtschaft und die Fähigkeit, dem Wettbewerbsdruck innerhalb des EU-Binnenmarktes standzuhalten.
- Das **„Acquis-Kriterium"**: die Fähigkeit, sich die aus einer EU-Mitgliedschaft erwachsenden Verpflichtungen und Ziele zu eigen zu machen, das heißt: Übernahme des gesamten gemeinschaftlichen Rechts, des „gemeinschaftlichen Besitzstandes" (Acquis communautaire).

Die Bedingungen für die Beitritte werden grundsätzlich in Abkommen festgelegt. Diese Beitrittsabkommen werden zwischen der Union und den Beitrittskandidaten kapitelweise ausgehandelt. […] Bestandteil der Abkommen sind meist Übergangsregelungen, um den Beitritt eines Landes für beide Seiten verträglich zu gestalten. Diese Verhandlungen dauern normalerweise mehrere Jahre.

Die EU-Kommission legt jährlich sogenannte Fortschrittsberichte vor. Darin wird der Stand der Verhandlungen und die Entwicklung des Beitrittskandidaten in Bezug auf die Anpassung an die EU-Anforderungen beschrieben.

Das Europäische Parlament muss zunächst den Beitrittsabkommen mit der absoluten Mehrheit seiner Mitglieder zustimmen. Danach muss der Rat[1] zustimmen, und zwar einstimmig. Die Unterzeichnung der Abkommen obliegt dann den Staats- und Regierungschefs der EU und der Beitrittsländer. Jedes Beitrittsabkommen muss als völkerrechtlicher Vertrag von den EU-Mitglied-

[1] Gemeint ist der Rat der Europäischen Union („Ministerrat"), siehe S. 130.

M5 Die EU nach dem Vertrag von Lissabon

staaten und den Beitrittsländern gemäß ihren verfassungsrechtlichen Vorschriften „ratifiziert“ werden. Mit der Hinterlegung der Ratifikationsurkunden ist das Beitrittsverfahren abgeschlossen und die Abkommen treten in Kraft. Das Beitrittsland wird dann zum Mitgliedstaat.

https://www.bundesregierung.de/breg-de/themen/europa/bedingungen-fuer-den-beitritt-zur-europaeischen-union-434536 [Zugriff: 11. 12. 2019]

1. *Beschreibe M1. Nenne Adjektive, die die europäische Kooperation beschreiben.*
2. *Charakterisiere das Selbstbild Europas in der Frühen Neuzeit und arbeite dabei heraus, was zum Zusammenhalt beitrug und zur Abgrenzung diente (Darstellungstext).*
3. *Beschreibe die 1986 eingeführte Europaflagge und entwickle anhand der Informationen zur EU Hypothesen zur Symbolik der Flagge (M2).*
4. *Erörtert die Vor- und Nachteile der sogenannten Osterweiterung für die neuen Mitgliedstaaten und für die EU insgesamt (Darstellungstext, M2).*
5. *Erkläre, warum das Verhältnis zwischen Frankreich und Deutschland entscheidend war für die Europäische Integration (Darstellungstext, M3).*
6. *Arbeite heraus, wie Mitterrand das Spannungsverhältnis zwischen nationalstaatlicher und europäischer Identität aufzulösen versucht (M3).*
7. *Analysiere, welche EU-Staaten 2018 die größte und welche die geringste Wirtschaftskraft hatten (M2).*
8. *Nach der Wirtschaftskraft bemessen sich die Beiträge der Mitgliedstaaten an die EU. Erörtert, ob und wie sich das auf die Entscheidungsstrukturen auswirken sollte.*
9. *Beurteile aus der Sicht eines Beitrittskandidaten die EU (M4).*
10. *Erläutere, welche Herausforderungen und Gefahren die Politikbereiche der EU darstellen (M5).*
11. *Beurteile, ob der Weg zur Europäischen Union ein geradliniger war.*

Die EU – Überwindung des Nationalstaates?

M 1 Zuständigkeiten der EU

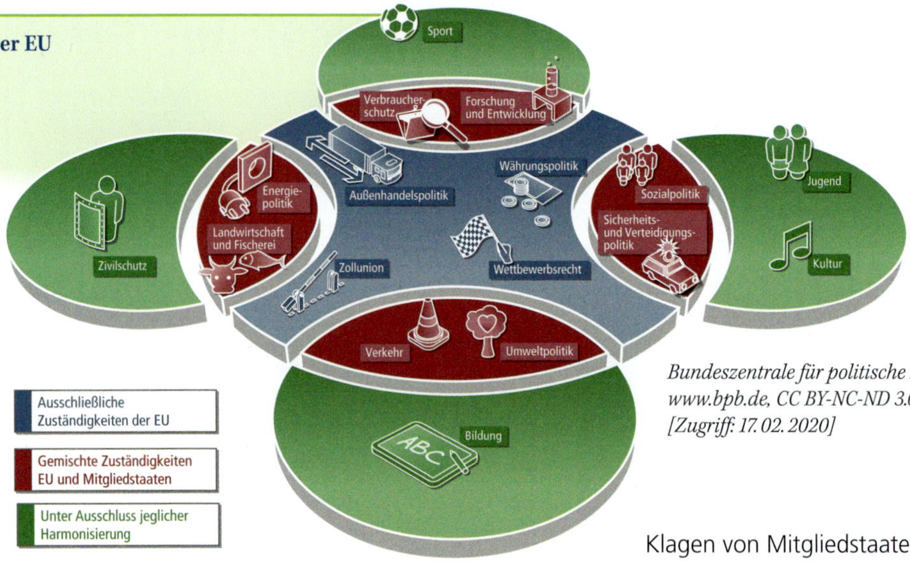

Bundeszentrale für politische Bildung, www.bpb.de, CC BY-NC-ND 3.0 [Zugriff: 17.02.2020]

Die EU als supranationale Institution

Mit der Europäischen Gemeinschaft für Kohle und Stahl (EGKS), auch „Montanunion" genannt (siehe S. 126), entstand die erste **supranationale Organisation** in Europa. Dabei verliehen die Mitgliedstaaten Hoheitsrechte an die Organe der EGKS, die verbindliche Entscheidungen treffen konnten. Aus diesem Kern entwickelten sich im Lauf der Europäischen Integration die supranationalen Organe bis zur heutigen EU weiter oder wurden ergänzt. Die wichtigsten sind:

- *Europäische Kommission*
  Dieses oberste Exekutivorgan überwacht u. a. die Einhaltung der EU-Verträge und kontrolliert, ob die Staatshaushalte der Mitgliedsländer den Vorgaben entsprechen.
- *Europäisches Parlament*
  Es ist das zentrale Organ der Gesetzgebung. Die Abgeordneten werden bei den Europawahlen bestimmt. Für jedes Mitgliedsland ist dabei eine bestimmte Anzahl an Parlamentariern festgelegt. Dabei wird darauf geachtet, dass einerseits kleineren Staaten ein Minimum (2019: 6 Sitze) zusteht, andererseits die Gesamtzahl des Parlaments nicht zu groß wird.
- *Europäischer Gerichtshof*
  Er sichert die Beachtung und die einheitliche Auslegung des EU-Rechts. Verhandelt werden Klagen von Mitgliedstaaten, EU-Institutionen, Unternehmen und Einzelpersonen.
- *Europäische Zentralbank*
  Sie entscheidet über die Währungspolitik in den EU-Staaten, in denen der Euro Zahlungsmittel ist.

Das EU-Recht ist grundsätzlich vorrangig (Grundsatz: „Europarecht bricht nationales Recht").

Spannungsfeld Supranationalität – Nationalstaat

Neben der supranationalen Ebene gibt es auch die Ebene der nationalen Regierungen:

- Im *Europäischen Rat* (auch „EU-Gipfel" genannt) entscheiden die jeweiligen Staats- bzw. Regierungschefs der Mitgliedstaaten über die Leitlinien der europäischen Politik. Hier ist meist Einstimmigkeit erforderlich.
- Dem *Rat der Europäischen Union („Ministerrat")* gehören, je nach Fachbereich, unterschiedliche Vertreter aller Mitgliedstaaten an. Der „Ministerrat" wirkt an der Gesetzgebung mit. Außerdem kann er als Exekutivorgan Rechtsakte erlassen.[1]
  Die Beschlüsse im Ministerrat müssen in besonderen Fällen (u. a. Gemeinsame Außen- und Sicherheitspolitik) einstimmig erfolgen. Ansonsten gilt das Prinzip der doppelten Mehrheit (55 % der Mitgliedstaaten, die gleichzeitig 65 % der Bevölkerung repräsentieren).

[1] Beispielsweise kann der „Ministerrat" bei außergewöhnlichen Schwierigkeiten auf Vorschlag der Kommission wirtschaftliche Maßnahmen beschließen.

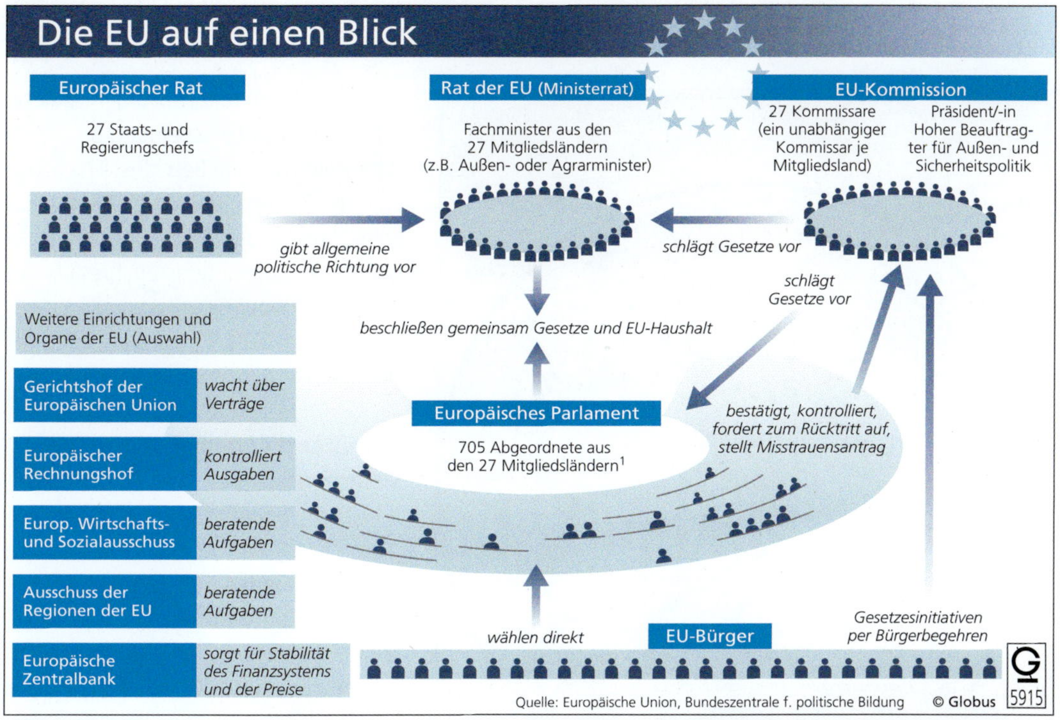

[1] Die Sitze im Europäischen Parlament werden nach dem Prinzip der degressiven Proportionalität verteilt: Große Staaten haben mehr Abgeordnete als kleine Staaten, aber kleinere Staaten haben mehr Abgeordnete pro Einwohner als große Staaten.

M2 „Die EU auf einen Blick“

M3 „Europäisches Konglomerat“?

Am 20. September 1988 hält die damalige britische Premierministerin Margaret Thatcher eine Rede. Über die als „Brügger Rede“ berühmt gewordene Ansprache heißt es in einem Bericht:

Frau Thatcher sprach sich gegen eine enge politische und wirtschaftliche europäische Union, gegen ein wirtschaftlich „interventionistisches“, gewerkschaftsfreundliches und zunehmend „soziales“ Europa aus. Sie erteilte den „Vereinigten Staaten von Europa“, die aus der Brüsseler „Europaverwaltung“ hervorgehen könnten, eine Absage. […]

Frau Thatcher stellt folgende „Leitsätze“ für Europa auf: […] „Die Bereitschaft zur aktiven Zusammenarbeit zwischen unabhängigen souveränen Staaten ist der beste Weg für den Aufbau einer erfolgreichen europäischen Gemeinschaft. Der Versuch, die nationale Souveränität abzuschaffen und die Macht im Zentrum eines europäischen Konglomerats zu konzentrieren, wäre außerordentlich schädlich und würde die Ziele in Gefahr bringen, die wir zu erreichen suchen.“ Die europäischen Länder sollten auf den Gebieten zusammenarbeiten, wo man zusammen mehr erreichen könne als allein. „Aber engere Zusammenarbeit erfordert keine in Brüssel zentralisierte Macht oder Entscheidungen, die von einer dazu eingesetzten Bürokratie gefällt werden.“

Archiv der Gegenwart 24.12.1988, S. 32902ff.

1. *Stelle die Zuständigkeiten der EU dar (M1). Entwickle dabei Hypothesen, was „supranational“ bedeutet.*
2. *Vergleiche die Organe der Legislative, der Exekutive und der Judikative mit denen in der Bundesrepublik Deutschland (Darstellungstext, M2).*
3. *Erkläre, was Margaret Thatcher mit „europäisches Konglomerat“ meint (M3).*
4. *Beurteile den in den Zeilen 10 bis 13 vertretenen Standpunkt (M3).*
5. *Beurteile, inwieweit das Gesetzgebungsverfahren in der EU demokratisch ist (M2, Darstellungstext).*
6. *Erörtere, ob es innerhalb der EU zu einer Überwindung des Nationalstaates kommt.*
7. *Entwickle Vorschläge, wie die Organisation der EU verbessert werden sollte.*

Die EU – ein Imperium?

M1 Europa als Königin
Kupferstich von Matthäus Merian, 1643
Ab dem 17. Jh. wurde Europa immer mehr als geografisch-kulturelle Einheit gesehen. Der lateinische Text unterhalb des Stieres lautet übersetzt: „Als Jupiter Europa, die Tochter Agenors, rauben will, nimmt er die Gestalt eines phönizischen Stieres an und begibt sich auf die Weide. Das Mädchen freut sich voller Hingabe an der schönen Gestalt des Tieres. Ohne zu zögern, besteigt es seinen Rücken, und durch die Meereswogen erreicht die Jungfrau die Insel Kreta. Während der Fahrt blickt sie auf die zurückliegenden Gegenden, bis sich Jupiter als Gott offenbart." Darunter steht: „der herausragendste der [damals bekannten] vier Erdteile"

Europäische Identität (?)

Der Prozess der Europäischen Integration hat nach dem Zweiten Weltkrieg wesentlich zur Erfüllung der folgenden Ziele beigetragen: Sicherung des Friedens, Wiederaufbau nach dem Zweiten Weltkrieg, Steigerung des Wohlstandes, Abbau des Wohlstandsgefälles und Überwindung des Ost-West-Gegensatzes im Kalten Krieg. Das Scheitern der EU-Verfassung im Jahr 2006, zum Teil schlechte Umfragewerte in einigen Mitgliedstaaten und zuletzt der Austritt Großbritanniens zeigen aber, dass eine tragfähige, allgemein akzeptierte Identität bislang fehlt. Dafür gibt es unterschiedliche Gründe: angebliche bürokratische Überregulierung und Bürgerferne, kaum durchschaubare, komplizierte und langwierige Entscheidungsprozesse, mangelndes Vertrauen in die Krisenbewältigung, Skepsis gegenüber der gemeinsamen Währung Euro. Hinzu kommt, dass viele der EU die ausreichende demokratische Legitimität absprechen, auch wenn die Rechte des Europäischen Parlaments immer wieder erweitert wurden, zuletzt 2009. Eine Folgeerscheinung davon ist, dass viele wichtige Beschlüsse nicht zustande kommen, da immer wieder einzelne Staats- und Regierungschefs die nationalen Eigeninteressen ihres Landes über die Gemeinschaftsinteressen stellen. Dabei wäre Einigkeit angesichts globaler Herausforderungen wichtig.

Vorreiter für Frieden und Demokratie?

Im Vertrag von Lissabon hat die EU folgende Werte festgeschrieben: Achtung der Menschenwürde, Freiheit, Demokratie, Gleichheit aller Menschen, Rechtsstaatlichkeit, Wahrung der Menschenrechte einschließlich des Schutzes von Personen, die Minderheiten angehören. In Konflikten, wie in der Ukraine oder im Nahen Osten, ist sie bemüht, zu vermitteln und zu friedlichen Lösungen beizutragen. Die Staatengemeinschaft will ihre Kräfte bündeln, auch um ihr weltweites Engagement im Sinne ihrer Werte und beim Aufbau von Demokratien zu verstärken. Dabei gibt es neben Finanz- und Wirtschaftshilfe, diplomatischen Initiativen, der Entsendung ziviler Einsatzkräfte auch friedenssichernde oder -erhaltende militärische Einsätze. Die EU besitzt keine ständigen Streitkräfte, sondern zeitlich befristetet multinationale Truppen, die oft in Zusammenarbeit mit der UNO oder der NATO tätig werden. Andererseits werden die Europäer oft gedrängt, sich in postimperialen[1] Räumen stärker zu engagieren. Ein Beispiel dafür sind der Zerfall Jugoslawiens ab 1991 oder aktuell die Nordhälfte Afrikas, wo das Agieren der EU vielfach als unzureichend, sogar hilflos einschätzt wird.

Wirtschaftliche Supermacht ...

Die EU ist mit ihren etwa 420 Millionen Einwohnern ein begehrter Markt und wirtschaftlich eine Weltmacht. 2017 lag der Anteil am weltweiten Warenexport in Staaten außerhalb der EU bei

[1] In postimperialen Räumen entstehen nach dem Zusammenbruch von Imperien und Staaten neue Herrschaftsverhältnisse.

15,5 Prozent, knapp hinter China (16,2 %) und vor den USA (11,1 %). Immer wieder kommt es zu Handelskonflikten zwischen der EU, China und den USA, zum Beispiel in der Zollpolitik.

... mit großen Herausforderungen

Die EU sieht sich immer stärkerer Konkurrenz gegenüber. Zu den USA kamen aufstrebende Staaten wie China, die auch im Bereich der Hochtechnologie nach einer Führungsrolle streben. Angesichts der enorm gewachsenen Gemeinschaft gehört es zu den Aufgaben der EU, das Wohlstandsgefälle zwischen den Mitgliedstaaten zu verringern. Der Euro ermöglicht einen leichteren Zahlungsverkehr und trägt zur Konkurrenzfähigkeit der EU bei. Die Politik der unabhängigen Europäischen Zentralbank soll eine Inflation verhindern und gerade in finanzschwächeren Staaten die Wirtschaft fördern. Streit um die Einhaltung der sogenannten Konvergenzkriterien, die für Haushaltsdisziplin, die Stabilität des Euro und für Preisstabilität sorgen sollen, führt oft zu Widerstand gegen das so empfundene „Diktat" der EU. Besonders die damit verbundene Begrenzung der Ausgaben wird oft kritisiert – nicht nur von populistischen Parteien.

Weltpolitische Herausforderungen

Die Außenpolitik der EU bewegt sich in einem Spannungsfeld: Einerseits werden auch von außen immer größere Erwartungen an sie gestellt, andererseits verhindert oft das erforderliche Einvernehmen aller Mitgliedstaaten weitergehende Schritte und Maßnahmen. Der Streit um die Aufnahme und Verteilung von Flüchtlingen in der EU hat gezeigt, wie gegensätzliche Interessen und Standpunkte der einzelnen Nationalstaaten eine gemeinsame Lösung erschweren. Die Wiederaufnahme von Grenzkontrollen zwischen Einzelstaaten nach dem Zustrom von Flüchtlingen zeigt, dass die vier Freiheiten der EU (Freier Verkehr von Personen, Waren, Dienstleistungen und Kapital) nicht selbstverständlich sind.

M 2 Grenzgebiet
Das Foto aus dem Jahr 2014 zeigt die Grenze zwischen Marokko und der spanischen Stadt Melilla, die als Exklave zur Europäischen Union gehört.

Imperiale Überdehnung?

Die EU ist ein Staatenverbund, der in Geschichte und Gegenwart einzigartig ist. Manche Historiker und Politikwissenschaftler vergleichen die EU mit einem Imperium. Einige sprechen hinsichtlich des raschen Zuwachses der Staatengemeinschaft und einer möglichen Erweiterung um Beitrittskandidaten auch von imperialer Überdehnung. Dabei werden u.a. die wirtschaftlichen und politischen Integrationsmöglichkeiten der EU und eine mögliche Verschiebung der eigenen geopolitischen Lage der Gemeinschaft in den Blick genommen. Noch vor wenigen Jahren wurde heftig darüber diskutiert, ob die Türkei EU-Mitgliedstaat werden sollte. Während die einen die Chancen für beide Seiten hervorheben, sehen andere die Gefahr, dass der Zusammenhalt der Gemeinschaft weiter geschwächt und die EU stärker in den Nahost-Konflikt involviert wird. Schon die Osterweiterung, die zu einer Verschlechterung der Beziehungen zu Russland geführt hatte, wird zum Teil als Zeichen imperialer Überdehnung gewertet. Während einige Staaten, darunter Frankreich und Deutschland eine Vertiefung der Gemeinschaft anstreben, können und wollen andere hingegen dies nicht.

M 3 „Initiative für Europa“

Der französische Staatspräsident Emmanuel Macron stellt am 26. September 2017 an der Pariser Universität Sorbonne in einer viel diskutierten Rede seine „Initiative für Europa“ vor. Darin heißt es u. a.:

[Europa heute ist] den Stürmen der Globalisierung ausgesetzt, und was ohne Zweifel noch schlimmer ist, Ideen ausgesetzt, die sich als bessere Lösungen präsentieren. Diese Ideen haben einen Namen: Nationalismus, Identitarismus [Überbetonung des „Eigenen“, das es gegenüber „dem Fremden“ zu verteidigen gilt], Protektionismus und Souveränismus [Überbetonung der eigenen Unabhängigkeit] durch Abschottung. Diese Ideen, die so oft die Flammen entfacht haben, in denen Europa hätte untergehen können, treten in jüngster Zeit im neuen Gewand in Erscheinung. Sie nennen sich legitim, weil sie die Angst der Bevölkerung zynisch ausnutzen. Zu lange haben wir ihre Macht ignoriert. Zu lange waren wir uns sicher, dass die Vergangenheit uns nicht mehr einholt […]. Doch die traurigen Leidenschaften Europas sind sehr wohl da, sie rufen sich uns in Erinnerung und üben Faszination aus. […]. Und ich wage es auszusprechen – sie können schon morgen den Sieg erringen. Nicht, weil die Bevölkerung leichtgläubig ist! Nicht, weil die europäische Idee tot ist! Sondern weil wir aus Unachtsamkeit, Schwäche oder Blindheit die Voraussetzungen für ihren Sieg geschaffen haben. Weil wir vergessen haben, den Faden für dieses Ziel vorzugeben! Weil wir vergessen haben, Europa zu verteidigen!

Zit. nach: https://de.ambafrance.org/Initiative-fur-Europa-Die-Rede-von-Staatsprasident-Macron-im-Wortlaut [Zugriff: 07.01.2020]

M 4 Die EU – ein Imperium?

Auszug aus einem Zeitungsinterview mit dem Politikwissenschaftler Herfried Münkler von 2019:

taz: Herr Münkler, warum ist es so schwierig, die EU mit einem Begriff zu fassen?

Münkler: Es ist mehr als ein Staatenbund und weniger als ein Bundesstaat. Man spricht von einer Mehr-Ebenen-Struktur oder von einem Projekt *sui generis*[1]. Die Souveränität ist geteilt. Als Politikwissenschaftler sage ich: Es ergibt Sinn, Europa als Imperium zu beschreiben.

Aber Imperien haben starke Zentren.

Nicht immer. Das Heilige Römische Reich Deutscher Nation hatte vom Westfälischen Frieden 1648 bis zu seinem Ende 1806 kein starkes Zentrum. Es expandierte nicht militärisch nach außen, sondern bot Schutz vor dem Außen. Es wurde von Regeln und Recht zusammengehalten. […]

Wo ist das Zentrum der EU?

Das besteht aus der EU-Kommission, dem Europaparlament, dem Ministerrat und darin der deutsch-französischen Achse.

Seit 2004 sind der EU 13 östliche Staaten beigetreten. Ist der Preis für diese Ausdehnung zu hoch, weil das Zentrum in dem neuen größeren Raum zu schwach ist, um zu führen?

Die EU ist mit jeder Erweiterung immer heterogener geworden, vor allem mit der Osterweiterung. Bei Sicherheit denken Polen und Balten an Russland, in Italien und Spanien denkt man eher an Afrika. Doch die Erweiterungen nach Osten haben im weiteren Sinn durchaus mit imperialer Logik zu tun. Denn dieser Raum war in der Zeit von 1919 bis 1938, also zwischen den Weltkriegen, unfriedlich. Polen führte drei Kriege gegen Sowjetrussland, Ungarn und Rumänien bekriegten sich, ebenso die Türkei und Griechenland. Die Probleme, die damals existierten, waren zum Teil nach 1990 noch vorhanden. Etwa, dass 40 Prozent der Ungarn jenseits der ungarischen Grenzen leben. Was passieren kann, wenn latente Gewalt explodiert, konnte man in Jugoslawien sehen. Deshalb hat die EU viel getan, um dies zu verhindern. Das war einer der Imperative für die Osterweiterung.

Muss man nicht von imperial overstretch reden?

Nicht in dem Sinne, dass die Räume, die zu beherrschen sind, zu groß geworden sind, wie es dieser Begriff nahelegt. Aber in dem Sinne, dass es nicht gelungen ist, die EU strukturell entsprechend zu verändern. Die Herausforderung sind größer als die eigenen Fähigkeiten, mit ihnen umzugehen. Das ist auch eine Form von imperial overstretch. […]

https://taz.de/Herfried-Muenkler-ueber-die-Krise-der-EU/!5619408 [Zugriff: 17.07.2020]

[1] Lat.: von eigener Art

M 5 Die EU als Imperium?

Der polnische Politikwissenschaftler Jan Zielonka (geb. 1955) geht in einem Aufsatz von 2011 davon aus, dass die EU mit einem Imperium zu vergleichen ist:

Die Gebietserwerbungen der EU finden nicht durch Eroberung, sondern durch Einladung statt. [...]. Ist dieses Imperium in der Lage, Frieden und Wohlstand zu garantieren? Wahrscheinlich ja, vorausgesetzt, dass es Europa gelingt, sich an Veränderungen anzupassen. Die Welt wird heute offenbar von riesigen Territorialeinheiten mit imperialen Eigenschaften wie China, Russland oder den USA beherrscht. Als Imperium befände sich die EU in einer guten Position, in dieser imperialen Ära neuer Art ihre Interessen zu verteidigen. Sie wäre auch in einer guten Position, um wirtschaftlichen Wohlstand hervorzubringen, und zwar wegen ihrer bemerkenswerten Flexibilität und Lernfähigkeit. Pluralismus und Vielfalt dieses Imperiums dürften aller Wahrscheinlichkeit nach auch ein gewisses Maß an Legitimität [hier: Anerkennung] hervorbringen. Und Ordnung muss nicht auf Hierarchie, Befehlen und Strafen beruhen. Sie kann sich auch auf Dialog, Verhandlungen, Anreize und Selbstverwaltung stützen. Europa muss sich jedoch an Veränderungen anpassen. Neue, flexiblere Formen der Regierungsführung müssten erfunden und eingeführt werden, um die immer größeren Unterschiede zwischen den und innerhalb der einzelnen Mitgliedstaaten zu bewältigen. Ebenso müssten neue Verfahren entwickelt und eingeführt werden, um in Europa Demokratie zu praktizieren, denn die Übertragung zusätzlicher Befugnisse auf das Europäische Parlament ist nicht dazu angetan, die Legitimität des europäischen Projekts zu verbessern. Und die EU müsste sich weiteren neuen Mitgliedern öffnen, weil sich Erweiterungen als das wirksamste Mittel erwiesen haben, um Wachstum, Demokratie und Sicherheit in den Grenzen Europas zu fördern.

Jan Zielonka, Die EU als Imperium. Auf dem Prüfstand: Modelle politischer Ordnung, in: OSTEUROPA, 61. Jg., 5-6/2011, S. 203-214, hier S. 211 und 214

M 6 Festung Europa
Karikatur von Paolo Calleri, 2015
2012 wurde der Europäischen Union der Friedensnobelpreis verliehen. Die Begründung war, die EU habe aus einem Kontinent des Krieges einen Kontinent des Friedens gemacht.

1. *Beschreibe M1. Verwende dabei die Begriffe Zentrum, Peripherie, Grenze, Überlegenheit und multiethnisch.*
2. *Arbeite die Kernaussagen der Rede von Emmanuel Macron heraus (M3).*
3. *Erläutere, welche „Vergangenheit“ (Z. 16) Macron meint (M3).*
4. *Vergleicht die Entwicklung Russlands, Chinas und des Osmanischen Reiches mit dem Prozess der Europäischen Integration.*
5. *Zielonka zieht einen Vergleich der EU mit „riesigen Territorialeinheiten mit imperialen Eigenschaften“ (M5, Z. 7 f.). Beurteilt diesen Vergleich aufgrund dessen, was ihr in den vorhergehenden Kapiteln 2 bis 4 erarbeitet habt.*
6. *Ist die EU ein Imperium? Erstellt dazu eine Tabelle, in der die Pro- und Kontra-Argumente einander gegenübergestellt werden, und erörtert diese Frage (M4, M5, Darstellungstext).*
7. *Analysiere die Karikatur M6. Gehe von folgender Annahme aus: Du bist bei der EU zuständig für das Grundsatzreferat „Ziele der europäischen Integration“ und „Werte der EU“ (siehe Darstellungstext). Auf der Facebook-Seite der EU postet ein Besucher das Foto M2. Wie reagierst du? Gestalte einen Kommentar.*

Zukunftswerkstatt

Erarbeitet die Chancen und Probleme verschiedener Herrschaftsformen im 21. Jh. und erörtert mögliche Entwicklungsszenarien mithilfe der Zukunftswerkstatt.

1 Herrschaftsformen – alles eine Frage der Organisation?
Teilt euch in Dreiergruppen auf und verschafft euch arbeitsteilig mithilfe der Karteikarten einen Überblick über die Herrschaftsformen **Nationalstaat**, **Imperium** und **supranationale Organisation**. Bearbeitet die dazugehörigen Arbeitsaufträge.

2 Zukunftsszenarien – alles nur Spekulation?
Arbeitet die Chancen und Herausforderungen des Zukunftsszenarios heraus, das der britische Sozialwissenschaftler Anthony Giddens entwirft (M1).

3 Bestandsaufnahme – wie leben wir gerade?
Beschreibt, in welcher Herrschaftsform ihr gerade lebt. Begründet eure Einschätzung. Bewertet den aktuellen Zustand. Legt dabei eure Wertmaßstäbe offen.

4 Wunschvorstellung – was wäre ideal?
Beschreibt die Herrschaftsform, in der ihr gerne leben würdet. Begründet eure Darstellung. Gestaltet eine Einladung, an der von euch geschaffenen Herrschaftsform teilzuhaben.

5 Umsetzung – welche Möglichkeiten haben wir?
Erörtert ausgehend von Anthony Giddens weitere Entwicklungsszenarien und beurteilt, welche Herrschaftsform am geeignetsten ist, um den Entwicklungsszenarien angemessen zu begegnen (M1).

Nationalstaat

Der Historiker Otto Dann definierte den „Nationalstaat" folgendermaßen: „Der moderne Nationalstaat ist ein Staat, in dem die Nation als die Gesamtheit der Staatsbürger der Souverän ist, [der] die politische Teilhabe festlegt und kontrolliert. Die gleichberechtigte Teilhabe aller Bürger an den Institutionen, Leistungen und Projekten des Staates ist sein leitendes Prinzip."[1]

1. *Nenne Merkmale eines Nationalstaates.*
2. *Ordne die Merkmale den Kategorien* räumliche, ideologische *oder* herrschaftssichernde Aspekte *zu.*
3. *Erörtere die Chancen und Probleme der Herrschaftsform Nationalstaat.*

[1] Otto Dann, Zur Theorie des Nationalstaates, in: Deutsch-Norwegisches Stipendienprogramm für Geschichtswissenschaften, Bericht über das 8. deutsch-norwegische Historikertreffen in München, Mai 1995, Oslo 1996, S. 69

Imperium

Der Historiker Jürgen Osterhammel definierte das „Imperium“ folgendermaßen: „Ein Imperium ist ein großräumiger, multiethnisch zusammengesetzter Herrschaftsverband […], der durch den Zwangsapparat, die Symbolpolitik sowie die universalistische Ideologie des imperialen Staates und der ihn tragenden imperialen Elite zusammengehalten wird.“[2]

1. *Nenne Merkmale eines Imperiums.*
2. *Ordne die Merkmale den Kategorien* räumliche, ideologische *oder* herrschaftssichernde Aspekte *zu.*
3. *Erörtere die Chancen und Probleme der Herrschaftsform Imperium.*

Supranationale Organisation

Gerd Schneider und Christiane Toyka-Seid definierten die „supranationale Organisation“ folgendermaßen: „[Supranationale Organisationen] sind internationale Organisationen, deren Besonderheit darin liegt, dass die Staaten, die sich dort verbunden haben, freiwillig einen Teil ihrer Souveränität aufgeben. Diese Staaten übertragen einige ihrer Hoheitsrechte an die supranationale Organisation. Staaten, die Mitglieder von supranationalen Organisationen werden, schränken also ihre Selbstbestimmung ein. Das tun sie, weil sie sich erhoffen, dass sie gemeinsam mit den anderen Mitgliedstaaten zu besseren politischen Entscheidungen kommen als es ihnen alleine möglich wäre.“[3]

1. *Nenne Merkmale einer supranationalen Organisation.*
2. *Ordne die Merkmale den Kategorien* räumliche, ideologische *oder* herrschaftssichernde Aspekte *zu.*
3. *Erörtere die Chancen und Probleme der Herrschaftsform supranationale Organisation.*

M1 „Die Roboter kommen!“

Anthony Giddens (geb. 1938), britischer Sozialwissenschaftler in einem Artikel von 2007:

Wir starren in diesem Jahrhundert in einen Abgrund, und er ist schrecklich tief. Wir haben Kräfte auf die Welt losgelassen, von denen nicht sicher ist, dass wir sie beherrschen können. Es ist denkbar, dass wir dem Planeten schon so sehr geschadet haben, dass die Menschen am Ende des Jahrhunderts in einer Welt leben werden, die von Stürmen verwüstet wird, und weite Gebiete überflutet sind, während andere Gebiete verdorren. Das ist noch nicht alles: Hinzu kommen die nukleare Proliferation [Verbreitung von Atomwaffen] und neue Krankheiten, die wir ungewollt selbst geschaffen haben. Es könnte zur Militarisierung des Weltraums kommen. Neue Megacomputer könnten gemeinsam mit der Robotik irgendwann Wesen schaffen, die sich dem Zugriff ihrer Schöpfer entziehen. Was die Politik angeht, so werden links und rechts nicht verschwinden – dafür ist die Metapher allzu tief verwurzelt. Ich vermute sehr stark, dass die Politik sich um das Leben als solches drehen wird. Die Lebenspolitik betrifft die Umwelt, den Wandel des Lebensstils, die Gesundheit, das Altern, die Identität und die Technik. Es könnte eine Politik des Überlebens oder eine Politik der Hoffnung sein – oder ein bisschen von beidem.

www.cicero.de/innenpolitik/welcher-gegensatz-wird-das-21-jahrhundert-pr%C3%A4gen/38223 [Zugriff: 13.01.2020]

[2] Jürgen Osterhammel, Die Verwandlung der Welt. Eine Geschichte des 19. Jahrhunderts, München 2009, S. 615

[3] Gerd Schneider und Christiane Toyka-Seid: Das junge Politik-Lexikon von www.hanisauland.de, Bonn: Bundeszentrale für politische Bildung 2020 [Zugriff: 31.01.2020]

Die GFS im Fach Geschichte vorbereiten

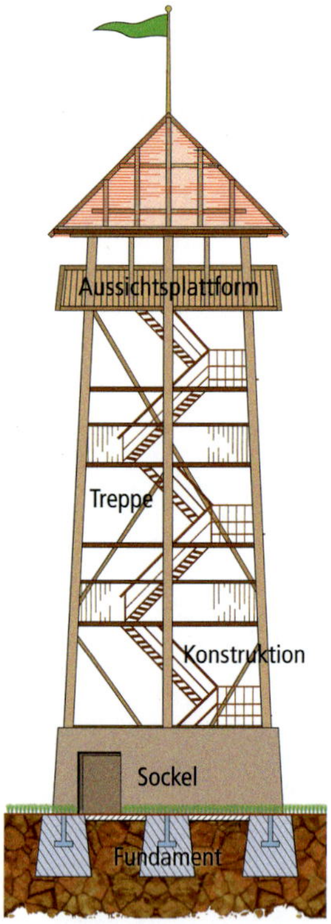

M1 Der „GFS-Turm“
Die Bauteile des Turms versinnbildlichen die unterschiedlichen Elemente der Erarbeitung eines GFS-Vortrages.

„Ich erzähle euch heute etwas über ...“. Diesen Satz hast du bestimmt auch schon häufig gehört, denn so beginnen viele GFS-Präsentationen. Wer so anfängt, befindet sich aber meist schon auf dem falschen Weg. Bei der gleichwertigen Feststellung von Schülerleistungen geht es nämlich nicht darum, etwas zu erzählen, sondern die Aufgabe besteht darin, eine Leitfrage gut begründet zu beantworten. Dazu brauchst du schlüssige Argumente, mit denen du deine Meinung untermauerst.

Wie du aus den vergangenen Jahren weißt, kann man sich eine gelungene GFS als einen wohlkonstruierten, hohen Turm mit einer Aussichtsplattform vorstellen. Folgende Bauteile sind dabei wichtig:

- Das Fundament bildet dein Wissen.
- Der Sockel ist die Leitfrage.
- Die Konstruktion stellt deine Argumentation dar.
- Die Treppe hinauf symbolisiert den roten Faden.
- Die Aussichtsplattform steht für die Basis, von der aus du deine Präsentation hältst.

So vermeidest du Baufehler ...

... bei der Planung:
Fange rechtzeitig damit an, den Bauplan für den Turm zu erstellen. Zwei bis drei Wochen vor dem Termin sollten genügen.

... im Fundament:
Recherchiere intensiv zu deinem Themenbereich (z.B. Schulbuch, Schulbibliothek, Internet), sodass du über ein großes Wissen verfügst.

... im Sockel:
Formuliere eine präzise Leitfrage, die problemorientiert angelegt ist und dabei nicht zu weit und nicht zu eng gefasst ist. Hierbei hilft dir dein Lehrer bzw. deine Lehrerin. Achte darauf, dass deine Frage nicht nur Informationen ermitteln will („Wer waren die Kontrahenten in den beiden Opiumkriegen?“), sondern, dass sie eine begründete Meinung einfordert. Verzichte nie auf eine Leitfrage. Unterscheide unbedingt zwischen Thema und Leitfrage.

... bei der Konstruktion:
Erzähle nicht nur etwas über das Thema oder gar alles, was du darüber weißt, sondern wähle aus deinem Wissen nur die Aspekte aus, die als Argumente zur Beantwortung deiner Leitfrage taugen bzw. wichtig sind. Deine Argumentation muss sachlich richtig und logisch aufgebaut sein. Stelle nicht nur Behauptungen auf, sondern begründe und erläutere sie mit Fakten und Beispielen, so wie du es im Deutschunterricht gelernt hast.

Der Konstruktion musst du besondere Aufmerksamkeit widmen, denn sie ist für die Stabilität des Turms und damit für die Bewertung deiner GFS von ausschlaggebender Bedeutung. Schematisch kannst du dir das folgendermaßen vorstellen:

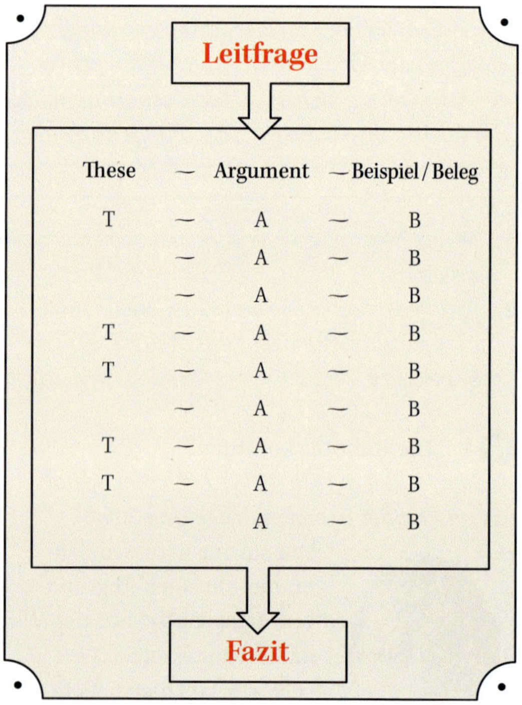

... bei der Treppe:
Achte darauf, dass deine Darstellung einen roten Faden hat, die Argumente aufeinander aufbauen und sinnvoll miteinander verbunden werden.

... bei der Plattform:
Bereite deine Präsentation gut vor. Überlege dir, welches Ziel bei deiner Rede du erreichen, welche

Botschaft du deinem Publikum mitteilen möchtest, welche Medien du einsetzen willst, wie du sie einsetzt. Gestalte eine Visualisierung, die deine Ergebnisse veranschaulicht. Erarbeite den genauen Aufbau deiner Präsentation und achte darauf, dass du die vorgegebene Zeit einhältst und stets dein Publikum im Blick hast.

Von der Leitfrage zum Fazit

Am Sockel, der Leitfrage, verankerst du alle Verstrebungen. Um in die Höhe zu gelangen, benötigst du nun weitere Verbindungsstücke. Das sind deine Thesen, die du mit Argumenten stützt und mit Belegen oder Beispielen stabilisierst. Das können Ereignisse, Zahlen, Daten und Fakten sein. Wichtig ist, dass du diese nicht nur nennst oder davon erzählst, sondern dass sie Teil der Argumentationskette werden. Nur dann haben sie eine Berechtigung, erwähnt zu werden. Das sind sozusagen die Schrauben und Muttern, mit denen du die einzelnen Verbindungsstücke aneinanderfügst.

Mit jeder montierten Verstrebung kommst du der Beantwortung deiner Leitfrage ein Stück näher. Deine Zuhörer folgen quasi deiner Montage und erfahren so Schritt für Schritt von deiner Antwort. Deshalb gibst du diese nicht losgelöst von deinen Ausführungen am Ende deiner Präsentation.

Im Fazit fasst du lediglich die wichtigsten Punkte nochmals knapp zusammen. Wenn du dann noch darauf achtest, dass die einzelnen Teile deiner Argumentation gut aufeinander aufbauen, dann hast du eine sichere Treppe konstruiert, um nach oben auf die Plattform zu gelangen, auf der du dann deine Ergebnisse vorträgst.

Eine konkrete Konstruktion entsteht

Dieses Jahr hast du dich entschlossen, deine GFS im Fach Geschichte über das Thema „Die Gründung der Volksrepublik China" zu machen. Du hast selbstständig über Quellen und Darstellungen viele Informationen recherchiert, diese ausgewertet, zueinander in Beziehung gesetzt und nach Oberbegriffen sortiert. Nun verfügst du über eine klare Vorstellung über die Gründungsphase der Volksrepublik. Eine tragfähige Leitfrage hast du auch bald formuliert: „Welche Bedeutung kommt dem Zweiten Weltkrieg für die Errichtung der Volksrepublik China zu?" Nach all der Arbeit bist du in der Lage, auf deine Leitfrage eine Antwort zu geben und dabei verschiedenste Aspekte zu berücksichtigen. Zu Hause am Schreibtisch überlegst du nun, wie du die Argumentation aufbauen kannst, um deine Zuhörer zu überzeugen.

M2 Eine mögliche Konstruktion

These 1: Der Zweite Weltkrieg war zwar ein wichtiger Faktor für die Gründung der Volksrepublik China, denn ...

Argument 1: Die nationale Einheitspartei (Guomindang) unter ihrem Führer Chiang Kai-shek verlor infolge des Krieges an Ansehen und Rückhalt in der Bevölkerung.

Belege/Beispiel: Chiang Kai-shek entwickelt sich im Laufe des Krieges zu einem Militärdiktator, der notwendige Reformen verzögert – Korruption und Günstlingswirtschaft im Offizierskorps – Die Regierungstruppen bekämpfen den japanischen Aggressor nur halbherzig, weil Chiang Kai-shek den eigentlichen Feind in den Kommunisten sieht – militärstrategische Unfähigkeit Chiang Kai-sheks und sein Bündnis mit der Sowjetunion 1945, das an die „ungleichen Verträge" aus der Kolonialzeit erinnert

Argument 2: Guomindang verliert den Rückhalt durch die USA.

Beleg/Beispiel: Die USA reduzieren militärische und finanzielle Unterstützung.

Argument 3: Die Kommunisten unter Mao Zedong stärken im Verlauf des Krieges ihre Massenbasis in der Bevölkerung.

Beleg/Beispiel: Kommunisten leisten entschlossen Widerstand gegen den japanischen Aggressor (Guerillataktik) und gewinnen so die Unterstützung von zuvor unpolitischen Bauern und bürgerlichen bzw. intellektuellen Schichten – Die Kommunisten erweitern ihren territorialen Machtbereich – Anwachsen der Roten Armee von 80 000 auf 900 000 Mann (1937 - 1945)

These 2: Die Ursachen für den Sieg der Kommunisten und damit die Errichtung der Volksrepublik China reichen aber weit in die Zeit vor dem Zweiten Weltkrieg zurück, denn ...

Argument 1: Die Guomindang stützte sich seit den späten 1920er-Jahren verstärkt auf die alten

gesellschaftlichen Eliten, was gesellschaftliche, wirtschaftliche und politische Reformen verhinderte und zu einem Schwund ihres Rückhalts in der Bevölkerung führte.
Belege/Beispiele: Vernichtung und Auflösung kommunistischer Bauernbünde und Gewerkschaften – Verhinderung auch kleinster Veränderungen (Ermäßigung von Pachtgeldern, Abschaffung lokaler Sondersteuern) – staatlicher Terror
Argument 2: Mao Zedongs aktives Handeln als Revolutionär bringt der Bevölkerung spürbare Erleichterungen und steigert dadurch sein Ansehen und seine Anhängerschaft.
Belege/Beispiele: Reformen in Jiangxi 1931 (Bodenreform, Bildungsreform) – 1937 gemäßigte Landreform in den nach dem „Langen Marsch" von den Kommunisten kontrollierten Gebieten – Rote Armee schont Bevölkerung im Bürgerkrieg – Maos Schrift „Über die Praxis"
Argument 3: Mao Zedongs Bewusstsein für die Notwendigkeit einer engen Verbindung zwischen der Partei und der Masse der Bevölkerung war eine wichtige Voraussetzung für die Durchführung von Reformen und damit den Gewinn einer großen Anhängerschaft.
Belege/Beispiele: Maos Schrift „Über die Massen", nach der die Führungskräfte in Partei und Staat ständigen Kontakt zur Bevölkerung haben sollen, damit sie deren Bedürfnisse nicht aus den Augen verlieren

Fazit:
Die tieferen Ursachen, die zur Gründung der Volksrepublik China führten, gehen auf die Zeit vor dem Zweiten Weltkrieg zurück. Sie sind in der strategischen und moralischen Überlegenheit der Kommunisten gegenüber der Guomindang begründet, deren aktives Handeln der Bevölkerung Erleichterungen und der KPCh den Rückhalt der Massen brachte. Der Zweite Weltkrieg beschleunigte diesen Prozess.

M3 Bestandteile einer GFS-Präsentation

Mithilfe dieser Argumentationskette erreichst du auf sicherem Weg die Aussichtsplattform. Jetzt hast du viele unterschiedliche Möglichkeiten, deine Ergebnisse zu präsentieren. Die Darstellung M3 gibt dir einen Überblick, wie du dabei vorgehen kannst.

So visualisierst du deine Meinung

Im Laufe deiner Präsentation wirst du deinen Mitschülerinnen und -schülern auch grafisches Material zeigen. Das können Bilder, Schaubilder, Statistiken und vieles andere mehr sein. Diese Darstellungen liefern entweder ein Argument bzw. einen Beleg für deine Thesen oder illustrieren einen Sachverhalt, damit dein Publikum eine Vorstellung von deinen Ausführungen bekommt. Hierzu stehen dir verschiedene Hilfsmittel zur Verfügung (Beamer, Tafel, Moderationswand, Plakat usw.). Du solltest sie jeweils so einsetzen, dass dein Publikum dir gut folgen kann. Außerdem sollte immer der Nutzen für die Zuhörenden, nicht dein eigener, der Maßstab für das sein, was du in einer Präsentation verwendest. Benutze Medien deshalb nie dafür, dass du nichts vergisst. Das ist dein Bedürfnis, aber nicht das deiner Zuhörer.
Zu unterscheiden ist die Visualisierung. Sie veranschaulicht nicht wie die Illustration, sondern erklärt und stellt damit auch eine Deutung dar. In einer gelungenen Visualisierung drückst du deine Antwort auf die Leitfrage in bildhafter Weise aus. Dabei kannst du entweder die fertige Darstellung gleich zu Beginn präsentieren oder aber – und das ist für deine Zuhörer spannender – das Bild allmählich im Laufe deiner GFS entstehen lassen. Jedes Mal, wenn du ein weiteres Mosaiksteinchen für die Beantwortung deiner Leitfrage erarbeitet hast, fügst du es in die Visualisierung ein. Das hat mehrere Vorteile:

1. Dein Publikum sieht am Ende auf einen Blick die Antwort und damit deine Meinung.
2. Du hast in deiner Visualisierung eine ideale Gedächtnisstütze für den Verlauf deiner Präsentation, denn am Ende muss das fertige Bild zu sehen sein.
3. Wenn du eine gelungene Visualisierung erstellen kannst, hast du das Thema verstanden.

In eine gute Visualisierung musst du nicht alle Einzelheiten (Argumente, Belege oder Beispiele) einfügen, sondern vor allem deine Thesen. Alles andere würde das Publikum überfordern, weil zu viele Details den Blick auf das Wesentliche – deine Deutung – verstellen würden.

M 4 Beispiele für Visualisierungen
Sie zeigen einige Möglichkeiten, wie du in deiner Visualisierung eine Deutung zum Ausdruck bringen kannst, indem du die Visualisierung (schrittweise) mit anderen Textelementen ergänzt.

1. *Entscheide dich für einen der vier Vorschläge (M4) und gestalte eine Visualisierung zum Thema: „Welche Bedeutung kommt dem Zweiten Weltkrieg für die Errichtung der Volksrepublik China zu?"*
2. *Prüfe, ob es sich bei den folgenden Beispielen um Leitfragen handelt:*
   a) Verhinderte die portugiesische Kolonialpolitik die wirtschaftliche Entwicklung Chinas?
   b) Welchen Inhalt hatten die von der chinesischen Regierung 1759 erlassenen „Fünf Vorkehrungen gegen die Ausländer"?
   c) Welches Ergebnis brachte der Berliner Kongress von 1878 für das Osmanische Reich?
   d) Inwiefern war die Türkei unter der Regierung von Mustafa Kemal Atatürk ein demokratischer Staat?
   e) Kommunismus und Faschismus – zwei Seiten einer Medaille?
   f) Inwiefern kann die Reformpolitik Gorbatschows als zweite Revolution in Russland bezeichnet werden?
3. *Konstruiere für die Beispiele, bei denen es sich um eine Leitfrage handelt, eine Argumentation.*
4. *Formuliere Leitfragen zu den folgenden Themenbereichen:*
   a) die Expeditionen des Zheng He
   b) der Erste Opiumkrieg 1839-1842
   c) die „Armenierfrage"
   d) türkische Arbeitsmigration in die Bundesrepublik
   e) die Russische Revolution
   f) der Stalin-Kult

Aufgaben richtig verstehen – durch Operatoren

Was ihr bei den Aufgaben in diesem Buch genau zu tun habt, zeigen euch die Verben an, die dort verwendet werden. Diese Verben werden in der folgenden Tabelle erklärt. Außerdem geben wir euch zusätzliche Hilfestellungen. Die Symbole (I), (II) und (III) zeigen euch an, in welchem Anforderungsbereich (AFB) ihr euch dabei befindet.

Arbeitsanweisung in der Aufgabe, AFB		Was ist genau zu tun?	Was dir zusätzlich helfen kann
analysieren	(II)	Du wertest Materialien (Texte, Bilder, Karten usw.) „mit Methode“ aus.	Auf den Methodenkarten in diesem Buch findest du hilfreiche Arbeitsschritte.
begründen	(II)	Du untermauerst eine Aussage mit Gründen.	Formulierungen, die du verwenden kannst: *Dafür spricht … – Ein Grund dafür ist …*
beschreiben	(I)	Du gibst die wichtigsten Merkmale in ganzen Sätzen und eigenen Worten wieder.	Formulierungen, die du verwenden kannst: *Hier ist abgebildet … – Hier sehe ich … – Hier wird gesagt, dass …*
beurteilen	(III)	Du nimmst Stellung zu einer Aussage von anderen oder einem Sachverhalt. Dabei geht es darum herauszufinden, ob diese Aussage überzeugend – also logisch und in sich stimmig – ist. Gib dabei die Gründe für dein Urteil an.	Formulierungen, die du verwenden kannst: *Ich halte die Aussage für überzeugend, weil … – Weniger / nicht überzeugend ist, dass …*
bewerten	(III)	Auch hier geht es darum, Stellung zu beziehen. Allerdings sollst du hier das einbeziehen und offenlegen, was dich in deinem Werturteil prägt.	Formulierungen, die du verwenden kannst: *Ich halte das für richtig (bzw. falsch), weil … – Damit habe ich Schwierigkeiten, weil … – Auf der Basis folgender Werte komme ich zu dem Ergebnis, dass …*
bezeichnen	(I)	Du bringst deine Beobachtungen – meist bezogen auf Tabellen, Schaubilder, Diagramme oder Karten – auf den Punkt.	Formuliere möglichst genau und nicht „schwammig“. Helfen können die Fachbegriffe am Seitenende und das „Lexikon zur Geschichte“ S. 162 ff.
charakterisieren	(II)	Du beschreibst etwas, indem du das, was besonders auffällig ist, hervorhebst.	Formulierungen, die du verwenden kannst: *Auffällig ist … – Der Autor benutzt für … die Worte …*
darstellen	(II)	Du zeigst Zusammenhänge auf. In der Regel schreibst du dazu einen eigenen, gegliederten Text.	Hier wird eine meist recht ausführliche Schreibarbeit von dir verlangt. Als Vorarbeiten können daher eine *Stichwortsammlung* und eine *Gliederung* hilfreich sein.
ein-, zuordnen	(II)	Du stellst etwas in einen Zusammenhang, der dir durch die weitere Aufgabenstellung vorgegeben wird.	Achte darauf, auch zu erklären, *warum* das eine zum anderen passt. Als Vorarbeit kann es wichtig sein, zunächst zu beschreiben, was ein- oder zugeordnet werden soll.
entwickeln	(II)	Du suchst nach einem Lösungsansatz für ein Problem.	Achte darauf, dass sich dein Lösungsansatz *mit Gründen oder Belegen* aus den vorgegebenen Materialien *untermauern* lässt.

Arbeitsanweisung in der Aufgabe, AFB	Was ist genau zu tun?	Was dir zusätzlich helfen kann
erklären	Du gibst aufgrund deines Wissens eine Antwort.	Hier sollst du die Gründe für etwas oder die Zusammenhänge von etwas aufzeigen. So kannst du eine Antwort auf die Frage geben, *warum etwas so ist oder war.* Formulierungen, die du verwenden kannst: *weil …; deshalb …; daher …; dadurch …*
erläutern	Du erklärst, warum etwas so ist, und nennst dabei Beispiele oder Belege.	Die hier besonders wichtigen Beispiele und Belege sollen deine Erklärung veranschaulichen, also verständlich machen, warum etwas so ist. Formulierungen, die du verwenden kannst: *Dies zeigt sich daran, dass … – Dies wird belegt durch …*
erörtern	Dir wird ein Problem vorgegeben. Wie auf einer zweischaligen Waage kannst du das Problem abwägen. „Lege" dazu Gründe *dafür* in die eine Schale, Gründe *dagegen* in die andere Schale. Am Ende kommst du zu einem Ergebnis deiner Abwägung. Dabei kann dir wieder der Blick auf die Waage helfen: In welcher der beiden Waagschalen finden sich die gewichtigeren Gründe?	Formulierungen, die du verwenden kannst: *Dafür spricht … – Dagegen spricht … – Insgesamt komme ich zu der Einschätzung, dass …*
erstellen	Du zeigst Zusammenhänge auf – oft mit einer Skizze oder einer Zeichnung.	Du kannst z. B. Pfeile, Tabellen oder eine Mindmap verwenden.
gestalten	Du stellst etwas her oder entwirfst etwas, z. B. einen Dialog zwischen zwei Personen oder ein Plakat.	Hier ist besonders deine Kreativität gefragt. Achte aber darauf, dass die Aufgabenstellung im Blick bleibt.
herausarbeiten	Du filterst aus einem Material unter bestimmten Gesichtspunkten die wichtigsten Informationen heraus.	Achte auf die in der Aufgabenstellung genannten Gesichtspunkte und vermeide eine reine Inhaltswiedergabe. Gib bei Texten die Zeilen an, auf die du dich bei deiner Herausarbeitung beziehst.
nennen	Du zählst knapp die gefragten Informationen oder Begriffe auf.	Da hier oft mehrere Punkte gefragt sind, ist es sinnvoll, deiner Antwort eine Struktur zu geben: 1. …; 2. …; 3. … usw.
überprüfen	Du untersuchst, ob eine Aussage stimmig ist, und formulierst ein Ergebnis deiner Überlegungen.	Auch hier hilft das Bild der Waage (s. o.: „erörtern")
vergleichen	Du stellst Vergleichsgegenstände (Aussagen oder Materialien) gegenüber und suchst anhand bestimmter Vergleichspunkte nach Gemeinsamkeiten und Unterschieden. Am Schluss formulierst du ein Ergebnis.	Hier kann eine dreispaltige Tabelle hilfreich sein: Spalte 1: Merkmal, das du vergleichen möchtest – Spalte 2: Material 1 – Spalte 3: Material 2. Achte darauf, dass auch die Nennung von Unterschieden zu einem Vergleich gehört.

Hilfestellungen: Gewusst wie!

Kapitel 1: Fremde Räume? Ehemalige Imperien zwischen Vergangenheit und Zukunft

S. 15

Aufgabe 5
China ist der größte Einzelmarkt der Daimler-Marke Mercedes, der Dalai Lama ist das im Exil lebende religiöse Oberhaupt der Tibeter. Tibet ist seit 1951 Teil Chinas. Die kommunistische Führung in Beijing wirft dem Dalai Lama vor, die Unabhängigkeit Tibets zu verfolgen und China spalten zu wollen.

S. 19

Aufgabe 2
Du hast bereits das Römische Imperium kennengelernt. Welche Merkmale zur Ausdehnung, zur Bevölkerung und zur Kultur fallen dir ein?

S. 21

Aufgabe 4
Verwende als Vergleichskriterien die Begriffe aus M3.

Kapitel 2: Russland – ein Imperium im Wandel

S. 29

Aufgabe 2
Territoriale Aspekte eines Imperiums:
- Imperien sind großräumige Herrschaftsverbände.
- Einem dominierenden Zentrum stehen abhängige Randzonen (Peripherien) gegenüber.
- Die Grenzen eines Imperiums sind unscharf und gleichen Pufferstreifen („Wildnis").
- Imperien haben keine besondere Beziehung zu dem Boden, den sie erobert haben. Entscheidend ist, dass er erobert wurde.

S. 31

Aufgabe 4
Übersetzung des japanischen Titels: Wie dachte Japan noch vor zehn Jahren über Russland? Es hielt Russland für ein gieriges Ungetüm. Für einen schwarzen Achtarmer (Octopus), der alles an sich reißt und vernichtet.

Transkription des englischen Textes links oben:
'Black Octopus' is a name newly given to Russia by a certain prominent Englishman. For the black octopus is so avaricious, that he stretches out his eight arms in all directions, and seizes up every thing that comes within his reach. But as it sometimes happens he gets wounded seriously even by a small fish, owing to his too much covetousness. Indeed, a Japanese proverb says: "Great avarice is like unselfishness." We Japanese need not to say much on the cause of the present war. Suffice it to say that the further existence of the Black Octopus will depend entirely upon how he comes out of this war. The Japanese fleet has already practically annihilated Russia's naval powers in the Orient. The Japanese army is about to win a signal victory over Russia in Corea

and Manchuria. And when ... St. Petersburg? Wait & see! The ugly Black Octopus! Hurrah! Hurrah! for Japan. - Kisaburo Ohara, March 1904.

Übersetzung des englischen Textes links oben:
‚Black Octopus' ist ein Name, den Russland von einem bestimmten prominenten Engländer neu verliehen bekommen hat. Denn der schwarze Tintenfisch ist so habgierig, dass er seine acht Arme in alle Richtungen ausstreckt und alles erfasst, was in seine Reichweite kommt. Aber wie es manchmal vorkommt, wird er aufgrund seiner zu großen Habgier selbst von einem kleinen Fisch schwer verwundet. In der Tat sagt ein japanisches Sprichwort: „Große Habgier ist wie Uneigennützigkeit." Wir Japaner müssen nicht viel über die Ursache des gegenwärtigen Krieges sagen. Es genügt zu sagen, dass die weitere Existenz des Schwarzen Oktopus ganz davon abhängen wird, wie er aus diesem Krieg hervorgeht. Die japanische Flotte hat die russischen Seemächte im Orient [hier gemeint: China] bereits praktisch vernichtet. Die japanische Armee steht kurz vor einem Signalsieg gegen Russland in Korea und der Mandschurei. Und dann ... St. Petersburg? Warte ab! Der hässliche schwarze Oktopus! Hurra! Hurra! für Japan. - Kisaburo Ohara, März 1904.

Schritt 1 (beschreiben): Beschreibe das Gezeichnete möglichst genau. Setze die Elemente zueinander in Beziehung. Stelle einen Bezug zwischen Darstellung, Titel und Beschriftung her.
Schritt 2 (analysieren): Analysiere, welches Thema die Karikatur hat. Analysiere, wen oder was die Figuren darstellen. Informiere dich über den geschichtlichen Hintergrund der Karikatur (Entstehungszeit, Ort der Veröffentlichung, Adressatenkreis).
Schritt 3 (deuten): Stelle fest, welche Meinung oder Kritik in der Karikatur deutlich wird. Was wollte der Zeichner ausdrücken? Nimm Stellung zur Aussage der Karikatur.

S. 35

Aufgabe 9

Prüfe, ob die folgenden Aussagen zutreffen, und entwickle daraufhin ein Gesamturteil.

1. Produktion und Austausch von Produkten sind die Grundlage der Gesellschaftsordnung.
2. Alle gesellschaftlichen Veränderungen ergeben sich durch Veränderungen der Produktions- und Arbeitsweise der Menschen.
3. Die bestehenden gesellschaftlichen Einrichtungen sind unvernünftig und ungerecht.
4. Die Produktionsmethoden und Austauschformen haben sich verändert. Die gesellschaftlichen Mittel zur Beseitigung von daraus entstehenden Missständen sind veraltet.

S. 37

Aufgabe 2

Folgende Schlüsselwörter können dir dabei helfen: sozialdemokratisches Bewusstsein, politischer Kampf, Beruf, umfassend.

S. 39

Aufgabe 2

Definition von Sozialismus: eine Wirtschafts- und Gesellschaftsordnung, die auf gesellschaftlichen oder staatlichen Besitz der Produktionsmittel (Fabriken usw.) zielt und eine gerechte Verteilung aller Güter und Gewinne an alle Mitglieder der Gemeinschaft anstrebt.
Definition von Solidarität: eine Haltung der Verbundenheit mit anderen Menschen.

S. 41

Aufgabe 5

Nenne jeweils zwei Adjektive, die beide Lager beschreiben.
Nenne die Hauptziele der gegnerischen Lager.
Führe beides zu einem Gegenentwurf zur Zwei-Lager-Theorie zusammen.

S. 45

Aufgabe 4

Vergleiche den Anteil der Bevölkerung mit dem Anteil der Mitglieder im ZK der KPdSU und dem Anteil der Wissenschaftler.
Vergleiche daraufhin den Grad der Verstädterung der einzelnen Ethnien mit dem durchschnittlichen Grad der Verstädterung der UdSSR.

S. 47

Aufgabe 3

Schritt 1 (beschreiben): Beschreibe die Entwicklung des sowjetischen Sozialprodukts im Vergleich zur restlichen Welt. Beschreibe die Entwicklung der Handelsbilanz. Beschreibe die Entwicklung der Auslandsschulden. Fasse deine Ergebnisse zusammen.
Schritt 2 (erläutern): Erläutere den Zusammenhang zwischen der Reformpolitik Gorbatschows, die man mit den Begriffen Glasnost und Perestroika beschreiben kann, und der wirtschaftlichen Entwicklung der UdSSR.
Schritt 3 (beurteilen): Führe beide Zwischenergebnisse zusammen und formuliere ein begründetes Sachurteil.

S. 49

Aufgabe 5

Untersuche dabei folgende Aspekte:

- die politische Situation
- die wirtschaftliche Situation
- den gesellschaftlichen Zusammenhalt

Kapitel 3: China – ein Imperium im Wandel

S. 59

Aufgabe 2

Berücksichtige dabei besonders die Vorstellung vom Jenseits und den Machtanspruch des ersten Kaisers.

S. 61

Aufgabe 5

Wichtige Aspekte dabei sind u. a.: Adel (Geburtsadel, Amtsadel), adlige Dynastien, Feudalsystem

S. 65

Aufgabe 4

Berücksichtige dabei auch die vorherige Doppelseite.

S. 67

Aufgabe 5

Berücksichtige dabei nicht nur das Tributsystem, sondern auch die Einschätzung fremdländischer Waren.

S. 71

Aufgabe 7

Berücksichtige dabei folgende Aspekte:

- bisheriges Selbstbild des chinesischen Kaisers
- Machtverlust des Kaisers im Innern und nach außen
- mögliche Reaktionen für die Politik des Landes

S. 73

Aufgabe 1

Siehe dazu die Seiten 60 und 66 ff.

S. 79

Aufgabe 2

Lies dazu auch auf den vorherigen Seiten 76 f. nach.

S. 81

Aufgabe 1

Berücksichtige dabei auch, wie Mao Zedong dargestellt wird, der zu diesem Zeitpunkt 75 Jahre alt war.

S. 85

Aufgabe 4

Lesebeispiel: Zwischen 1980 und 1985 verdoppelte sich das Bruttoinlandsprodukt. Die größte Wachstumrate hatte der Dienstleistungssektor (tertiärer Sektor) mit einer Steigerung um mehr als 250 Prozent. Darauf folgt der Agrarsektor (primärer Sektor) mit fast 100 Prozent. Mit 386,66 RMB steuert das produzierende Gewerbe zwar immer noch am meisten zum Bruttoinlandsprodukt bei, hatte aber in diesem Zeitraum die geringste Steigerung.

S. 87

Aufgabe 2

Hier eine Grafik zum politischen System der Bundesrepublik Deutschland:

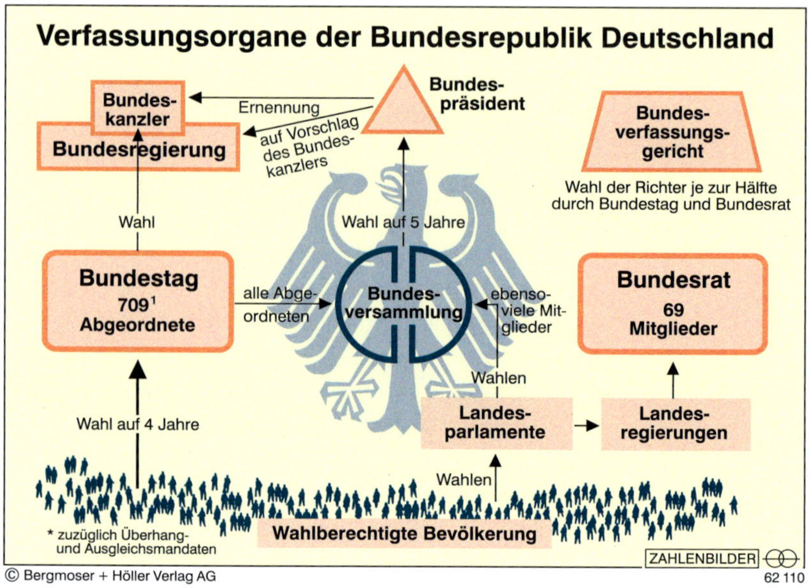

 62 110

[1] Stand 2019

S. 89

Aufgabe 2

Zur „Neuen Seidenstraße" siehe die Grafik auf S. 15 (M3).

Kapitel 4: Vom Osmanischen Reich zur modernen Türkei

S. 95

Aufgabe 2

Gliedere den Bildvergleich nach folgenden Kriterien: Körperhaltung, Bekleidung, Gegenstände und Personen im Bild.

S. 97

Aufgabe 1

Beginne bei den Kontinenten der „alten Welt", also Europa, Afrika und Asien.

S. 99

Aufgabe 1

Das Osmanische Reich wurde damals als „kranker Mann am Bosporus" bezeichnet.

S. 103

Aufgabe 5

Du kannst hierzu eine Tabelle nach folgendem Muster anlegen:

Flagge	Symbolik	Historischer Hintergrund
1 (1959-63)	Panarabische Farben, Sonne (symbolisiert ...)	Sturz der Monarchie, Ausrufung der Republik Irak
2 (1963-91)		

S. 107

Aufgabe 3

Arbeite zunächst heraus, was die deutsche Reichsregierung wusste. Erkläre anschließend, warum Deutschland sich entschied, nicht zu handeln.

S. 111

Aufgabe 5

Beachte dabei folgende Kriterien: Territorium, Regierungssystem, Bevölkerung.

S. 113

Aufgabe 3

Arbeite die sechs Pfeiler der kemalistischen Ideologie heraus. Anschließend nennst du die einzelnen Verbote und Reformen. Beachte dabei auch die Rolle der Frau.

S. 115

Aufgabe 5

Beziehe in deine Überlegungen Atatürks Umgang mit der Opposition und seine Errungenschaften für die heutige Türkei ein.

S. 117

Aufgabe 3

Erstelle eine Tabelle (Motive auf türkischer Seite – Motive auf deutscher Seite).

S. 119

Aufgabe 2

Stelle deine Ergebnisse in einer Tabelle dar:

1966/67 erste Rezession	*mehr Aus- als Einwanderungen*
bis 1968: Abkommen zur Anwerbung ausländischer Arbeitskräfte	
1973 Anwerbestopp	

Kapitel 5: Ehemalige Imperien und die Europäische Integration im Vergleich

S. 129

Aufgabe 1

Ordne dazu die Flaggen den jeweiligen Staaten zu.

Im Folgenden noch einige Hinweise zu möglicherweise schwer zu identifizierenden Flaggen:

Linke Reihe: vierte von oben: Freies Territorium Triest; zweite von unten: Irland

Rechte Reihe: erste von oben: Italien; zwei Flaggen ganz unten: Luxemburg und die Niederlande

S. 129

Aufgabe 3

Hinweis: Seit 1986 wird die Flagge des Europarates, wie sie 1953 festgelegt wurde, auch offiziell für die spätere Europäische Union verwendet.
Der folgende Auszug aus dem Rapport de l'Assemblée sur l'emblème du Conseil de l'Europe (Bericht der Kommission zum Emblem des Europarates) informiert über die Gestaltung der Flagge.

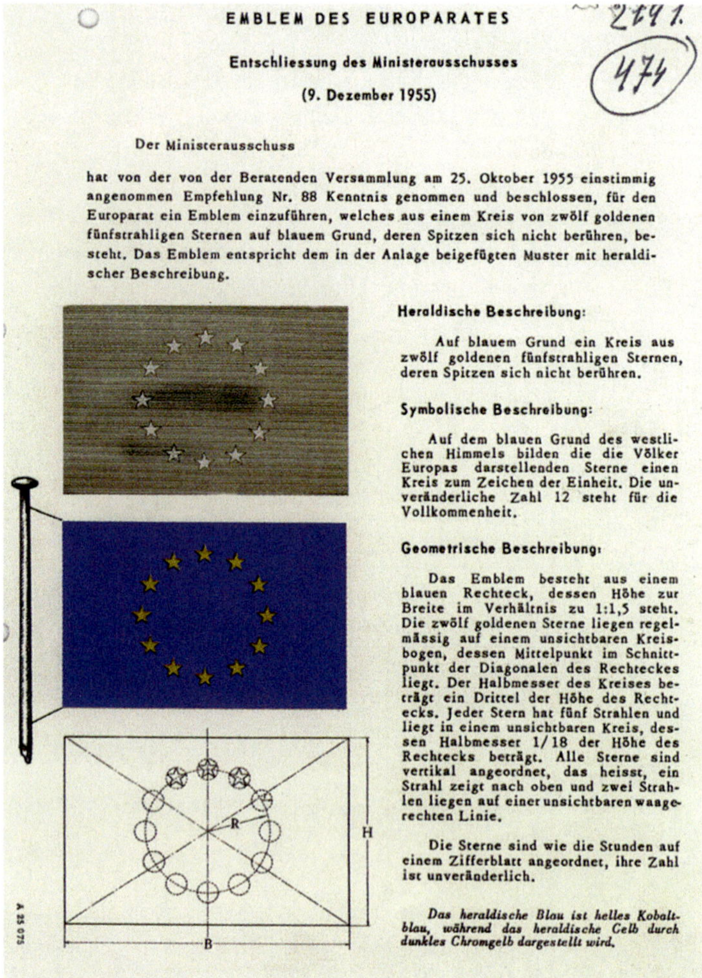

EMBLEM DES EUROPARATES

Entschliessung des Ministerausschusses

(9. Dezember 1955)

Der Ministerausschuss

hat von der von der Beratenden Versammlung am 25. Oktober 1955 einstimmig angenommen Empfehlung Nr. 88 Kenntnis genommen und beschlossen, für den Europarat ein Emblem einzuführen, welches aus einem Kreis von zwölf goldenen fünfstrahligen Sternen auf blauem Grund, deren Spitzen sich nicht berühren, besteht. Das Emblem entspricht dem in der Anlage beigefügten Muster mit heraldischer Beschreibung.

Heraldische Beschreibung:

Auf blauem Grund ein Kreis aus zwölf goldenen fünfstrahligen Sternen, deren Spitzen sich nicht berühren.

Symbolische Beschreibung:

Auf dem blauen Grund des westlichen Himmels bilden die die Völker Europas darstellenden Sterne einen Kreis zum Zeichen der Einheit. Die unveränderliche Zahl 12 steht für die Vollkommenheit.

Geometrische Beschreibung:

Das Emblem besteht aus einem blauen Rechteck, dessen Höhe zur Breite im Verhältnis zu 1:1,5 steht. Die zwölf goldenen Sterne liegen regelmässig auf einem unsichtbaren Kreisbogen, dessen Mittelpunkt im Schnittpunkt der Diagonalen des Rechteckes liegt. Der Halbmesser des Kreises beträgt ein Drittel der Höhe des Rechtecks. Jeder Stern hat fünf Strahlen und liegt in einem unsichtbaren Kreis, dessen Halbmesser 1/18 der Höhe des Rechtecks beträgt. Alle Sterne sind vertikal angeordnet, das heisst, ein Strahl zeigt nach oben und zwei Strahlen liegen auf einer unsichtbaren waagerechten Linie.

Die Sterne sind wie die Stunden auf einem Zifferblatt angeordnet, ihre Zahl ist unveränderlich.

Das heraldische Blau ist helles Kobaltblau, während das heraldische Gelb durch dunkles Chromgelb dargestellt wird.

S. 129

Aufgabe 9

Beschreibe zunächst, welche Bereiche der EU gemäß den Kriterien wichtig sind, und gehe dann darauf ein, welches Verhältnis sie zum Beitrittskandidaten hat und ob es deiner Meinung nach angemessen ist.

S. 131

Aufgabe 2

Berücksichtige dabei u. a. auch die Doppelfunktion des „Ministerrates". Eine Grafik zum politischen System ist auf S. 147 zu finden.

Methodenkarten

Einen Zeitstrahl erstellen

Ein Zeitstrahl ist ein Hilfsmittel für die Orientierung in der Zeit. Er stellt Ereignisse und Zeiträume grafisch dar. Dabei stellt man sich die Zeit als Pfeil oder Gerade vor.
Meist ist der Zeitstrahl waagerecht angeordnet, die ältesten Ereignisse sind links eingetragen. Je weiter wir uns in Richtung des Endpunktes bewegen, desto näher ist die Gegenwart.
Der räumliche Abstand von Punkten auf dem Zeitstrahl zeigt den zeitlichen Abstand zwischen den Ereignissen an. Je weiter die Punkte voneinander entfernt sind, desto mehr Zeit liegt dazwischen.
Mit einem Zeitstrahl (auch „Zeitleiste" genannt) erkennen wir auf einen Blick, in welcher Reihenfolge Ereignisse geschahen, ob Entwicklungen aufeinander folgten oder zwei Personen gleichzeitig gelebt haben. Außerdem können mehrere Zeitleisten parallel angeordnet werden. So können wir feststellen und vergleichen, was zur selben Zeit an verschiedenen Orten passiert ist.

Einen Zeitstrahl kannst du in diesen Schritten erstellen:
Schritt 1:
- Kläre zuerst, welchem Thema sich der Zeitstrahl widmet.

Schritt 2:
- Lege fest, welche Zeitspanne die Zeitleiste behandelt.
- Bestimme, welche Zeitpunkte oder Zeiträume du einträgst.

Eine Stadt erkunden

Vieles über Städte kann man in Büchern lesen. Erleben kann man sie nur, wenn man das Klassenzimmer verlässt und auf Entdeckungsreise geht. Städte sind spannende Erkundungsorte, da dort viele historische Gebäude und Gegenstände zu finden sind.

Eine Stadt kannst du in diesen Schritten erkunden:
1. Schritt: Planung
- Materialien beschaffen: Stadtplan, Broschüren, Bücher, Zeitschriften. In einer Stadtbücherei oder Touristeninfo erhaltet ihr gute Tipps und Materialien.
- Anreise: Wenn man nicht gleich direkt in die Stadt laufen kann, muss man planen, wie man dort hingelangt. Fragt eure Lehrerin/euren Lehrer oder informiert euch im Internet über die Bus- und Bahnverbindungen.

2. Schritt: Vorbereitung
- Bekanntmachen: Ihr solltet vorab ermitteln, was für euch interessant ist und wo es zu finden ist. Nehmt einen Stadtplan und markiert Orte und Gebäude, deren Geschichte euch interessiert oder zu denen ihr Fragen habt, z. B. Rathaus – Türme – Markt – Kirchen – Straßennamen.
- Unbekannte Begriffe: Schlagt im Lexikon/Internet nach.
- Vergleich: Wenn ihr eine Stadtabbildung aus dem Mittelalter und eine heutige Karte habt, könnt ihr vergleichen, was noch vorhanden ist.

3. Schritt: Organisation und Themen
- Rundgang: Einigt euch über die Stationen und ihre Reihenfolge.
- Einbindung: Vergebt für die einzelnen Punkte Minireferate. Es bereitet immer eine Gruppe eine Station vor.
- Laufzettel: Damit eure Beobachtungen nicht „verpuffen", solltet ihr einen Laufzettel anlegen. So könntet ihr zu einem Turm Aussehen, Name, Höhe und Nutzung notieren und auch, wie er heute in der Stadt wirkt.
- Fotos können eure Erlebnisse speichern. Nicht alle müssen fotografieren – wählt ein bis zwei Schülerinnen oder Schüler für diese Aufgabe aus.

4. Schritt: Besprechung und Zusammenführung
- Am Ende der Erkundung habt ihr viele Eindrücke, Erfahrungen und Informationen notiert. Ihr solltet sie mit anderen austauschen. Vorschläge:
  Gestaltet eine *Wandzeitung* – Entwerft *Plakate* zu einzelnen Themen – Erstellt eine *digitale Präsentation* eurer Fotos – Schreibt einen *Artikel* für die Schulhomepage oder Schülerzeitung.

Botschaften aus Münzen entschlüsseln

Stell dir vor, du bist römischer Kaiser und möchtest beim Volk für dich als Herrscher werben. Doch wie erreichst du Millionen von Untertanen? Welche „Reklame“ lässt sich leicht von Nordafrika bis Britannien verbreiten und wandert dabei noch ganz von selbst von Hand zu Hand? Die Münze!
Über Jahrhunderte nutzten die Römer ihre Münzen nicht nur als Zahlungsmittel. Auf Vorder- und Rückseite prägten sie Bilder, Texte und Zeichen, um politische Botschaften und Meinungen unters Volk zu bringen. Zur Zeit der Republik zeigten die Münzen vor allem römische Gottheiten, Sagen oder Tugenden, die das Selbstverständnis der Römer gegenüber anderen Stämmen und Völkern ausdrückten.
Für uns heute sind Münzen ergiebige Quellen, die uns Aufschluss geben über Zeitumstände, politische Ereignisse und Entwicklungen oder über Absichten und Haltungen der Auftraggeber.

Botschaften aus Münzen kannst du in diesen Schritten erkunden:

Schritt 1: Was sehe ich? Was bedeutet das?
Welche Personen, Gegenstände, Symbole, Inschriften (Legenden) usw. sind zu erkennen? Wofür stehen die Bilder, was besagt die Legende?

Schritt 2: Was weiß ich über die Hintergründe?
Aus welcher Zeit stammt die Münze? Auf welche Personen oder Ereignisse bezieht sie sich? Welche politischen Verhältnisse herrschten damals?

Schritt 3: Was ist die Botschaft?
Was soll dem Betrachter mitgeteilt werden? Welche Überzeugung soll ihm nahe gebracht werden?

Schritt 4: Was lerne ich daraus?
Welche neuen Erkenntnisse habe ich gewonnen? Wo sehe ich Verbindungen zu bereits Gelerntem? Welche grundlegenden Fragen kann ich nun besser beantworten als zuvor?

Nützliche Sätze bei der Auswertung von Münzen:

Schritt 1: *Die Vorderseite/Rückseite der Münze zeigt …*
Folgende Legenden kann ich lesen: …
Das Symbol … bedeutet …
Bei der abgebildeten Person handelt es sich um …

Schritt 2: *Die Münze stammt aus der Zeit …*
Die Situation/Das Problem zu dieser Zeit war …

Schritt 3: *„Ich bin …“, „Wir wollen …“, „Ich kann …“*
(Lass den/die Urheber der Münze zu Wort kommen.)

Schritt 4: *Die Münze hat mir verraten, dass …*
Dies lässt sich vergleichen mit …

Geschichtskarten lesen

Landkarten informieren über die Lage von Ländern, Orten, Meeren, Flüssen, Bergen und anderen Kennzeichen einer Landschaft. Karten für den Geschichtsunterricht enthalten noch mehr: Sie verknüpfen Geografie und Geschichte, indem sie zeigen, welche Ereignisse und Entwicklungen in der Vergangenheit in bestimmten Gebieten stattfanden. Auch genaue Karten geben immer nur einen Teil der Gegebenheiten wieder.

Karten kannst du so lesen:

Schritt 1:
- Kläre, um welches Thema es in der Karte geht. (Berücksichtige dabei die Über- oder Unterschrift.)
- Beachte die Legende: Sie erklärt dir die verwendeten Zeichen, Farben und Abkürzungen und nennt meist auch den Maßstab.

Schritt 2:
- Kläre zunächst, welches Gebiet die Karte zeigt, welche Zeit sie behandelt und über welche Einzelheiten sie informiert.

Schritt 3:
- Wähle die Informationen aus, die zu den Fragen, die du selbst an die Karte stellst, oder zu den Aufgaben, die du lösen sollst, passen.

Zur Kartenauswertung nützliche Formulierungen:
Der Kartenausschnitt zeigt … – Der abgebildete Raum ist ungefähr … x … km groß. – Die Karte bildet die Verhältnisse im … Jh. / im Jahr … ab. – Mit Farben wird angegeben, …

Dynamische Geschichtskarten lesen

Geschichtskarten können Antworten geben auf die Frage: „Was war früher wo?“

Aber Karten können nicht nur zeigen, wie etwas zu einem Zeitpunkt war, sondern auch, welche Veränderungen in längeren Zeiten stattfanden. Die erstgenannten Karten nennt man „statische Geschichtskarten“, letztere heißen dagegen „dynamische Geschichtskarten“.

Dynamischen Karten kannst du so lesen:

1. Schritt: Die Karte beschreiben

- Welches Thema hat die Karte?
- Welchen Raum und welchen Zeitraum behandelt sie?
- Mit welchen Mitteln stellt sie Veränderungen dar?
- Welche sonstigen Informationen enthält die Karte?

2. Schritt: Die Karte analysieren

- Was verändert sich im dargestellten Raum und Zeitraum?
- Welche Zwischenschritte kann man erkennen?
- Was muss ich schon wissen, um die Karte richtig zu verstehen?
- Welche Folgen der Entwicklung können abgeleitet werden?

3. Schritt: Die Karte einordnen

- Welche historische Veränderung erklärt die Karte?
- In welchem Zusammenhang steht diese Veränderung?
- Welche Zusammenhänge werden verdeutlicht?
- Welche Fragen beantwortet die Karte nicht?

Folgende Formulierungen helfen dir bei der Aufgabe:

1. Schritt: *Die Karte behandelt … – Der dargestellte Raum umfasst … – Der behandelte Zeitraum reicht von … bis … – Veränderungen werden dargestellt durch … – Zusätzlich enthält die Karte …*

2. Schritt: *Zum Zeitpunkt … gab es … – Am Ende des Zeitraums … – Die Karte legt nahe, dass … – Gründe/Folgen der Entwicklung waren …, weil …*

3. Schritt: *Die Karte zeigt, wie sich … über … veränderte. – Dieser Vorgang hängt zusammen mit … – Die Karte gibt keine Auskunft darüber, wie/was/ob/ …*

Historische Karten lesen

Über manche Landkarten aus vergangener Zeit muss man sich wundern: Aus heutiger Sicht ließen die Kenntnisse der Verfasser über Kontinente, Länder und Meere sehr zu wünschen übrig.

Doch wie machen wir historische Karten zu ertragreichen Quellen, die uns Aufschluss geben über Wissen und Absichten der Autoren und uns ihre „Welt-Bilder“ näher bringen?

Historische Karten kannst du so lesen:

1. Schritt: Was sehe/lese ich?

Geografischer Raum, Himmelsrichtungen, Abbildungen, Beschriftungen, Gebiete. Auch: Entstehungszeit und Kartograf

2. Schritt: Was weiß/denkt/will der Zeichner?

Geografische Kenntnisse des Zeichners? Mögliche Quellen? Herkunft/Haltungen/Aussagen/Vorstellungen des Zeichners? Zweck/Funktion/Nutzen der Karte, Absicht des Zeichners, mögliche(r) Auftraggeber?

3. Schritt: Was habe ich gelernt?

Welche neuen Erkenntnisse bietet die Karte? Gibt es Verbindungen zu bereits Gelerntem? Habe ich noch offene Fragen?

Diese Formulierungen helfen bei der Auswertung historischer Karten:

1. Schritt: *Die Karte stammt von … – Die Darstellung umfasst … – ist genordet/geostet. – Ihr Thema ist … – Auffällig ist, dass …*

2. Schritt: *Der Verfasser kennt … genau/nicht. – Der Vergleich mit einer modernen Karte zeigt … – Als Quelle diente wohl … – Wichtig war dem Zeichner … – Die Karte diente sicherlich … – Der Urheber wollte …*

3. Schritt: *Das lässt sich vergleichen mit … – Einiges kenne ich aus der Beschäftigung mit … – Mir war neu, dass … – Ich wüsste gern noch …*

Bilder zum Sprechen bringen

Bilder können Geschichten erzählen und uns etwas über die Zeit mitteilen, in denen sie entstanden sind. Du kannst sie zum Sprechen bringen, indem du Fragen an sie stellst. Nicht alle lassen sich bei jedem Bild beantworten. Oft musst du weitere Informationen einholen.

Bilder kannst du so zum Sprechen bringen:

1. Beschreibe das Bild

- Wann und wo wurde es geschaffen oder veröffentlicht?
- Welche Personen erkennst du auf dem Bild?
- Was tun die Personen?
- Wie sind sie gekleidet? Haben sie Gegenstände bei sich?
- Kannst du weitere Dinge auf dem Bild erkennen?
- Wie wirkt das Bild auf dich?

2. Erkläre die Zusammenhänge

- Ist auf dem Bild etwas hervorgehoben?
- Wie sind die Personen dargestellt? Sind es wirkliche Personen oder stehen sie für etwas?
- In welcher Beziehung zueinander sind die Personen dargestellt?

3. Bewerte das Bild

- Zu welchem Zweck wurde das Bild hergestellt?
- Was sollte es dem Betrachter sagen?
- Welche Ereignisse und Vorstellungen haben für die Darstellung eine Bedeutung?

Diese Formulierungen helfen dir, Bildquellen auszuwerten:

1. *Das Bild stammt aus dem Jahr … – Es wurde von … gemalt. – Von links nach rechts erkennt man … – Die Figur des … ist durch … besonders hervorgehoben. – Auffällig ist …*
2. *Einige der Figuren sind (Menschen / Götter / Teufel …). Dies erkennt man an … – Die meisten Figuren (blicken / gehen) nach … – Besonders hervorgehoben ist … – Als einzige Figur ist … – Das Bild zeigt (einen einzigen Moment / einen längeren Zeitraum).*
3. *Das Bild diente als … / war angebracht am … – Es beschreibt die Vorstellung vom … – Die abgebildete Szene war für die Menschen wichtig, da … – Das Bild ist eine Quelle für die Vorstellungen …*

Herrscherbilder analysieren

Wie wir „Promis" heute sehen, bestimmen vor allem die Medien. Fotografen schießen von ihnen Fotos in jeder Lebenssituation, die Presse erfindet so manche reißerische Geschichte dazu. Deshalb versuchen Prominente, ihr Image durch Berater, durch Auftritte im Fernsehen und Veröffentlichungen im Internet zu steuern.
Herrscherbilder waren ebenfalls bis ins Kleinste durchkomponiert. Alles an ihnen war Absicht: Pose, Kleidung, Hintergrund, selbst scheinbar nebensächliche Dinge.

Bei der Untersuchung von Herrscherporträts kannst du in drei Schritten vorgehen:

1. Beschreiben: Was sehe ich?

Wer ist abgebildet? Wo steht die Person? Wie steht sie da (Gestik), welchen Gesichtsausdruck hat sie (Mimik)? Welche Kleidung, welche Accessoires trägt die Person? Welche Zeichen der Macht, welche Herrschaftsinsignien sind abgebildet? Wie und wo sind sie angeordnet? Wie ist der Hintergrund gestaltet? Wie ist das Bild aufgebaut?

2. In den Kontext einordnen: Was sind die Hintergründe?

Was weiß ich über die abgebildete Person? Welche politischen Verhältnisse herrschten damals? Bezieht sich das Bild auf ein Ereignis? Wo hing das Bild? Wer sah es? Wie groß ist es im Original? Welche Perspektive nimmt der Betrachter ein? Welche Bedeutung haben die Gegenstände, Symbole und Farben? Welche Rolle spielt das Licht?

3. Absicht und Wirkung untersuchen: Was ist die Botschaft?

Wann, wo und in wessen Auftrag ist das Bild entstanden? Aus welchem Anlass und zu welchem Zweck? Wer war der Maler? Welche Wirkung soll das Bild auf den Betrachter entfalten? Wie will die porträtierte Person gesehen, wie als Herrscher verstanden werden?

Karikaturen interpretieren

Karikaturen kommentieren und bewerten Ereignisse in Politik und Gesellschaft oder auch Alltägliches. Sie zeigen Schwächen von Personen, bemängeln Zustände und Entwicklungen mit Witz und Spott. Ein Karikaturist stellt meist eine einfache Szene dar, damit seine Meinung deutlich wird. Die Personen werden verzerrt dargestellt. Einzelne Personen stehen oft für eine ganze Gruppe oder ein Volk. Worüber die Zeitgenossen lachten oder sich ärgerten, was ihnen gefiel oder was sie ablehnten, erkennen wir heute selten auf Anhieb.

Um eine Karikatur zu entschlüsseln, gehst du in folgenden Schritten vor:

1. Beschreiben
- Wie lautet der Titel der Karikatur?
- Wann ist sie entstanden?
- Welche wichtigen Bildelemente kann man erkennen (z. B. Gegenstände, Figuren, Symbole, Farben etc.)?
- Wie stehen die Bildelemente in Beziehung zueinander (z. B. Interaktion zwischen Figuren, Zusammenhänge zwischen Gegenständen/Figuren, Perspektive etc.)?
- Gibt es einen Text zur Karikatur (z. B. Bildunterschrift, Text auf Bildelementen, sprechende Personen etc.)?

2. Vor dem historischen Hintergrund erklären
- Welche historischen Personen sind dargestellt?
- Stehen die Personen für eine Gruppe oder ein Volk?
- Gibt es Personifikationen (d. h. wird ein abstrakter Begriff bildlich dargestellt, wie z. B. Germania, deutscher Michel)?
- Was bedeuten die Symbole?
- Auf welches historische Ereignis oder welche Situation spielt die Karikatur an?
- Welche Meinung/Kritik drückt der Zeichner aus?

3. Beurteilen
- An wen (welche Zielgruppe) richtet sich die Karikatur?
- Wie kann man die Aussage der Karikatur aus damaliger und heutiger Perspektive beurteilen (z. B. ist die Aussage/Kritik angemessen, nachvollziehbar, überzogen etc.)?

Die folgenden Satzbausteine können dir helfen:
Im Zentrum/links/rechts in der Karikatur ist ... zu sehen. – Besonders wichtig ist ..., weil ... – Schon beim ersten Anschauen fällt der Blick auf ..., weil ... – Die Person links/rechts/in der Mitte sieht aus wie ... – ... ist ein Symbol für ... Damit könnte ... gemeint sein. – Der Karikaturist kritisiert/lobt mit seiner Zeichnung ...

Plakate analysieren

In Zeiten, in denen es elektronische Medien noch nicht gab, war das Plakat für die Vermittlung politischer Botschaften nicht zu überbieten. Es war ein einflussreicher Blickfang im Straßenbild.
Anfangs dominierten Plakate mit reinen Texten. Bald wurden die Wähler aber auch durch geschickte Bild-Text-Kombinationen emotional angesprochen.

Zur Entschlüsselung von Plakaten kannst du nach folgendem Schritten vorgehen:

1. Beschreibung
- Wer ist Urheber, wer Auftraggeber des Plakates?
- Welche Personen oder Gegenstände sind zu erkennen?
- Wie sind sie dargestellt? Sind Handlungen zu erkennen?
- In welchen Größenverhältnissen stehen die einzelnen Bildteile?
- Wie lautet der Text auf dem Plakat?

2. a) Erklärung Text
- In welcher Beziehung stehen Text- und Bildelemente?
- Welche Aussage vermittelt der Text? (Information, Argument, Appell, Parole, Anklage etc.)
- Welcher historischer Sachverhalt wird angesprochen?

b) Erklärung Bild
- Wofür stehen die eingesetzten Symbole?
- Was bedeutet die gewählte Perspektive?
- Welche Wirkung wird durch Farben erreicht?

3. Historische Beurteilung
- An wen (welche Zielgruppe) richtet sich das Plakat?
- Welche Botschaft vermittelt das Plakat dem Betrachter?
- In welchem historischen Zusammenhang steht es?
- Welche politischen oder gesellschaftlichen Einstellungen lässt das Plakat erkennen?
- Entspricht die Darstellung den Tatsachen?

Textquellen auswerten

Textquellen sind die wichtigsten geschichtlichen Zeugnisse. Ein Text aus der Vergangenheit kann beim ersten Lesen aber schwierig sein – sogar für Profi-Historiker!

Schritt 1: Texte verstehen

- Lies den Text sorgfältig durch. Oft erschließt sich sein Sinn beim zweiten Lesen schon besser.
- Notiere dir unbekannte Begriffe und Namen. Kläre sie mithilfe eines Lexikons (Buch, Internet).
- Ausdrücke, die dir unverständlich bleiben, kannst du im Unterricht klären.
- Arbeite die wichtigen Aussagen des Textes heraus.

Schritt 2: Texte einordnen

- Finde heraus, wann und wo der Text entstand.
- Ermittle den Autor. Welchen Beruf, welche Aufgabe hatte er, als er den Text schuf? Was war der Anlass?
- Lies in deinem Geschichtsbuch nach, was wir über die Zeit der Textquelle wissen.
- Um welche Art von Quelle handelt es sich?
- Manchmal ist wichtig, wie ein Text in unsere Zeit kam (Historiker nennen das „Überlieferung"). So klärst du, wie zuverlässig der Inhalt ist.

Schritt 3: Texte deuten

- Stelle fest, was der Autor in seiner Zeit mit dem Text bewirken wollte und warum.
- Finde heraus, ob die beabsichtigte Wirkung erzielt wurde (etwa: „Was geschah nachher?").

So kannst du dich bei Texten ausdrücken:

Der Text soll von ... im Jahr ... aufgeschrieben worden sein. – Er stammt aus der Stadt ... / dem Land ... – Zu dieser Zeit war für die dortigen Menschen (das Ereignis ...) sehr wichtig, weil ... – Der Text wurde vom Autor ... selbst aufgeschrieben / von ... überliefert. – Die wichtigsten Stellen / Kernaussagen des Textes sind: a) ..., b) ..., c) ... – Der Autor möchte mit seinem Text (wahrscheinlich) erreichen, dass ...

Perspektiven wechseln mit Quellen

Wie könnt ihr mit schriftlichen Quellen umgehen, die voneinander abweichen oder sich sogar widersprechen?
Zunächst müsst ihr erkennen, dass ein Geschehen aus einer bestimmten Perspektive (Sicht) beschrieben wird, der Verfasser des Textes also einen eigenen Standpunkt einnimmt. Prüft dazu durch Vergleichen, was der eine erwähnt, der andere weglässt. Um die Quelle auf ihre Glaubwürdigkeit hin zu überprüfen, ist es wichtig zu wissen, wer der Autor ist und wann, wo und in wessen Auftrag er den Text verfasst hat. So könnt ihr die verschiedenen Perspektiven der Verfasser erkennen. Abschließend solltet ihr beurteilen, wessen Aussagen ihr eher traut.

Folgende Tipps können euch dabei helfen:

1. Informiere dich über den Autor der Quelle. Finde seine Haltung zu den berichteten Ereignissen heraus. War er beteiligt? Hat er die Ereignisse selbst beobachtet? Berichtet er, was er von anderen gehört hat? Berichtet er zeitnah oder liegt eine längere Zeit zwischen den dargestellten Ereignissen und dem Abfassen der Quelle?
2. Überlege, mit welcher Absicht der Autor über die Ereignisse berichtet (Intention).
3. Überlege, an wen sich der Text richtet (Adressat) und in welchem Verhältnis Autor und Adressat stehen.
4. Unklare Sachverhalte kannst du mithilfe deiner Lehrkraft und/oder mit Nachschlagewerken klären.
5. Markiere im Text farblich Begriffe, Sätze oder Satzteile, in denen der Autor eine Bewertung vornimmt.
6. Entwickle Leitfragen, um die Quellen zu vergleichen.

Zum Vergleich zweier Quellen könnt ihr diese Sätze verwenden:

Die Quelle … wurde im Jahr … von … verfasst. – Die dargestellten Ereignisse fanden im Jahr … statt. – Bei dem Autor handelt es sich um … – Der Autor berichtet (in Zeile …) davon, dass … – Die Quelle handelt von … und berichtet über … – Der Autor … richtet seinen Text … an … – Er möchte mit dem Text erreichen, dass … – Die Autoren widersprechen sich beim Punkt … – Hier stellt der Autor ... dar, dass …, Autor ... hingegen hebt hervor, dass … – Beide Autoren weisen auf … hin.

Zeitzeugen befragen

Ein spannender Weg, etwas über die Vergangenheit von Menschen, ihre Erlebnisse und Gefühle direkt zu erfahren, ist das Zeitzeugeninterview. Dabei geht es nicht darum, besonders prominente Personen zu befragen. Denn auch viele Menschen in unserer unmittelbaren Umgebung haben häufig Interessantes aus der Vergangenheit zu erzählen.

Vorbereitung:
- Klärt, zu welchem Thema ihr einen Zeitzeugen sucht bzw. wozu ihr einen bestimmten Zeitzeugen befragen wollt.
- Erstellt eine Liste mit möglichen Fragen.
- Einigt euch darüber, wie ihr das Gespräch festhalten wollt (Filmkamera, handschriftliche Aufzeichnungen, Aufnahmegerät etc.).
- Besorgt alle nötigen Materialien (Blöcke, Stifte, Tische) und Geräte (z. B. Kameras).
- Informiert den Zeitzeugen darüber, wozu ihr ihn befragen wollt. Vergesst dabei nicht zu erklären, wofür ihr das Zeitzeugengespräch später verwenden wollt.

Durchführung:
- Stellt eure vorbereiteten Fragen. Achtet darauf, dass der Gesprächspartner nicht vom Thema abschweift.
- Achtet während des Gespräches auch auf die Körpersprache (Mimik, Gestik, Stimme).
- Stellt Nachfragen, wenn ihr etwas nicht versteht oder mehr wissen wollt. Arbeitet nicht einfach eure Fragen ab: Die interessantesten Fragen ergeben sich oft erst im Gespräch.

Nachbereitung:
- Diskutiert über das Gespräch:
  - Hat das Gespräch eure Erwartungen erfüllt?
  - Waren die Aussagen des Zeitzeugen glaubwürdig? Könnte der Zeitzeuge übertrieben oder auch Dinge vergessen haben? Über welche Aspekte hat der Zeitzeuge vielleicht bewusst nicht gesprochen?
- Vergleicht die Aussagen des Zeitzeugen mit anderen Quellen. Wenn ihr Widersprüche feststellt, überlegt, worauf die Widersprüche zurückzuführen sein könnten.

Historisch argumentieren

Im Fach Geschichte geht es darum, die Vergangenheit zu erkunden. Dazu sind Quellen nötig, die für sich genommen aber erst einmal „stumm" sind. Erst wenn man weiß, welche Fragen man an die Quellen stellen kann, ist man in der Lage, sie zum Sprechen zu bringen.

Doch selbst dann liegen die Dinge oftmals nicht ganz einfach: Wenn zum Beispiel ein König hingerichtet wird, könnte es sein, dass eine Quelle aussagt, dass er damit seine gerechte Strafe erhält, weil er ein schrecklicher Tyrann war. In einer anderen Quelle könnte zu lesen sein, dass der König unschuldig war und von seinen Gegnern unrechtmäßig ermordet wurde.

Um in solchen Fällen zu einem begründeten Urteil zu kommen, benutzen Historiker die Methode des historischen Argumentierens.

Wenn du eine historische Argumentation verfassen sollst, kannst du in fünf Schritten vorgehen:

1. Schritt: Schreibe eine Behauptung zur Frage auf.

2. Schritt: Gib den wichtigsten Grund („Argument") an, warum du so denkst. Verwende dazu einen Aspekt aus einer Text- oder einer Bildquelle. Erkläre, warum dieser Aspekt deine Behauptung stützt.

3. Schritt: Finde ein weiteres Argument für deine Behauptung. Gehe dabei so vor wie in Schritt 2.

4. Schritt: Schreibe ein Argument auf, das gegen deine Behauptung spricht. Verwende auch hier Text- oder Bildquellen wie in den Schritten 2 und 3.

5. Schritt: Fasse kurz zusammen, was du in den Schritten 2 bis 4 herausgefunden hast, und erkläre, warum deine Behauptung (Schritt 1) stimmt.

Kriegspropaganda erkennen

Mehr als je zuvor wurde im Ersten Weltkrieg Propaganda eingesetzt, um Einfluss auf die Einstellung der Bevölkerung zu nehmen. Postkarten waren als Massenmedium besonders geeignet. Sie waren durch die persönlichen Nachrichten ein sehr individuelles Medium, zudem sorgten sie für eine qualitativ hochwertige, bis dahin unbekannte Bilderflut.

Du kannst nach folgendem Schema vorgehen:

1. Beschreiben: Bild und Text

Beschreibung der Personen, Gegenstände, Landschaft, Symbole, Farben etc.: Was fällt besonders auf? Was ist im Vorder-/Hintergrund zu sehen? Aus welcher Perspektive blickt man auf das Geschehen? Wie sind die Personen dargestellt? Welche Details lassen sich erkennen? Welche Elemente, die man erwarten könnte, fehlen bei der Darstellung?

Beschreibung des Textes (Inhalt, Adressat, Sprache, Bezug zum Bild etc.): Wie ergänzt/erklärt der Text das Bild? Wer spricht/schreibt ihn? Wer wird angesprochen? Welche sprachliche Form hat der Text?

2. Erklären

Erklärung der Wirkung auf den Betrachter, Einbeziehung der historischen Hintergründe etc.: Auf welche Ereignisse bezieht sich die Postkarte? Welche Emotionen löst das Bild/der Text aus? Ist die Szene natürlich oder gestellt? Welche Bedeutung haben die Farben/Gegenstände? Welche Rolle spielt das Licht? Welche Atmosphäre wird vermittelt? Inwiefern wird der Betrachter einbezogen?

3. Beurteilen

Vergleich mit der historischen Realität, Vermutungen über Wirkungsabsicht etc.: Welche Haltung soll beim Betrachter erzeugt werden? Wo unterscheiden sich Postkarte und Realität? Wie wird die Realität verfälscht?

Denkmäler untersuchen

Nationaldenkmäler sollen an eine Person oder an ein Ereignis erinnern, das nach Meinung seiner Erbauer wichtig war oder ist. Sie wenden sich – wie jedes Denkmal – zunächst an die Gegenwart, in der sie errichtet wurden, und darüber hinaus an künftige Generationen. Sie sagen uns viel über die Zeit ihrer Entstehung und über das Selbstverständnis und das Geschichtsbild der Menschen, die sie geplant haben und errichten ließen.

So kannst du bei der Analyse eines Denkmals vorgehen:

1. Beschreiben

Welchen Standort hat das Denkmal? Welche Ausmaße hat es? Aus welchen Teilen besteht es und wie ist es aufgebaut? Welche Inschriften, Figuren, Bild- und Schmuckelemente weist es auf?

2. In den Kontext einordnen

Wann wurde das Denkmal errichtet? Wer gab es in Auftrag? Wer hat es bezahlt? An welche Person oder an welches Ereignis erinnert es? Gab es verschiedene Entwürfe? Welcher Entwurf hat sich durchgesetzt und warum? Wer war sein Schöpfer? Worauf spielen Inschriften, Symbole und Allegorien an? Wie wurde das Denkmal genutzt? Welche Bedeutung hat das Denkmal heute?

3. Absicht und Wirkung untersuchen

Wie sollen die Person oder das Ereignis, die das Denkmal thematisiert, gesehen werden? Aus welchem Anlass und mit welcher Absicht wurde das Denkmal errichtet? Welche Wirkung soll es auf den Betrachter haben?

Nützliche Sätze bei der Analyse von Denkmälern:

Schritt 1: *Das Denkmal steht in/bei … – Es ist aus … – Von unten nach oben ist es folgendermaßen aufgebaut: … – Besonders hervorgehoben ist …*

Schritt 2: *Das Denkmal wurde im Jahr … von … errichtet. – Es stellt … dar und enthält folgende Symbole: … – Die Symbole sollen … darstellen.*

Schritt 3: *Die Auftraggeber des Denkmals wollten … – Seine Wirkung wird zusätzlich unterstrichen durch … – Dass das Denkmal den „Geist" seiner Entstehungszeit und die Ansichten der Zeitgenossen deutlich widerspiegelt, erkennt man daran, dass … – Aussage und Wirkungsabsicht des Denkmals passen zu anderen Kennzeichen der Epoche, wie z. B. …*

Ein Diagramm erstellen

In deinem Geschichtsbuch findest du neben zahlreichen Schrift- und Bildquellen immer wieder auch Zahlenmaterial, das in Tabellen oder Diagrammen, also grafischen Darstellungen von Daten, veranschaulicht ist. Diagramme helfen dir dabei, komplexe Informationen und Zusammenhänge anschaulich zu machen. Damit kannst du schnell und strukturiert Entwicklungen und Veränderungen sowie Verhältnisse erfassen und vergleichen.

Bei der Erstellung eines Diagramms solltest du wie folgt vorgehen:

1. Bestimme das Thema der Datensammlung.
2. Überlege dir, was du darstellen willst, und entscheide dich für eine geeignete Diagrammform.
3. Wähle einen geeigneten Maßstab oder Durchmesser.
4. Übertrage die vorliegenden Werte genau und stelle die unterschiedlichen Aspekte verschiedenfarbig dar.
5. Beschrifte das Diagramm verständlich. Mache deutlich, worum es geht und was wo dargestellt ist.

Reden verstehen

Bis heute gehören Reden zu den wichtigsten Mitteln bzw. „Medien" der Kommunikation in der Politik. Sie haben stets eine doppelte Funktion: Zum einen sollen sie über die Vorstellungen und Standpunkte einer Partei oder einer Person informieren. Zum anderen haben politische Reden aber auch den Zweck, den Zuhörer zu überzeugen und für die eigene Position einzunehmen. Da diese Einflussnahme oft bis hin zur Manipulation reicht, ist es wichtig, sich mit den Eigenschaften der politischen Rede vertraut zu machen.

Politische Reden analysieren in drei Schritten:

1. Beschreibung „von außen"

- Beantworte in aller Kürze die folgenden W-Fragen: **Wer** hat die vorliegende Rede **wann** und **wo** gehalten?
- Beschreibe in ein bis zwei Sätzen, welche Art der Rede vorliegt, an wen die Rede gerichtet war (Adressat), warum sie gehalten wurde (Anlass) und wovon sie handelt (Thema).

2. Untersuchung „von innen"

- Lies die Rede gründlich durch und suche nach Auffälligkeiten in Wortwahl und Sprache: Kommen einzelne Wortarten oder Begriffe aus einem bestimmten Wortfeld ungewöhnlich häufig vor? Wenn ja, welche?
- Überprüfe, welche Stilmittel, rhetorischen Figuren und Besonderheiten des Satzbaus zu finden sind.

3. Abschließende Einordnung

- Fasse zusammen, was der Redner mit seiner Rede in erster Linie erreichen will.
- Beurteile sachlich die Qualität der Rede.
- Bewerte schließlich die Absicht des Redners.

Folgende Tipps helfen dir:

- Belege alle Informationen und Erkenntnisse am Text.
- Zähle sprachliche Mittel usw. nicht nur auf, sondern untersuche deren Funktion und Wirkung.
- Benutze den **Konjunktiv**, damit der Leser die Meinung des Redners von deiner eigenen Meinung unterscheiden kann.

Diese Formulierungen helfen dir, Reden auszuwerten:

Die hier vorliegende Rede wurde von … am … gehalten. – Anlass der Rede war … – Die Zuhörer der Rede waren … – Es geht um … – Der Redner benutzt viele Ausdrücke aus dem Wortfeld … – Er will damit erreichen / Dadurch soll … – Schlagwörter wie zum Beispiel … erzeugen bei den Zuhörern das Gefühl, dass … – Durch die Ellipsen / Vergleiche etc. … wird … – Der Redner will damit betonen, dass … – Mit … erweckt der Redner den Anschein, dass … – Die Zuschauer sollen glauben, dass … – Hinter dieser Wortwahl kann man die … Ideologie erkennen. – Zeitlich lässt sich die Rede … einordnen. – Aus heutiger Perspektive kann man sagen, dass …

Gedenkstätten erkunden

Im heutigen Baden-Württemberg gibt es eine vielfältige Gedenkstättenlandschaft. Etwa siebzig Gedenkstätten tragen dazu bei, die Verbrechen der Nationalsozialisten im Bewusstsein zu halten. Andere Gedenkstätten erinnern beispielsweise an Freiheitsbewegungen (Rastatt) oder bedeutende Persönlichkeiten (Friedrich Ebert in Heidelberg). Solche Gedenkstätten sind besondere Erinnerungsorte: Du sammelst Informationen über bedeutende Persönlichkeiten, Ereignisse, Opfer und Täter. Gleichzeitig erinnerst du dich auch an mögliches Leiden und Tote. Das erfordert Respekt und angemessenes Verhalten.

Dabei kannst du in diesen drei Schritten vorgehen:

Schritt 1: Planung

Informiere dich über die Gedenkstätte (Internet, Bibliothek, angefordertes Informationsmaterial). Wähle danach einen Themenschwerpunkt aus, der dich besonders interessiert und den du während des Besuchs besonders berücksichtigst.

Mögliche Schwerpunkte können sein:
- das Areal bzw. Gelände
- die Vorgeschichte des Ortes
- die Geschichte der Gedenkstätte von der Errichtung bis heute

Schritt 2: Durchführung des Besuchs

Konzentriere dich auf die Führung bzw. deinen Rundgang. Widme dich den Ausstellungsstücken, den Zeitzeugenaussagen, der Gestaltung der Gedenkstätte usw. Halte Eindrücke und Empfindungen in Wort und Bild fest. Achte aber darauf, den Besuch nicht nur durch das Kameraobjektiv zu erleben. Dokumentiere stattdessen nur Details, die für dich persönlich oder dein Thema relevant sind.

Schritt 3: Auswertung und Präsentation

Tausche dich mit anderen aus, inwiefern sich eure Eindrücke vor Ort von den Recherchen während der Vorbereitung unterschieden.

Fotografien analysieren

Ein Foto gilt meist als objektive, „wahre" Aufnahme eines Moments. Doch tatsächlich sind viele Fotos alles andere als unverfälschte Dokumente. Zum einen kann bereits der Fotograf durch technische Mittel oder den Zeitpunkt der Aufnahme eine Deutung mit einbringen. Zum anderen können Fotografien nachträglich bearbeitet werden und damit eine völlig neue Botschaft bekommen. Fotos, vor allem solche, die historisch bedeutsam sind, bedürfen daher einer genauen Betrachtung und Überprüfung.

So kannst du bei der Analyse eines Fotos vorgehen:

1. Beschreibe das Foto
- Wer hat das Foto wann und wo aufgenommen?
- Wie sehen die abgebildeten Personen aus, was tun sie?
- Welche weiteren wichtigen oder auffälligen Bestandteile des Bildes sind zu sehen, z. B. Lebewesen, Gegenstände, Vorgänge im Hintergrund?

2. Erkläre die Zusammenhänge
- Was steht im Mittelpunkt des Bildes? Wohin soll der Betrachter vor allem sehen?
- Sieht das Foto realistisch oder eher „gestellt" aus?
- Welches historische Ereignis oder welcher geschichtliche Sachverhalt wird dargestellt?

3. Bewerte das Foto historisch
- Welche Aussage soll das Foto weitergeben?
- Welche Perspektive nimmt der Fotograf/Bearbeiter ein?
- Sind bei genauer Betrachtung des Fotos Unstimmigkeiten zu erkennen (z. B. fehlende oder überflüssige Schatten, falsche Größenverhältnisse ...)?
- Gibt es Hinweise darauf, dass das Bild nachträglich bearbeitet wurde: Scheinen z. B. Teile nachträglich eingefügt oder fehlt erkennbar etwas?
- Was ändert sich, wenn der Bildausschnitt sich vergrößert oder verkleinert?

Zur historischen Fotoanalyse nützliche Sätze:

Das Foto wurde am ... von ... aufgenommen. Es wurde in ... veröffentlicht. Dargestellt ist ... Zu dieser Zeit ging es um ... Das Foto benutzt als bildliche Mittel ... Dem Betrachter wird dadurch vermittelt, ... Der Fotograf hat zum abgebildeten Ereignis eine ... Einstellung, was sich durch ... belegen lässt. Das Bild manipuliert den Betrachter (nicht/insofern/durch).

Lexikon zur Geschichte: Begriffe

In allen Darstellungstexten sind wichtige Begriffe ***hervorgehoben*** *und auf der jeweiligen Seite unten wiederholt. Erklärungen für diese Begriffe gibt dir unser „Lexikon zur Geschichte". Viele Begriffe, die ein Geschichtsforscher braucht, kommen in verschiedenen Zeiten immer wieder vor. Manche ändern dabei auch ihre Bedeutung. Andere Begriffe hängen miteinander zusammen oder erklären einander.*

Wenn wir bei der Erklärung eines Wortes einen anderen Eintrag in das Lexikon verwenden, machen wir dies mit dem ▸ Pfeilsymbol deutlich. Dies kannst du dir beim Nachschlagen zunutze machen: Folge einfach den Pfeilen, dann erschließt du ein ganzes zusammenhängendes Themenfeld. Probier es einmal aus, zum Beispiel mit dem Begriff „Kommunismus".

Agrarreform: die Landwirtschaft betreffende, bewusst vorgenommene politische Maßnahmen, die auf eine Verbesserung der sozialen Verhältnisse und auf eine höhere Rentabilität der Landwirtschaft mithilfe veränderter Produktionsbedingungen abzielen.

Anwerbeabkommen: Anwerbeabkommen sind Verträge oder Abkommen zwischen zwei Staaten, die die Anwerbung, das Aufenthaltsrecht und das Arbeitsrecht von Arbeitskräften regeln. Die Bundesrepublik schloss insgesamt neun Anwerbeabkommen zwischen 1955 und 1968. Die DDR schloss ähnliche Abkommen mit Vietnam, Kuba, Nicaragua, Mosambik, Polen, Ungarn, dem Jemen und Angola.

Aramäer: Die Aramäer sind eine christliche Ethnie im Nahen Osten. Ihre Sprache, Aramäisch, wurde von Jesus Christus gesprochen.

Armenier: Ethnie in Vorderasien. Bis Anfang des 20. Jh. lebten mehr als zwei Millionen Armenier vor allem im Osten Anatoliens. Sie wurden während des Ersten Weltkrieges in die syrische Wüste vertrieben und ermordet. Heute ist Armenien ein Nachbarland der Türkei.

Assoziierungsabkommen: Das Wort „assoziieren" kommt aus dem Lateinischen und heißt „sich zusammentun", „sich verbinden". Ein „Verbindungsabkommen", wie es übersetzt auch heißen könnte, ist ein völkerrechtlicher Vertrag zwischen einer Gemeinschaft von mehreren Staaten und einem Staat, der dieser Gemeinschaft nicht angehört. Das Assoziierungsabkommen (1963) zwischen der Europäischen Wirtschaftsgemeinschaft (EWG, Vorgängerin der heutigen EU) und der Türkei garantierte den türkischen „Gastarbeitern" in den Mitgliedstaaten der EU eine Arbeitserlaubnis.

Aussiedler: Diejenigen deutschen Staatsbürger und ethnischen Deutschen aus Ostmittel-, Ost- und Südosteuropa, die ab 1950 in die Bundesrepublik Deutschland immigrieren konnten, bezeichnet das Bundesvertriebenengesetz als Aussiedler. Umgangssprachlich sprach man seit den 1950er-Jahren auch schon von Spätaussiedlern. Seit 1993 ist dies eine Rechtskategorie für die ab dem 1. Januar 1993 Immigrierten.

Autokratie (griech.: Selbstherrschaft): ein keinen Ein- oder Widerspruch duldendes Herrschaftssystem, das als Gegensatz zur Demokratie (griech.: Volksherrschaft) verstanden wird.

Beamte: Träger staatlicher Gewalt, denen hoheitliche Aufgaben (z. B. die Durchsetzung von Gesetzen) übertragen sind. Zwischen ihnen und dem Staat bzw. Herrscher besteht ein besonderes Dienstverhältnis. Während der Beamte eine Treuepflicht hat, sorgt der Staat bzw. Herrscher im Rahmen seiner Fürsorgepflicht für einen angemessenen Lebensunterhalt der Beamten.

Bourgeoisie (frz. bourgeois: Bürger): verächtliche Bezeichnung für das Besitzbürgertum; nach der Theorie des ▸Marxismus herrschende Klasse, die im Besitz der Produktionsmittel sei und das ▸Proletariat ausbeute.

Dekolonisierung: Prozess der Loslösung von der jeweiligen Kolonialmacht bzw. der Kampf um Unabhängigkeit und damit die Beendigung der Kolonialherrschaft. Der Begriff bringt zum Ausdruck, dass es sich nicht um eine klare Zäsur, sondern um einen oft langwierigen, meist konfliktreichen Prozess handelt.

Deportation: zwangsweise Umsiedlung von Menschen oder ganzer Volksgruppen an vorherbestimmte Orte als Schikane oder Terrormaßnahme (▸Terror).

„Der große Sprung nach vorn": eine von ▸Mao Zedong initiierte Kampagne (1958-1961), die die großen Gegensätze zwischen Stadt und Land, geistiger und körperlicher Arbeit sowie Industrie und Landwirtschaft einebnen sollte, um den Rückstand zu westlichen Industrieländern aufzuholen. Angesichts ihrer katastrophalen Folgen (u.a. Hungersnot mit mehr als 20 Millionen Toten) und der mangelnden Qualität der industriellen Produkte scheiterte sie und wurde 1961 abgebrochen.

„Diktatur des Proletariats": Konzept des ▸Kommunismus: Die Arbeiterklasse bzw. ihre Partei übernimmt bei einem gewissen Entwicklungsstand einer industrialisierten Gesellschaft die Macht im Staat und enteignet die bisherige „Ausbeuterklasse", die Kapitalisten (▸Bourgeoisie). Die „Diktatur des Proletariats" ist demnach die erste Stufe auf dem Weg in die kommunistische, klassenlose Gesellschaft ohne Staat und Privateigentum (▸Sozialismus).

Dreieckshandel: Erklärungsmodell für den (atlantischen) Handel zwischen Europa, Afrika und Amerika in der Zeit vom 17. bis zum Beginn des 19. Jh. mit Erzeugnissen der europäischen Manufakturen wie Textilien, Glasperlen oder Waffen, afrikanischen Sklaven und Erzeugnissen der amerikanischen Sklavenplantagen wie Rohrzucker oder Baumwolle.

Erster Weltkrieg (1914-1918): Seine Ursachen lagen in den machtpolitischen Gegensätzen, dem Rüstungswettlauf und der imperialistischen Politik (▸Imperialismus) der europäischen Großmächte. An ihm waren fast alle Staaten der Erde beteiligt. Wegen seiner tiefgreifenden Folgen bezeichnen ihn Historiker oft als „Urkatastrophe des 20. Jahrhunderts": Er wurde als erster industrieller Krieg geführt und kostete mehr als zehn Millionen Menschen das Leben. Die immensen Kriegskosten führten in vielen Ländern zu hoher Inflation. Im „Epochenjahr 1917" griffen nicht nur die USA erstmals aktiv in die Politik der europäischen Staaten ein, sondern in Russland siegte die bolschewistische Oktoberrevolution. Der Erste Weltkrieg zog eine grundlegende Veränderung der politischen Situation in Europa und dem Nahen Osten nach sich. Die Monarchien in Deutschland, Österreich-Ungarn und Russland wurden beseitigt, das Osmanische Reich zerschlagen. Es gelang mit den Pariser Vorortverträgen nicht, eine stabile Nachkriegsordnung zu etablieren. In vielen Staaten Europas nutzten nationalistische Parteien die Unzufriedenheit in den Bevölkerungen, um an die Macht zu gelangen.

Frauenwahlrecht: Bezeichnung für die Möglichkeit der Frauen, bei politischen Abstimmungen eines Staates zu wählen (aktives Wahlrecht) und gewählt zu werden (passives Wahlrecht).

Glasnost und Perestroika: Die Begriffe „Glasnost" (dt.: Offenheit, Durchsichtigkeit) und „Perestroika" (dt.: Umbau, Umgestaltung) bezeichnen Michail ▸Gorbatschows ▸Reformpolitik in der ▸Sowjetunion von 1985 bis 1991. Diese trugen zum Zerfall der Sowjetunion bei.

Großer Vaterländischer Krieg: im russischen Sprachraum verwendete Bezeichnung für den Krieg gegen das Deutsche Reich, das die ▸Sowjetunion 1941 während des Zweiten Weltkrieges überfallen hatte.

GUS: Abkürzung für „Gemeinschaft Unabhängiger Staaten"; Bezeichnung für eine zwischenstaatliche Organisation, die sich aus Staaten der ehemaligen ▸Sowjetunion bildete.

Historischer Materialismus: die von Karl ▸Marx entwickelte Grundlehre des ▸Marxismus. Dabei handelt es sich um eine Geschichtsphilosophie, die in der ökonomischen und sozialen Struktur einer Gesellschaft die Basis von Geschichte sieht.

Hochkultur: Bezeichnung einer gegenüber dem einfachen bäuerlichen Leben weiterentwickelten Lebensform. Deren Kennzeichen sind Städte, große Bauwerke, ▸Schrift, Verwaltung, Religion, Recht, Handwerk, Handel und Arbeitsteilung.
Erste Hochkulturen entstanden in Mesopotamien (heute Türkei, Irak und Syrien), am Nil (Ägypten), am Indus (Indien) und am Hwangho (Gelber Fluss) im Norden Chinas.

Imperialismus (lat. imperium: Herrschaft, Reich): Als Imperialismus bezeichnet man das Bestreben eines Staatswesens bzw. seiner politischen Führung, über Gebiete außerhalb des Herrschaftsbereiches wirtschaftlichen und politischen Einfluss zu erlangen, bis hin zu deren Unterwerfung und zur Eingliederung in den eigenen Herrschaftsbereich. Er hat typischerweise das Ziel, eine ungleiche wirtschaftliche, kulturelle oder territoriale Beziehung aufzubauen und aufrechtzuerhalten.

Imperium (lat.: Herrschaft, Reich): großräumiger Herrschaftsverband, den eine multiethnische Zusammensetzung der Untertanen sowie ein Überlegenheitsanspruch gegenüber Nachbarn und Konkurrenten kennzeichnet.

Islam: monotheistische Religion, die um 620 n. Chr. durch Mohammed verkündet wurde. Das arabische Wort „Islam" bedeutet die völlige Hingabe der Gläubigen an Allah. Heiliges Buch des Islam ist der Koran, der die Offenbarung Gottes (Allahs) und dessen Verkündigung an den Propheten Mohammed enthalten soll.

Islamismus: politische Ideologie, die den ▸Islam und das heilige Buch (Koran) als alleinige Richtschnur für alle Bereiche des öffentlichen und privaten Lebens setzt. Nachdem durch die Erfahrungen des Kolonialismus im 19. und 20. Jh. deutlich wurde, dass die westlichen Staaten wirtschaftlich und technisch überlegen sind, suchten arabische Intellektuelle Antworten auf dieses Problem. Eine bestand darin, strikt an Religion und Tradition festzuhalten und durch die Wiederbelebung des Islam die arabischen Länder politisch und gesellschaftlich zu stärken. Diese Ideologie entstand im 19. Jh. und wird Islamismus genannt.

Kaiserreich: Herrschaftsraum, in dem der Kaiser der höchste Träger der Gewalt ist. Ursprünglich geht das Wort Kaiser auf Gaius Julius Caesar zurück, der von 49 v. Chr. bis zu seiner Ermordung 44 v. Chr. als Alleinherrscher („Dictator") das Römische Reich regierte. Bereits unter der Herrschaft seines Adoptivsohnes Augustus wurde „Caesar" ein Herrschertitel. Er wurde danach auch für Beherrscher anderer ▸Imperien verwendet.

Kalifat: Regierungsform, bei der – wie bereits bei Mohammed, dem Begründer des ▸Islam – alle weltliche und geistliche Macht in der Hand eines Kalifen liegt. Ursprünglich sollte der Kalif über die Gemeinschaft aller Muslime (umma) herrschen und aus der Sippe Mohammeds stammen.

Kemalismus: Der Kemalismus ist die Gründungsideologie der Türkischen Republik, benannt nach Mustafa ▸Kemal Atatürk. Sie wird durch sechs Pfeile symbolisiert, die für Republikanismus, Nationalismus, Säkularismus, Etatismus, Reformismus und Populismus stehen.

Klassenkampf: von Karl ▸Marx entwickelter Begriff, der den Gegensatz zwischen ▸Bourgeoisie und ▸Proletariat als Kampf begreift. Die Theorie des ▸Marxismus sieht darin das einzige und historisch folgerichtige Mittel zur Verbesserung der Lage des Proletariats.

Kommunismus (lat. communis: allgemein, gemeinsam): Weltanschauung, die von einem gemeinsamen Eigentum an den Produktionsmitteln wie Boden, Kapital, Fabriken und Maschinen ausgeht, in der es keine Ausbeutung der Arbeiter mehr gibt und Frieden und Gerechtigkeit herrschen. Gegenteil des Kommunismus ist der Kapitalismus. Nach Karl ▸Marx und Friedrich ▸Engels ist der Kommunismus das anzustrebende Endstadium der gesellschaftlichen Entwicklung (▸Marxismus). Ihm geht ein sozialistischer Staat (▸Sozialismus) voraus. Seit der Oktoberrevolution betrachtete es Sowjetrussland bzw. die UdSSR als ihre Aufgabe, den Kommunismus weltweit durchzusetzen.

Konfuzianismus: Philosophie, die auf den Gelehrten ▸Konfuzius (chines. Kong Zi: Meister Kong) zurückgeht und die Werte Menschlichkeit, Gerechtigkeit, Sittlichkeit, Weisheit und Aufrichtigkeit in den Mittelpunkt der Weltanschauung stellt. Ein wesentliches Ziel dieser Lehre ist die Harmonie des Einzelnen mit der Gemeinschaft. Sie fordert u. a. Respekt des Untergeordneten und Verantwortungsbewusstsein des Übergeordneten. Der Konfuzianismus prägt seit vielen Jahrhunderten, über das Ende der Kaiserzeit 1912 hinaus, die chinesische Kultur und Gesellschaft.

Kulturrevolution: bezeichnet eine Bewegung mit dem Ziel, die Autoritäten in den Bereichen Kunst, Kultur und Bildung zu destabilisieren, um eine radikale Umgestaltung der gegebenen sozialen und wirtschaftlichen Verhältnisse zu ermöglichen und eine neue Kultur zu etablieren.
Die Kulturrevolution in der Volksrepublik China war eine Kampagne, die ▸Mao Zedong 1966 entfachte. Sie sollte dessen Machtgewinn dienen und sich gegen „bürgerliche" Strukturen und Ideen richten, die der Linie der kommunistischen Partei (▸Kommunismus) widersprachen. Getragen wurde die Kulturrevolution, die bürgerkriegsähnliche Ausmaße annahm, von den „Roten Garden".

Kurden: Ethnie, deren Siedlungsgebiet sich im Grenzgebiet der heutigen Länder Türkei, Syrien und Irak sowie bis in Gebiete des Iran erstreckt. Seit der Auflösung des Osmanischen Reiches kämpfen Kurden für einen eigenständigen ▸Nationalstaat.

Laizismus: religionsverfassungsrechtliches Prinzip, dem das Prinzip strenger Trennung zwischen Religion und Staat zugrunde liegt. Der Laizismus ist u. a. Teil der kemalistischen Ideologie (▸Kemalismus).

Leninismus: Durch Thesen von Wladimir I. ▸Lenin erweiterter und an die Bedingungen in Russland angepasster ▸Marxismus. In der Phase des ▸Sozialismus sollte nach Lenin zunächst die Spitze der Kommunistischen Partei (▸„Partei neuen Typs") die Politik bestimmen. Innerparteiliche Demokratie ließ Lenin nur in engen Grenzen zu. Erst wenn die Gesellschaft sich genügend weit zum ▸Kommunismus entwickelt habe, könne die Parteiführung ihre Macht wieder abgeben.

Maoismus: Gesamtheit der Lehren von ▸Mao Zedong. Sie stellen eine Variante des ▸Kommunismus dar. Dabei wurden Ideen von Karl ▸Marx und Wladimir I. ▸Lenin interpretiert, umgeformt und mit chinesischen Elementen verbunden. Kernelemente des Maoismus sind u. a. seine nationale Ausrichtung und die Auffassung, dass die armen Bauern Hauptträger der Revolution sind.

Marktwirtschaft: Wirtschaftssystem, das in einem Ausgleich von Angebot und Nachfrage auf dem Markt das beste Modell zur Selbstregelung der Wirtschaft sieht. Im Gegensatz zu ihr steht die Planwirtschaft, in der staatliche Stellen über Art und Anzahl der produzierten Güter entscheiden. Die Marktwirtschaft fördert das freie Unternehmertum. Zwei Varianten von ihr sind die freie Marktwirtschaft und die Soziale Marktwirtschaft.

Marxismus: die von Karl ▸Marx in Zusammenarbeit mit Friedrich ▸Engels entwickelte Weltanschauung, nach der wirtschaftliche Veränderungen und nicht Ideen die Gesellschaft beeinflussen. Die Auseinandersetzungen zwischen den Klassen (▸Klassenkampf) der „Ausbeuter" (▸Bourgeoisie) und der Ausgebeuteten (▸Proletariat) führe in den Gesellschaften von Industrienationen zwangsläufig zum Sieg des Proletariats und zum ▸Kommunismus.

Menschenrechte: unantastbare und unveränderliche Freiheiten und Rechte aller Menschen, die ihnen von Natur aus, d. h. mit ihrer Geburt, zustehen (Naturrecht) – unabhängig von ihrer Stellung in Staat und Gesellschaft, Beruf, Religion, Herkunft und sexueller Orientierung. Dazu zählen

das Recht auf Leben, die Unverletzlichkeit der Person, Freiheit, Eigentum, aber auch die Gleichheit vor dem Gesetz, das Recht auf Meinungs- und Glaubensfreiheit sowie auf Widerstand gegen Unterdrückung.
Die Magna Charta libertatum (1215), die Bill of Rights (1689), die Virginia Bill of Rights und die amerikanische Unabhängigkeitserklärung (beide 1776), die französische Verfassung von 1791 sowie die Erklärung der Grundrechte der Frankfurter Nationalversammlung von 1848/49 sind Zeugnisse der Menschenrechtsentwicklung. Die 1948 von der UNO verkündete „Allgemeine Erklärung der Menschenrechte" steht in dieser Tradition.

Militär: mit Kriegswaffen ausgestattete, in der Regel hierarchisch und straff organisierte Kräfte einer Staatsgewalt. Ihre Aufgabe ist die Gewährleistung der äußeren Sicherheit oder die gewaltsame Expansion eines Staates bzw. ▸Imperiums. In manchen Staaten wird das Militär als Verstärkung der Polizeikräfte zum Schutz der inneren Sicherheit eingesetzt.

Modernisierung: Prozess, der die (Eigen-)Dynamik, aber auch die Notwendigkeit des fortwährenden Veränderns und Verbesserns in der modernen Welt beschreibt.

Modernisierungsdiktatur: ein Staatswesen, das versucht, ▸Modernisierung mithilfe diktatorischer Mittel durchzusetzen.

Multiethnisches Imperium: ▸Imperium

Nationalstaat: Staat, in dem die Nation als Gesamtheit aller Staatsbürger der Souverän ist. Als Nation (lat. natio: Herkunft, Abstammung) wird seit dem 18. Jh. eine große Gruppe von Menschen mit gleicher Abstammung, Geschichte, Sprache und Kultur bezeichnet. Nationen sind politische Konstruktionen und damit keine natürlichen Gebilde.

Open Door: Als „Politik der offenen Tür" (engl. open door policy) wird eine Form der Außen- und Wirtschaftspolitik bezeichnet, die ursprünglich die Handelsbeziehungen zwischen europäischen Großmächten und den USA auf der einen und dem Kaiserreich China auf der anderen Seite beschrieb. Sie wurde von den USA durchgesetzt und verhinderte die Aufteilung des „Reiches der Mitte" in Kolonien durch die europäischen Großmächte. Kern der „Open door policy" war der ungehinderte Marktzugang ausländischer Staaten in China. Später wurde das Konzept auf andere (Kolonial-)Gebiete übertragen.

Opiumkriege: Bezeichnung zweier Kriege zwischen dem chinesischen ▸Kaiserreich und dem Vereinigten Königreich zwischen 1839 und 1860. Ein Grund war jeweils der Versuch Chinas, den Import und die Verbreitung von Opium im Reich zu unterbinden. Er endete in beiden Fällen mit schweren militärischen Niederlagen Chinas und den sogenannten „ungleichen Verträgen".

Orthodoxe Kirche: Als orthodoxe Kirchen werden die Ostkirchen bezeichnet, die sich 1054 von der katholischen Kirche getrennt haben, darunter die griechische, die russische, die serbische, die rumänische und die bulgarische orthodoxe Kirche. Das griechische Wort „orthodox" bedeutet „rechtgläubig" oder „strenggläubig".

„Partei neuen Typs": kommunistische Partei (▸Kommunismus) im Sinne des ▸Leninismus (Wladimir I. ▸Lenin), die aus Berufsrevolutionären besteht.

Perestroika: ▸Glasnost und Perestroika

Personenkult: übermäßige Verehrung einer Person als politischer Führer und gesellschaftliches Vorbild. Sie geht einher mit der übersteigerten Darstellung positiver Eigenschaften und Fähigkeiten der betreffenden Person in der Propaganda. Der Personenkult dient in totalitären Staaten zur Begründung und zum Erhalt der Macht, zum Unterbinden von Kritik und zur „Disziplinierung" der Bevölkerung.

Proletariat: Für Karl ▸Marx ist das Proletariat der Teil der Gesellschaft, der nichts besitzt außer seine

Arbeitskraft. Seine Aufgabe sei es, den Kapitalismus zu beseitigen und den ▸Kommunismus herbeizuführen (▸Marxismus).

Reformpolitik: politische Maßnahmen zur Verbesserung von Verhältnissen. Dabei soll die Umgestaltung gewaltlos und im Rahmen der bestehenden politischen Ordnung erfolgen.

Revolution (lat. revolutio: Umwälzung): grundlegende und tief greifende Veränderungen bestehender Verhältnisse. In der Politik wird von Revolutionen gesprochen, wenn der Zugang zur Macht in einem Staat in kurzer Zeit grundlegend verändert wird. Revolutionen sind in der Regel mit kulturellen, sozialen, wirtschaftlichen und rechtlichen Veränderungen und der Anwendung von Gewalt verbunden.

Russlanddeutsche: Bezeichnung für die Nachfahren von Siedlern aus deutschsprachigen Regionen in Mitteleuropa, die sich ab dem 18. Jh. im Russischen Reich niedergelassen hatten. In ihrer neuen Heimat pflegten sie ihre Sprache, Kultur und Traditionen weiter, was zum Teil mit staatlicher Repression unterbunden werden sollte.

Scharia: Der Begriff bezeichnet die Gesamtheit aller religiösen und rechtlichen Normen, Mechanismen zur Normfindung und Interpretationsvorschriften des ▸Islam. Die Scharia gilt als göttlich offenbartes Recht, muss aber in der Praxis stets aufs Neue interpretiert und ausgehandelt werden. Der Islamwissenschaftler Bernard Lewis bezeichnet sie daher als Kompromiss „zwischen Gesetz und Ideal".

Schrift: Verfahren, um Sprache aufzuzeichnen. Die älteste Schrift war ab 3300 v. Chr. die Keilschrift der Sumerer. Um 3000 v. Chr. erfanden die Ägypter ihre Hieroglyphen. Beide Schriftarten hatten viele hundert Zeichen. Um 1000 v. Chr. entwickelten die Phönizier eine Schrift, die weniger Zeichen hatte: Jeder gesprochene Laut hatte einen Buchstaben.

Seeweg nach Indien: Ende 15./Anfang 16. Jh. von portugiesischen Entdeckern erschlossene und befahrene Seeroute rund um Afrika. Sie trat neben die bisherigen Handelswege (Seeweg durch Mittelmeer, Rotes Meer und Indischen Ozean; Karawanenweg durch Asien), die von islamischen Herrschern kontrolliert wurden. Der neue Seeweg eröffnete christlichen Staaten die Möglichkeit für direkten Handel mit Asien. Die hohen Profite waren Antrieb für die koloniale Expansion Europas in den folgenden Jahrhunderten. Auf der Suche nach einem Seeweg nach Indien westwärts im Auftrag des spanischen Königspaars landete Christoph Kolumbus 1492 im späteren Amerika.

Seidenstraße: Wegesystem in Zentralasien, das seit der Antike den Warenaustausch und die Verbreitung von Ideen zwischen Mittelmeer und Ostasien ermöglichte. Die sogenannte „Neue Seidenstraße" ist ein riesiges Handelswege- und Infrastrukturprojekt in Asien, Afrika und Europa. Auch einzelne EU-Mitgliedstaaten haben sich dieser Initiative der Staatsführung der Volksrepublik China angeschlossen.

Sowjetunion (UdSSR): Union der Sozialistischen Sowjetrepubliken oder kurz Sowjetunion. In der Revolutionszeit hatten Arbeiter und Soldaten an vielen Orten Versammlungen von Vertretern gewählt, die als Sowjet (Rat) bezeichnet wurden. Als 1922 die Sowjetunion gegründet wurde, wurde diese aus den bereits seit der Revolutionszeit bestehenden Sowjetrepubliken gebildet.

Sozialismus (lat. socius: Genosse): eine Wirtschafts- und Gesellschaftsordnung, die auf gesellschaftlichen oder staatlichen Besitz der Produktionsmittel (Fabriken usw.) zielt und eine gerechte Verteilung aller Güter und Gewinne an alle Mitglieder der Gemeinschaft anstrebt.

Stalinismus: Bezeichnung für die Merkmale der Herrschaft Josef ▸Stalins in der ▸Sowjetunion. Diese ist geprägt von totaler Machtkonzentration in der Hand einer Person, ▸Personenkult, systematischem ▸Terror als Mittel zum Machterhalt, Zwangskollektivierung in der Landwirtschaft und massiv vorangetriebener Industrialisierung. Auch andere totalitäre kommunistische Regime (▸Kommunismus) werden als stalinistisch bezeichnet, etwa in China, Nordkorea, Albanien oder auch die Herrschaft Ho Chi Minhs in Vietnam.

Suezkanal (auch: Sueskanal): 164 km lange Wasserstraße in Ägypten, die das Mittelmeer mit dem Roten Meer verbindet, und so den Seeweg von Europa nach Asien erheblich verkürzt. Bereits im 16. Jh. lagen Pläne für einen Kanal vor. Im Jahr 1869 wurde er schließlich nach zehn Jahren Bauzeit eröffnet. Der Suezkanal bildet die geografische Grenze zwischen Afrika und Asien.

Supermacht: Staat, dessen Macht aufgrund seiner wirtschaftlichen, militärischen, technologischen und finanziellen Stärke die anderer Staaten überragt und in weiten Teilen der Welt eine beherrschende Stellung besitzt. In der Zeit des Kalten Krieges waren die USA und die ▸Sowjetunion Supermächte.

Supranationale Organisation: Institution mehrerer Einzelstaaten, die freiwillig Hoheitsrechte an gemeinsame Organe abgeben, die dann verbindliche Entscheidung für alle Mitgliedstaaten treffen.

Terror: brutales und rücksichtsloses Vorgehen, das die Unterdrückung oder Vernichtung anderer zum Ziel hat.

Umerziehung: Bezeichnung für Zwangsmaßnahmen, um Erziehungsziele und Weltanschauungen durchzusetzen sowie die Betroffenen zu „disziplinieren".

Vielvölkerstaat: Bezeichnung für einen Staat, der mehrere (größere) sprachlich, ethnisch oder religiös verschiedene Bevölkerungsgruppen aufweist.

Wirtschaftsmigration: Das Bundesamt für Migration und Flüchtlinge definiert Migration wie folgt: „Von Migration spricht man, wenn eine Person ihren Lebensmittelpunkt räumlich verlegt. Von internationaler Migration spricht man dann, wenn dies über Staatsgrenzen hinweg geschieht". Der Begriff Wirtschaftsmigration weist auf wirtschaftliche Ursachen der Migration hin.

Zarismus: politisches System und Gesellschaftsform unter der Herrschaft eines Zaren, die meist autokratisch geprägt ist (▸Autokratie). Außer in Russland gab es Zaren auch in Bulgarien und Serbien.

Zheng He-Expeditionen: insgesamt sieben Expeditionen mit großen Flotten zwischen 1405 und 1433 im Auftrag des damaligen chinesischen Kaisers. Geleitet wurden sie vom chinesischen Admiral ▸Zheng He. Die Fahrten führten in das Südchinesische Meer sowie den Indischen Ozean und sollten die Zielregionen zu tributpflichtigen Vasallen machen. Außerdem sollten die zahlreichen Kostbarkeiten, mit denen die Schiffe beladen waren, den Glanz des Kaisers verbreiten.

Lexikon zur Geschichte: Personen

Deng Xiaoping (1904-1997): Politiker der VR China. Nach 1949 bekleidete er mehrere hohe Staatsämter; unter ▸Mao Zedong wurde er zweimal degradiert; von 1976 bis zu seinem Tod leitete er die Partei- und Staatsgeschäfte. Er war die treibende Kraft des Auf- und Ausbaus der „sozialistischen ▸Marktwirtschaft" (▸Sozialismus).

Engels, Friedrich (1820-1895): Kaufmann, Philosoph und sozialistischer Politiker (▸Sozialismus) aus Barmen. Mit seinem Freund Karl ▸Marx prägte er die Vorstellungen vom ▸Kommunismus, der Arbeiterbewegung und der Sozialdemokratie.

Gorbatschow, Michail (geb. 1931): Er setzte in seiner Zeit als Generalsekretär des Zentralkomitees der Kommunistischen Partei der Sowjetunion (1985 bis 1991) Reformen in der ▸Sowjetunion um und trug zur deutschen Einheit und zur Beendigung des Kalten Krieges bei. Seine ▸Reformpolitik (▸Glasnost und Perestroika) führte letztlich zur Auflösung der Sowjetunion 1991.

Kemal, Mustafa, gen. Atatürk (1881-1938): türkischer Offizier und Staatsmann. Nach der Zerschlagung des Osmanischen Reiches 1919 betrieb er die Abschaffung des Sultanats und die Gründung der Republik Türkei, deren erster Präsident er wurde. Er setzte sich für die ▸Modernisierung und Säkularisierung der Gesellschaft ein. Seine politischen Ideale sind bis heute von Bedeutung für die Türkei (▸Kemalismus). 1934 verlieh ihm das Parlament den Namen Atatürk (Vater der Türken).

Konfuzius (chines. Kong Zi: Meister Kong, 551-479 v. Chr.): chinesischer Staatsmann und Philosoph. Auf ihn geht die Lehre des ▸Konfuzianismus zurück.

Lenin, Wladimir I. (eigentlich Wladimir Iljitsch Uljanow, 1870-1924): bedeutender kommunistischer Theoretiker (▸Leninismus, ▸Kommunismus); Mitbegründer der bolschewistischen Partei und 1917 führender Revolutionär während der Oktoberrevolution. Sein Nachfolger wurde Josef W. ▸Stalin.

Mao Zedong (1893-1976): Gründungsmitglied und Vorsitzender der kommunistischen Partei Chinas (1945-1976). Im Bürgerkrieg eroberte er 1949 die Macht in China. 1949-1954 Vorsitzender der Zentralen Volksregierung; 1954-1959 Staatspräsident der VR China. Er verordnete China u.a. die Industrialisierung (▸„Der große Sprung nach vorn") und die sogenannte ▸Kulturrevolution. Er prägte mit dem ▸Maoismus eine chinesische Sonderform des ▸Kommunismus.

Marx, Karl (1818-1883): Journalist, Philosoph und Begründer des ▸Marxismus. Gemeinsam mit Friedrich ▸Engels prägte er die Vorstellungen vom ▸Kommunismus, der Arbeiterbewegung und der Sozialdemokratie.

Stalin, Josef W. (1878-1953): von 1922 bis 1953 u.a. Generalsekretär des Zentralkomitees der Kommunistischen Partei der Sowjetunion (KPdSU) und in der Zeit des Zweiten Weltkrieges als „Generalissimus" Oberster Befehlshaber der Roten Armee (▸Großer Vaterländischer Krieg). In seiner Amtszeit errichtete Stalin eine Diktatur (▸Stalinismus) und ließ Millionen von Gegnern verhaften, deportieren (▸Deportation) und hinrichten.

Zheng He (ca. 1371-1453): Admiral im chinesischen ▸Kaiserreich. Er leitete im Auftrag des damaligen chinesischen Kaisers die insgesamt sieben ▸Zheng He-Expeditionen zwischen 1405 und 1433.

Sachregister

Die **hervorgehobenen** Seitenzahlen verweisen auf Begriffe, die im Bildungsplan als besonders wichtig bezeichnet werden. Sie werden im Darstellungstext durch Fettdruck hervorgehoben, in der Fußzeile nochmals aufgeführt und im „Lexikon zur Geschichte" erläutert.

Personenregister

Die **hervorgehobenen** Seitenzahlen verweisen auf wichtige Personen, die im „Lexikon zur Geschichte" erläutert werden.

Bildnachweis

123RF / Daniel Timothy Allison – S. 10/11; AdobeStock / ifeelstock – S. 137; akg-images – S. 27, 28, 31, 43, 52; - / Album Oronoz – S. 57, 76; - / AP – S. 83, 88; - / collection Dupondt – S. 98; - / De Agostini, Biblioteca Ambrosiana – S. 72; - / Fototeca Gilardi – S. 102; - / Imagno – S. 92; - / Paul Kalkbrenner – S. 121; - / Roland and Sabrina Michaud – S. 95; - / Peter Palm – S. 111; - / © Sotheby's – Cover, S. 9, 26; - / Sputnik – S. 24/25, 26, 53; - / WHA, World History Archive – S. 34; Alamy Stock Photo / Archive PL – S. 113; - / Heritage Image Partnership Ltd – S. 27; - / Heritage Image Partnership Ltd, Fine Art Images, © VG Bild-Kunst, Bonn 2020 – S. 38; - / Ronald Grand Archive – S. 18; Baaske Cartoons / Fritz Berendt, Müllheim – S. 46, 53; Roland Beier, Berlin – S. 33; Bergmoser + Höller Verlag AG, Aachen – S. 48, 87, 129, 147; bpk-Bildagentur – S. 75; - / Deutsches Historisches Museum – S. 126; - / Staatsbibliothek zu Berlin – S. 60; - / The Trustees of the British Museum – S. 67, 89; Bridgeman Images / Everett Collection – S. 78; - / Granger – S. 99; - / Pictures From History – S. 68; - / Private Collection, © Peter Nahum at The Leicester Galleries, London – S. 56, 66; Bundesamt für Migration und Flüchtlinge, Nürnberg – S. 121 (2); Bundesarchiv / B 145 Bild-F088849-0007, Fotograf: Joachim F. Thurn – S. 32; Bundeszentrale für politische Bildung, Bonn / www.bpb.de, CC BY-NC-ND 3.0 – S. 51, 130; CagleCartoons / Pareh Nath – S. 101; Paolo Calleri, Ulm – S. 135; Centre Pompidou, Paris / © VG Bild-Kunst, Bonn 2020 – S. 40, 52; Consail de l'Europe, Service Audiovisuel, Straßburg – S. 149; dpa Infografik / Globus-Grafik – S. 127, 131; - / Kindernachrichten – S. 15; dpa Picture-Alliance / akg-images – Cover, S. 9, 27, 30, 90/91, 92, 93, 122, 123; - / akg-images, Erich Lessing – S. 95; - / AP Photo, Thanassis Stavrakis – S. 17; - / Associated Press, Ted Powers – S. 84; - / Bildarchiv, ICC-Imagechina – S. 80; - / CPA Media Co. Ltd – S. 106; - / CPA Media, Pictures From History – S. 57, 73, 79; - / © dpa-Bildarchiv, Giehr – S. 120; - / dpa-Report, epa Diego Azubel – S. 88; - / Everett Collection – S. 81; - / Foto Huebner – S. 22; - / Mary Evans Picture Library, Greenville Collins P. – S. 93, 123; - / MAXPPP, Wangjian – S. 59; - / REUTERS, STRINGER, Spain, X90031 – S. 133; - / Stringer, Imagechina – S. 54/55; - / ullstein bild – S. 113, 122; - / Zentralbild, Jens Kalaene – S. 20; epd-Bild / The Palace Museum, Beijng – Cover, S. 9, 56; Fotolia / Marcito – S. 136; Getty Images / AFP, Patrick Hertzog – S. 124/125; - / AFP, Bulent Kilic – S. 16; iStockphoto / Yongyuan Dai – S. 14; Kostas Koufogiorgos, Haigerloch – S. 12; LAIF / Murat Türemis – S. 93; © Leitwerk / Bundeszentrale für politische Bildung, Bonn – S. 118; Library of Congress – S. 70; Mauritius Images / Alamy Stock Photo, Aaron Alex – S. 10/11; - / Alamy Stock Photo, Archivart – S. 105; - / Alamy Stock Photo, Artokoloro Quint Lox Limited – S. 29; - / Alamy Stock Photo, BE & W agencja fotograficzna Sp. z. o. o. – S. 94; - / Alamy Stock Photo, Jeffrey Blackler – S. 36; - / Alamy Stock Photo, Die Geschichtssammlung – S. 104; - / Alamy Stock Photo, FLHC A33 – S. 107; - / Alamy Stock Photo, Geschichte und Kunstsammlung – S. 101; - / Alamy Stock Photo, Historic Collection – S. 112; - / Alamy Stock Photo, Historic Images – S. 96; - / Alamy Stock Photo, Zhang Jianhan – S. 62; - / Alamy Stock Photo, Kenan Kaya – S. 115; - / Alamy Stock Photo, Iain Masterton – S. 82; - / Alamy Stock Photo, Pictorial Press Ltd – S. 100; - / Alamy Stock Photo, Pump Park Vintage Photography – S. 57, 61; - / Alamy Stock Photo, Ian Robinson – S. 114; - / Alamy Stock Photo, Signal Photos – S. 77; - / Alamy Stock Photo, The History Collection – S. 110; - / Alamy Stock Photo, The Picture Art Collection – S. 69, 89; - / Alamy Stock Photo, UtCon Collection – S. 112; - / Alamy Stock Photo, Vintage Memoria – S. 23; - / Dr. Dietmar Najak – S. 64; - / SuperStock, Fine Art Images – S. 42, 52; - / United Archives, TopFoto, Between the Wars – S. 137; Jean Mohr / DOMiD-Archiv, Köln – S. 116, 123; © Peter Palm, Berlin – Vorsatz vorne, S. 27, 44, 53, 63, 65, 100, 103; DER SPIEGEL, Hamburg – S. 86; Süddeutsche Zeitung Photo / SZ Photo, snapshot-photography, K. C. Kompe – S. 108; - / Wolfgang von Brauchitsch – S. 137; ullstein bild / Henning Christoph – S. 119; - / Voller Ernst, Jewgeni Chaldej – S. 42; - / imageBROKER, Werner Bachmeier – S. 58; Wien, Österreichische Nationalbibliothek / 74.Jj.75 – S. 132; www.wikimedia.org – S. 103 (4); www.wikimedia.org / Der geographischen Anstalt von J. J. Arnd in Leipzig, CC0 – S. 22; fsg7c

Atlantischer Ozean
Nordsee
Ostsee
Mittelmeer
Schwarzes
NORWEGEN
Oslo
SCHWEDEN
Stockholm
FINNLAND
Helsinki
Tallinn
ESTLAND
LETTLAND
Riga
LITAUEN
Vilnius
RUS
Mosk
GROSSBRITANNIEN UND NORDIRLAND
London
IRLAND
Dublin
DÄNEMARK
Kopenhagen
NIEDER-LANDE
Amsterdam
Brüssel
BELGIEN
LUXEMBG.
DEUTSCH-LAND
Berlin
POLEN
Warschau
WEISSRUSSLAND
Minsk
Kiew
UKRAINE
FRANKREICH
Paris
Prag
TSCHECH. REP.
LIECHTEN-STEIN
Bern
SCHWEIZ
Wien
ÖSTERREICH
SLOWAKEI
Budapest
UNGARN
Kischinau
MOLDAU
RUMÄNIEN
Bukarest
PORTUGAL
Lissabon
SPANIEN
Madrid
ANDORRA
MONACO
San Marino
KROATIEN
Belgrad
BOSNIEN HERZEG.
Sarajewo
SERBIEN
MONTE-NEGRO
KOSOWO
Sofia
BULGARIEN
Rom
ITALIEN
Tirana
ALBA-NIEN
MAZE-DONIEN
GRIECHENLAND
Athen
Ankara
TÜRKE
Rabat
MAROKKO
Algier
ALGERIEN
Tunis
TUNESIEN
MALTA
Valetta
Tripolis
Nikosia
ZYPERN
Beiru
LIBANON
ISRAEL
Jerusalem
Kairo
LIBYEN
ÄGYPTEN
MALI
NIGER
TSCHAD
SUDAN
0
500
1000
2000 km